武汉大学创新创业教育系列规划教材
武大通识教材系列

创业管理

第二版

主　编　夏清华
副主编　秦　仪　王　罡
编　委　夏清华　秦　仪　王　罡　张修翔　乐　毅　黄　剑　李　轩　方　琪

WUHAN UNIVERSITY PRESS
武汉大学出版社

图书在版编目(CIP)数据

创业管理/夏清华主编．—2版.—武汉：武汉大学出版社,2019.2
武汉大学创新创业教育系列规划教材.武大通识教材系列
ISBN 978-7-307-20751-6

Ⅰ.创…　Ⅱ.夏…　Ⅲ.企业管理—创业—高等学校—教材　Ⅳ.F272.2

中国版本图书馆CIP数据核字(2019)第034255号

责任编辑:范绪泉　　责任校对:汪欣怡　　版式设计:马　佳

出版发行:**武汉大学出版社**　(430072　武昌　珞珈山)
(电子邮箱:cbs22@whu.edu.cn　网址:www.wdp.com.cn)
印刷:湖北睿智印务有限公司
开本:787×1092　1/16　印张:14.25　字数:336千字　插页:1
版次:2007年10月第1版　2019年2月第2版
2019年2月第2版第1次印刷
ISBN 978-7-307-20751-6　定价:39.00元

前言——创业与创业教育

创业管理是研究潜在创业者如何在不确定性的环境下识别并开发商业机会，通过创建新组织将机会转化为新价值，并管理新组织成长的综合管理活动。

创业者是一个特殊的社会群体——能够将稻草变成金条，将机会转化为价值的专业人士，但他们不是从稻草开始，而是从梦想和创意开始。成功的创业需要的不仅仅是运气和金钱，它是创造力、承担风险和战略计划的整合过程。

创业教育是以培养企业家精神为目标的一种管理教育或商业教育，属于认知行为教育。认知层次重在价值观和创业精神的培育，行为层次重在机会识别、承担风险、解决问题、建立关系等能力的培养。创业教育和其他教育的不同在于如何在不确定因素较多的情境下进行决策，这些决策是问题导向的，旨在不断帮助社会解决问题，并尝试找到普遍性的管理规则。因此，创业教育的本质是实践导向的系统理论学习，不是一种实用职业教育。

创业教育的目标是通过激发创业动机，磨砺创业思维，培养创业技能，使学生成为有开创性、正直和有社会责任感的人！换言之，创业教育不是让每个人都成为创业者，但任何行业、任何工作都需要企业家精神，因此，创业教育对任何人都是适用的。创业不仅是对世界的认知，更是对自我的认知。比起培养“创业家”，创业教育更注重培养“有创业思维的人”。什么是“创业思维”？创业思维是一种企业家心智模式，体现为面对问题和环境变化时的态度、方式和能力，其行为特征表现为主动地去面对变化，从变化中抓住机会，善于学习和创新，并能够承担风险和持续地改进，最终创造新价值。社会变化那么快，过去所学的知识总会变得过时，但有了创业思维和这些相关能力的训练，可以给学生带来更多的自由与灵活度，去追求他们想做的事情。

这本书正是为实现创业教育的这些目标而设计。其核心内容包括：介绍创业的基本知识以及理解创业在社会经济中的作用；分析什么样的环境有利于创业机会的出现以及企业家的产生；探讨什么样特质的人适合创业以及潜在创业者应该具备哪些创业所需的知识和技能；提供产生新企业创意和识别创业机会的方法和技术；研究成功的创业计划与创业模式的规范与经验；掌握建立新企业的过程与资源整合的策略，强调新创企业早期管理的重点与方法以及管理新企业成长的战略等。

创业既有收益，也有风险。正如著名的创业专家 Edward Blackwell 所说的，启动一个新事业就好比走入一个热带丛林去寻宝。你可能满载财富和个人的满足而收获，也可能遭遇各种危险而迷失方向（Edward Blackwell，2004）。因此，对于有志于创业的潜在创业者，了解创业过程和发展规律，掌握创业的基本技能，做一个充满激情而有理性的创业者，更能增强创业成功的概率。

目　录

第一章　创业决策

创业决策是个体在不确定性条件下决定是否创业以及如何创业等一系列的决策行为和过程。与大多数决策过程类似，创业决策是在仔细考虑所有或几个可能的选项之后做出最终选择的心理过程。由于创业决策可能极大地影响个体的工作、事业，甚至生活，因此，做出一个明智的创业决策非常重要，它决定了个体努力的最终结果是成功还是失败。这一章将简要系统地介绍创业的动态过程和特点，理解创业者所需具备的个体特质和条件，帮助潜在创业者应用创业决策理论知识指导未来职业选择和实施有效创业活动。

第一节　创业与创业者

创业是设计、启动和运营一个新企业或新业务的过程，这些企业通常是一些小企业，而创造这些新企业的人称作创业者。后来，创业的概念扩展到现有企业甚至是大企业的新业务开发和战略更新，称作公司创业（corporate entrepreneurship，或内创业 intra-entrepreneurship）。因此，广义的创业既包括创建新企业，也包括现有企业的再创业，即公司创业。在英文里，与中文创业对应的词语有：entrepreneurship，start-up，new venture creation。第一个词比较通用和书面化，而且涵义比较多（比如企业家精神、创业精神、创业活动等，需依上下文语境而定)，第二和第三个词仅指创建新企业，简称起业。

对创业和创业者的研究形成了多样化的观点和思想，对创业的定义也在不断发生变化，对创业的内涵和作用的研究从经济学扩展到社会学、心理学与管理学等领域。在不同的思想流派中，学者们对创业的不同认知和定义，以及支撑这些定义和观点的逻辑基础呈现出有趣的差异性。

一、经济学视角下的创业与创业者

创业思想出现的历史最早可以追溯到 18 世纪的经济学家。创业者“entrepreneur”这个词起源于法语，中世纪时期，“创业者”指的是那些掌管大型建筑工程设施（城堡、防御工事、公共建筑物、修道院和教堂等）的负责人（中文里，entrepreneur 既指创业者，也指企业家）。法国经济学者坎蒂隆（Cantillon）通常被认为首次使用创业“entrepreneurship”这个词，他在其《商业性质概论》一书中指出，社会参与者包括地主、雇员和企业家三个阶层。地主是财务独立的贵族，雇员和企业家在财务上则依赖于其他阶层，雇员用劳动力换取固定的收入，而企业家以“不确定”为生，成功的企业家比其同行能更高明地判断变化和市场，并应对风险和不确定性。在坎蒂隆的经济体系中，风险和不确定性是创业的核心部分。法国经济学家萨伊（Jean-batiste Say）关于生产与分配的理论体系包括三大生产要素：人力、资本和土地，资本和土地不可或缺，但人力却更为重要，萨伊将人力分为努力、知识和创业精神三要素。他认为人力资本中的创业精神协调整个生产分配体系，是其他生产要素的中介，并承担不确定性和风险，创业者所获得的利润是承担风险的奖赏，成功创业最重要的品质是对市场需求的判断能力及满足市场需求的能力。

芝加哥学派经济学家奈特（Frank Knight）的著作《风险、不确定性和利润》对创业进行了最本质的阐述，奈特试图解释真实市场体系的运作而不是尝试发展一种理想状态的经济理论。他指出，现实中，很多其他力量可能改变市场状况，供需不可能达成均衡，市场必然总是处于非均衡状态和充满不确定性，创业就是对市场变化的有技巧的理解和阐释，并同时承担对市场变化正确或错误的理解的后果。奈特区分了风险和不确定性的涵义，指出可计量和预测的变化是风险，是可以防范的，而不确定性指无法预测的变化，是未知的。因此，他认为创业不是一种经济功能或作用，也不是指一类人，而是一种面临未来未知事件所做出的要求行动的决策。

奥地利学派经济学家，比如米塞斯（Ludwig von Mises）、门格尔（Carl Menger）、柯兹纳（Israel Meir Kirzner）和哈耶克等持类似观点，认为不确定性和非均衡是常态，更强调由于市场不确定性所产生的创业机会。在这方面，被引用最多的是柯兹纳，他认为创业者或者创业决策是经济发展的推动力。他在奈特关于创业的论述基础上又加入了人的因素，即创业者的主观判断与不确定性和风险同等重要，这种观点也因此把个人特质和特定认知引入经济思想中。柯兹纳这样定义“纯粹创业者”：创业者是决策者，他的全部功能来源于他对迄今尚未引起关注的机会的警觉。

当代创业研究的正式形成可以追溯到熊彼特学派的企业家创新理论。熊彼特在其著作《经济发展理论》第二章“经济发展的基本现象”中指出，对于资本主义来说，最重要的不是如何巩固现有的结构和市场，而是如何重构和摧毁它们，这就是有名的“创造性破坏”，因其颠覆了原有的经济思想，也被称为“熊彼特旋风”。熊彼特认为经济发展（而非增长）来自于这种自发的非连续性的创业者的创新，即执行生产要素的新组合。他进一步解释，新组合包括5种情形：（1）引入新产品或产品的新质量；（2）引入新生产方法（并非仅指科技上的创新，也可以是新的处理商品的商业方式）；（3）开拓新市场；（4）获得新的原材料或半成品供给来源；（5）执行任何行业的新组织方式（比如建立或打破行业垄断等）。

熊彼特认为创新可以指新企业的创立，也可以发生在现有企业内部，可以是独立的商业人士，也可以是公司雇员，只要执行了新组合的功能就是创新，这样的人就是创业者。创业者开辟新的道路，而非创业者是沿着修好的路走。他指出个体在心理、认知和行为上的特征和技能领域不同，所以创业者应对模糊和不确定、变化和风险方面的能力也不同。

这种认知也是将创业研究引向早期心理学和社会学视角的原因之一。

二、心理学和社会学视角下的创业与创业者

柯兹纳和熊彼特都指出某些潜在的个人特质可能存在于创业能力之中，熊彼特还主张将个人特质置于环境中考虑。由此引起了从20世纪60年代起，创业研究开始脱离经济学领域转向心理学、社会学和社会心理学领域，尽管有些学者比如柯兹纳和卡森（Casson）还依然强调创业者的经济作用。

人格特质理论视角　创业者人格特质理论源于美国哈佛大学心理学教授麦克利兰（McClelland）的成就动机理论，用成就动机描述创业者的行为。人格特质理论对创业研究产生影响始于20世纪60年代早期，当时的特质理论往往将一种人格特质用于预测创业行为，比如承担风险的倾向。这样用单一的人格特质预测创业行为的结果可想而知，所以从70年代转向了多种人格特质的研究。即便如此，人格特质理论还是无法用于解释和预测成功创业者，因此常引起争议。到80年代后期，有些学者开始转向社会心理学方法。

心理-社会学理论视角　当人格特质理论占主导地位，试图用其方法寻找那些具备"创业特质"的杰出人物时，一些学者开始尝试用心理学和社会学的方法解释创业精神，这被称为心理-社会学理论。主要代表包括Shapero和De Vries，其前提都假定创业者是那些被熟悉的环境和社会边缘化了的人，因而被迫走上了创业之路。被边缘化的原因包括各种可能，比如一个社会中的政治避难者、移民、少数族群等。的确也有统计数据证明被边缘化的人群创业率高于平均水平。Shapero认为边缘化既可以是来自正面的力量，也可以来自负面力量，总之是社会施与个体且超出个体所能控制的外部力量。De Vries运用弗洛伊德心理学解释创业者感觉被边缘化的原因，认为不管是心理的还是社会的边缘化都是对既有社会规范和结构的反叛，他把这种反叛与个体的家庭和早期成长因素联系起来。对于根植于这两种形式的心理-社会学的解释创业的理论至今还有学者感兴趣，比如关于种族、性别和家庭因素对创业的影响等就可以追溯到De Vries的心理学方法。

文化-社会学视角　尽管特质理论在20世纪七八十年代占据主导地位，但当时也发展了其他一些后来比较重要的理论。社会文化理论将创业的产生和影响置于一定的社会文化环境中，将创业精神与创业环境联系起来，把文化和特定的商业环境作为创业的决定因素，研究其与创业者特性和创业过程之间的关系。这一研究结果可以用来解释什么样的文化有利于产生创业者，为什么有些地区创业活跃，而另外一些地区则不然。社会学家更倾向于把创业现象和相关的问题置于一个社会背景下研究。他们从企业家群体的角度，把创业行为解释为一种处于劣势的少数群体寻求改变现状的一种手段。并认为，由于企业家处于失去或面临失去社会地位的境况，所以他们才愿意承担创业的风险。

另外还有两种具有交叉学科性质的创业理论，一是研究创业型企业如何在发展和成长过程中不断演进和变革的演化理论，二是从种群生态学观点研究特定市场的社会学特征如何影响企业的创立和解体的生态社会学理论。

三、当代创业思想的发展

创业研究和理论发展到今天，由于经济、政策和文化等因素的作用，创业自身已经成为一门重要学科，并演化出向学科细分和多样性领域发展。有的学者更专注于研究小企业，有些更专注于创业。小企业研究以小企业为单位，不同角度细分出不同研究领域，比如从小企业管理分工角度看，有小企业战略、小企业营销、小企业人力资源、小企业电子商务、小企业融资和小企业成长等；从小企业所有者角度，又分为家庭或家族小企业、特许经营、少数人群或弱势人群（比如移民、妇女）创业等；从小企业所面临的外部环境看，又有关于小企业政策、小企业支持环境等研究分支。创业也可以从不同视角细分到多个研究领域，比如从创业环境角度，有新企业的创建、高成长企业和企业内创业、学术创业、技术创业和社会创业；从创业过程角度，有创业团队建设、新创企业融资和天使基金、技术转移和孵化器等；从创业行动来看，有关于个人特质、创业认知、创业学习和创业教育等理论。即便有关小企业和创业的研究有很多不同，也难免有重叠之处，而且很多时候交叉使用，界限并不清晰，北美学者更倾向聚焦“创业”（entrepreneurship）研究，而在欧洲，学者们更倾向于宽泛一点的“小企业”（small business or enterprise）研究。

经过半个多世纪的知识积累和演进，创业学科在争议中得到发展，确定了学科的合法地位。一个学科是否成熟的标志从以下几个方面判断：（1）建立了系统的理论和文献主体。（2）建立了权威机构、专业协会和沟通制度。（3）建立了伦理标准和文化。（4）形成了职业阶层。目前，创业学成为了美国管理学会的一个独立分部；创业类杂志也进入了A类刊物之列；几乎美国所有的商学院都开设了创业课程或创业教育项目；排名越靠前的商学院通常其创业教育项目（指主修或辅修专业，能够授予学位）越受重视；创业学科（专业）也进入主流机构的专业权威排名（Dickson & Solomon，2008；Katz，2008；Peterman & Kennedy，2003）。

中国创业学科的发展是随着创业经济的发展而兴起，在大学创业教育的推动下而发展，已逐渐成为有影响力的独立学科。

中国创业经济的发展可分为以下几个阶段：

第一阶段：1978年党的十一届三中全会以后，以城市边缘人群和农民创办乡镇企业为主要特征的“草根创业”。

第二阶段：1992年邓小平南方谈话以后，以体制内人群下海经商为特征的“精英创业”，包括政府部门和科研院所的行政科研人员“下海经商”（广东、海南）。

第三阶段：中国加入WTO（2001年）以后，伴随着互联网技术和风险投资及资本市场的发展，以互联网新经济为特征的创业浪潮。1999年之后，伴随中央一系列鼓励创业的政策措施出台，许多新兴的网络公司、中关村和全国其他地区科技园及创业园区的大量涌现大批留学人员回国创业成为这一时期的典型特征。

第四阶段：当前的“大众创业、万众创新”浪潮。这一轮创业浪潮具有许多新的重要特征，比如改革、特别是简政放权的改革成为“双创”的主要推动力；创业创新主体多元化，不仅有精英创业，也有草根创业；创业创新的形式高度互联网化等。

与经济发展的阶段相一致，创业教育也具有以下阶段。

早在 1991 年中国就开展了基础教育阶段创业教育的研究。当时已在全国 6 省、20 个县乡和 30 多所学校进行了创业教育的实验，但是未能推广和坚持下去，没有成为全国教育改革的主流。

20 世纪 80 年代末受新经济引发的全球创业浪潮的影响创业教育开始受到重视。最早从高新技术产业开发区开始，当时少数院校教师已经在教学过程中穿插了一些创业的内容。

20 世纪 90 年代末，比较成体系的创业教育起始于一些高等院校开始开设创业学教育课程和培养研究生。

2002 年教育部开始在清华大学、北京航空航天大学、中国人民大学、上海交通大学、武汉大学、南京经济学院、西安交通大学、西北工业大学、黑龙江大学等 9 所大学开展创业教育试点，进一步推动了创业教育工作的深入开展。

2010 年 9 月教育部颁发《关于大力推进高等学校创新创业教育和大学生自主创业工作的意见》。文件指出，为了学习实践科学发展观，服务于创新型国家建设，高等学校开展创新创业教育，积极鼓励高校学生自主创业，落实以创业带动就业，是促进高校毕业生充分就业的重要措施。

2015 年 5 月，国务院办公厅出台了《关于深化高等学校创新创业教育改革的实施意见》（〔2015〕36 号文件），明确从 2015 年起，将全面深化高校创新创业教育改革，瞄准 9 项改革任务，推出 30 余条具体举措。

创业教育是以培养企业家精神为目标的一种管理教育或商业教育，培养受教育者的创新精神、创业意识和创新创业能力；属于认知行为教育，并能体现在任何职业岗位的行为模式中；成为未来的创业者或企业家是主要的目标之一。创业教育和其他教育的不同在于如何在不确定因素较多的情境下进行决策，并尝试找到普遍性的规则。

随着创业教育在中国高校的普及和推广，涌现了一大批专门从事创业教育和研究的学者，这些学者大部分分布在管理学科或商学学科，其次是经济学科、社会学科和心理学科等，其发展的轨迹和研究主题与国际创业学的发展规律基本一致。

四、创业与创新

创业与创新是相互联系的两个概念，但在创新经济学和熊彼特的企业家创新理论中两个概念有时是交互重叠的。但在大多数情境下，两个概念是不同的，需要依据情景加以界定。

（一）创业

目前学术界往往将创业研究追溯到经济学家熊彼特的经济发展理论（1934）。熊彼特强调的是创新，他认为经济的发展不是指渐进式的微小的增长和改进，而是来源于“创造性的破坏”，即对旧有生产要素组合的颠覆和建立新的组合，这种新组合包括输入、产出、生产过程、市场和组织方式的创新。他将创业比作“making the road”，而依惯例而行的工作犹如"walking along it"，同时提及了创业者认知的作用。罗默（Romer）也指出经济增长源于对资源的重新整合，源于"better recipes"而不仅仅是"more cooking"，新的配方或组合往往可以让每单位原材料产生更大的经济价值和更小的副作用。科兹纳（Kirzner）更是指出了这种创新中具体的人和机会的因素，强调个体对机会的警觉性。Shane等学者的文章总结了以前创业理论的研究成果，强调创业的核心是有利可图的机会与有事业心的人的结合。

广义的创业意味着发现和利用机会，也就是创造新产品、新生产方法、新市场、新投入品以及新组织与管理方式。狭义的定义仅指新企业的创建，也是通常意义上对创业的理解。广义的创业既可以通过创建新企业实现，也可以在现有企业内产生，即后来所称作的公司创业。

萨尔曼等（Sahlman，1999）等将创业定义为一种管理方法，将其定义为捕捉一切机遇，而不管眼前是否有资源可用的一种行为现象。他认为创业行为包括6个方面：战略导向，把握机遇，获取资源，控制资源，管理结构以及激励与补偿机制。

巴隆（Robert A Baron）和谢恩（Scott Shane）认为，创业是一个随着时间而展开的动态过程。这一过程受三个重要因素的影响：个体（创业者）、群体（合作伙伴、顾客、风险投资家等）和社会（政府调控、市场条件等）。创业过程分为以下几个阶段：机会的识别，决定继续并整合必要资源，开办一个新企业，建立成功，收获回报。他们认为，创业研究致力于创造新事物（新产品或服务、新市场、新生产过程或原材料、组织现有技术的新方法）的机会，以及机会如何出现并被特定个体发现或创造，这些人如何运用各种方法去利用或开发机会，然后产生各种结果。创业研究的核心是要回答"是什么让某个人成为了创业者"（而不是其他人）。创业的本质是创造或认识到新事物的商业用途（识别到它是一个机会），并积极采取行动将机会转变成可行的、有利可图的企业（Baron；Shane，2005）。

然而，以上定义都是指的商业创业活动，没有体现社会创业的特点。社会创业虽然也是基于机会发现、满足社会需要的过程，但社会创业的目标不是为了创业者或股东利益最大化，而在于满足社会需要，比如解决社会贫穷、环境等问题，从事社会创业的人称作社会创业者。

按照德鲁克的思想，创业行为不仅存在于各种经济组织，还存在于各种社会服务性机构。事实上，一些社会服务性机构，如大学、医院、政府、工会组织，甚至非赢利性组织如教会和慈善机构等也需要创业。因为当今社会、技术和经济的快速变化一方面对这些组织构成了严重的威胁，另一方面也提供了更大的机遇，而它们要进行创新可能比官僚制的企业遇到更大的障碍，因为追求规模而不是效率往往是衡量服务机构绩效的一个标准，所以这些机构更需需要创新和企业家精神以求得发展（德鲁克，1995）。所以，现代的创业者所做的事情如此之多以至于有必要拓宽创业的定义。今天，创业者是一个创新者或开发者，他们能识别和抓住机会，并将这些机会转化成有市场价值的理念，通过投入时间、努力、金钱和技能去增加价值；承担执行这些理念的市场竞争的风险；从他们的努力中获取回报。

德鲁克强调创业必须是创造了新价值的行为，而且德鲁克的思想隐含了这样一种观点，即仅仅是满足需求而不是创造新的需求（需要承担风险）的行为不是创业行为，其行为者也不能称为企业家①。

德鲁克认为，企业家往往指创建自己的、新的小企业的人，但并不是所有的小企业都是企业家创建的，或代表创业。他举例说：一对夫妻在美国郊区开了一家熟食店，他们当然冒了一点风险，但他们不是企业家，因为他们所做的不过是被重复多次的老一套而已。他们把赌注投在该地区外食人口日渐增加上，但并没有创造新的满意点，也没有增加新的消费需求。从这一点上看，他们当然不算企业家，即使他们建立的是新企业。但麦当劳却是创业的，具有企业家精神。尽管它没有发明任何新东西（任何一家不错的餐厅很早就生产它供应的消费产品）。但是，麦当劳通过应用管理概念和管理技巧（研究顾客所注重的“价值”）使“产品”（服务）标准化，设计制作程序和工具，对要进行的工作进行分析，并根据分析结果培训人员，然后制定其所要求的标准，不仅大幅度提高了资源的产出，而且还建立了新的市场和新的顾客群。

此外，与“entrepreneur”和“entrepreneurship”对等的中文词汇稍显含糊。如果用“企业家”和“企业家精神”与之对应，有两个地方需要注意。第一，可能会造成普通公众的误解，因为公众倾向于将“企业”和“事业”平行使用，并认为企业家仅与企业有关，指创办或管理企业的人，且一般指私企或民企，往往不包括国企或非企业单位。如此解读，有可能造成理解偏差，仅代表原词的部分含义，比如可能会忽略对social entrepreneurship（社会创业）的关注。第二，学术上，几乎所有关于“entrepreneurship”的教材，都译为“创业学”或“创业管理”。如果将上述两个词分别译为“企业家”和“创业或创业精神”，既有形式上的不统一，更关键的是上面第一点指出的问题也还依然存在。所以，本书将分别把上述两词译为“创业者或创业家”和“创业或创业精神”，本书作者认为这样比较能正确全面反映其学术本意。美中不足之处是，在中国，大多数人更习惯“企业家”这个词而不是“创业者或创业家”。一个约定俗成的称呼是，对新小企业创始人，称作创业者，而当企业发展到一定规模后称作企业家。在现代企业中企业家大体分为两类，一类是企业所有者企业家，作为所有者他们仍从事企业的经营管理工作；另一类是受雇于所有者的职业企业家。在更多的情况下，企业家只指第一种类型，而把第二种类型称作职业经理人。

综上所述，创业是创业者在一定的社会环境中识别并利用机会，动员资源，创建新组织，开展新业务或创造新价值的活动。

要准确地理解这一定义，应注意以下几点：

创业从事的是一种经济行为过程，它是一种生产方式，也是一种管理方法。对大多数创业者而言，创业意味着创建一个新的组织，但新组织的建立，并不意味着创业过程的完成，而是开始。一个完整的创业过程包括识别与把握机会，制定战略与经营计划，整合与调动资源，创建组织，管理企业，收获与成长。

创业需要必要的投入，只有那些经历了创业过程，付出了大量的时间和努力的人才能创造出新的价值并使之投入运用。

① 关于这一定义，学术上可能存在争议，但本书作者认可这一观点。

创业需要承担风险，这些风险有多种形式，它取决于创业者的努力或投入领域，通常集中在经济、社会和心理方面。但承担风险并不意味着创业者一定要敢于或乐于冒险，事实上，大多数创业活动是理性决策的结果。正如一位成功的创业者所说的："关于风险和收益，我希望是别人去冒险，而我来获取收益"（Sahlman，1999）。

由于不同创业者的动机不同，因此创业活动的最终目标也因人而异。取得最终的金钱或物质收入，追求个人独立性，寻求一种新的生活方式，自我满足，创造出有价值的新东西，帮助他人或社会解决问题等都可能成为个体创业目标。

无论创业的最终结果如何，从概念上来看，创业必须是创造了新东西或新价值。新东西是相对于创业者所要面对的用户或对象而言是有价值的。这些用户可能是个体用户，也可能是机构购买者。Shane 将新事物定义为四个方面：新产品或服务、新市场、新生产过程或原材料、组织现有技术的新方法等。

（二）创新

创新是一种新事物、新理念、新方法或新手段的产生。在经营活动中，创新是把一项新技术、新工艺、产品新创意引入生产，进而实现市场销售的过程，并实现了新价值。

创新不同于发明。蒸汽机的出现是发明；将它从煤炭开采业应用于其他工业如纺织业，则是创新。彼得·圣吉在《第五项修炼》中指出，1903 年，莱特兄弟制造了简陋的飞行器，这是发明创造；30 年后，麦道公司设计、制造出第一架飞机用于商业航空，这就是创新。发明是一个具体结果，强调新颖性和独特性，注重首创，可以申请发明专利；创新是一个完整的过程，强调社会性、价值性和实用性。创新的前身不少是发明创造，是发明创造的实用化、商品化、市场化的过程。

根据创新的程度不同，创新可分为根本性创新和渐进性创新。渐进性创新指每一次创新只产生微小的技术改进，没有质的突破，但随着创新的日积月累，最终可能产生质的飞跃。渐进性创新要比根本性创新容易得多，所以人人都有创新的机会，成功的机会也大。在企业里，一些渐进性创新能为企业提高效率、降低产品成本、提高产品性能带来实实在在的进步，作用不可低估。

德鲁克认为，凡是能够改变已有资源创造财富的潜力的行为都是创新行为。创新就是改变资源的产出，它是从需求角度将创新定义为改变资源赋予消费者的价值和满足消费者需求的行为。创新行动赋予资源一种新的能力，使它能够创造财富。事实上，创新本身创造了资源。只有当人类在自然界中发现了某个东西的用途，并赋予它经济价值，这个东西才成为资源。在此之前，植物只是杂草，矿物只是另一种石头而已。社会和经济领域的情况也是如此。没有比购买力更重要的资源了，但购买力也是企业家创新的结果（企业家创造了分期付款，任何领域只需引进分期付款制，就能将经济从供给驱动型转变为需求驱动型）。

熊彼特认为，"创新"就是把生产要素和生产条件的新组合引入生产体系，即"建立一种新的生产函数"，其目的是为了获取潜在的利润。

所谓生产函数，是在一定时间内，在技术条件不变的情况下生产要素的投入同产出或劳动的最大产出之间的数量关系，它表示产出是投入的函数。每一生产函数都假定一个已知的技术水平，如果技术水平不同，生产函数也不同。比如，生产一种产品，原来实行手工劳动，需要劳动力较多，生产工具比较简单，技术和经营管理方法落后，这是一种生产函数。现在改用机器操作，劳动力较少，现代科技和经营管理方法得到广泛应用。这里生产函数发生了改变，或是生产要素和生产条件实现了“新组合”，其结果是后者可以比前者获得更多的利润。

这种“创新”或生产要素的新组合包括5种情况：

一是引进新的产品，即产品创新。制造一种消费者还不熟悉的产品，或一种与过去产品有本质区别的新产品。

二是采用一种新的生产方法，即工艺创新或生产技术创新。采用一种产业部门从未使用过的方法进行生产和经营。

三是开辟一个新的市场，即市场创新。开辟有关国家或某一特定产业部门以前尚未进入的市场，不管这个市场以前是否存在。

四是获得一种原料或半成品的新的供给来源，即开发新的资源，不管这种资源是已经存在，还是首次创造出来。

五是实行一种新的企业组织形式，即组织管理创新。如形成新的产业组织形态，建立或打破某种垄断。

熊彼特指出：“我们把新组合的实现称为‘企业’；把职能是实现新组合的人们称为‘企业家’”。企业家活动的动力来源于对垄断利润或超额利润的追逐，其目的或结果是实现“新组合”或创新。可以说，创新的承担者（主体）只能是企业家，企业家的创新活动是经济兴起和发展的主要原因。

发明者不一定是创新者，只有企业家才有能力把生产要素和生产条件的新组合引入生产体系，实现“创新”。同样，资本家和股东也不同于企业家，资本家和股东是货币所有者、物质财富的所有人，而企业家则是资本的使用人、实现生产要素新组合的首创人。企业家可以同时是一个资本家或是一个技术专家或是一个技术发明者，但拥有资本的资本家或技术发明者如果不把他们的资本和技术用于生产方式的新组合，没有创新行为，那他们就不能成为企业家。

在熊彼特看来，企业家应具备三个条件：

一是有眼光，能看到市场潜在的商业利润；

二是有能力，有胆略，敢冒经营风险，从而取得可能的市场利润；

三是有经营能力，善于动员和组织社会资源，进行并实现生产要素的新组合，最终获得利润。

企业家之所以创新，是因为他看到创新可能带来的赢利机会，或使潜在的赢利机会变成现实的利润。经济发展的动力是利润和企业家精神（创业）。

德鲁克认为创新理论需要说明何时、何地及如何系统地寻找创新机会，如何判断成功的机遇和失败的风险，即企业家需要进行系统化的创新。只有将创新与创业结合起来，才能成为真正的经济增长的推动力。他认为创业既不是一门科学，也不是一门艺术，它是一种实践（Drucker，1995）。强调现在的经济已由“管理的经济”转变为“创新的经济”，企业唯有重视创新与企业家精神，才能再造企业生机。

总之，创新是一种有计划、有组织的行为，创新与创业密不可分。创新是创业的特殊手段，创业是把资源从生产率和产出率低的领域向生产率和产出率高的领域转移。创业必须能够创造新的价值。创业的过程从创新的好点子开始，然后决定做什么，用什么规则（方式）来做，改变消费者的价值观、生产方式，提高质量，标准化等都可能是产生新价值的创业行为。通俗来讲，创新是做与众不同的事情，或者用与众不同的方法做相同的事情。所有创新的结果不外乎是做到了最好、最快或最便宜。

创新无处不在，在我们生活的每一个角落都存在着创新。事物之所以可以被叫作创新，往往是因为它改善了我们的工作质量，改善了我们生活的质量。

第二节 影响个体创业决策的因素

创业是改变个人命运的决策，是个体或群体放弃目前的工作或生活状态，决定成为一名创业者的决策。该过程包含着一种转移，也就是从目前的生活方式向形成一家新企业的活动的转移。创业只是整个社会很小的一部分，你可以去政府工作，可以去当一名老师，可以做一个自由职业者。哪些因素会影响个体创业决策？总的来说有两类：一是个人因素，二是环境因素。大多数情况下，创业决策是人与环境的匹配和互动。

一、个体与环境的认知匹配

影响个体做出创业行动决策的因素有很多，首先是个体对创业的愿望和态度。比如 Birley 和 Westhead 发现激励个体创业的因素有追求认同、独立性、自我发展、创造财富或者受偶像的影响等。其次，个体对创业可能带来的损失的态度也会影响其创业决策，毕竟创业伴随着高风险和高不确定性，个体是以其自身承担损失的能力来衡量风险和不确定性的，能够承担得起越大的损失，越可能追求创业机会。再次，个体的能力会影响其创业决策，比如，为小企业工作的科学家和工程师，基于其创业态度（自主性）和能力（多面手）的原因往往比那些在大型企业工作的科技工作者更倾向于选择创业。再其次，个体的创业机会成本会影响其创业决策，创业机会成本指因为选择创业而放弃的其他最高价值的机会或选项。业绩优异的员工，如果雇主按业绩给于酬劳，则更倾向于选择就业而不是创业，就是基于对自身机会成本衡量的结果。最后，上述影响创业决策的因素（愿望或态度、能力和机会成本）会随着时间的变化而不断变化，这种变动也会影响个体的创业决策。

认知理论可以更好地解释为什么一些人决定创业。这是由于不同的经历导致个体对同样的机会或情形产生不一样的认知，对某些人来说的机会，在另外的人眼里可能是难以解决的障碍。认知理论的贡献在于可以由此更好地理解创业者特征与环境或机会特征之间的互动和适配，从而将创业领域的研究从简单的人格特质论引向对能够导致创业行为的情形或机会的研究。人类的行为很大程度上取决于人们如何认知环境以及环境以何种形式呈现出来。由于知识、注意力和处理信息的能力的有限性，个体对环境的认知不同，创业的愿望也会不同。个体总会基于其过去的经历有选择地获取信息并基于此做出决策。个体对环境状况的认知包括对不确定性和市场行情的判断，会影响其对机会的判断。

环境与个体知识因素对个体创业决策的综合影响可以整合形成以下四个方面的分析框架：改变现状、榜样作用、具备创业能力和一个有利的外部环境等因素综合影响个人做出创业决定。如图 1-1。

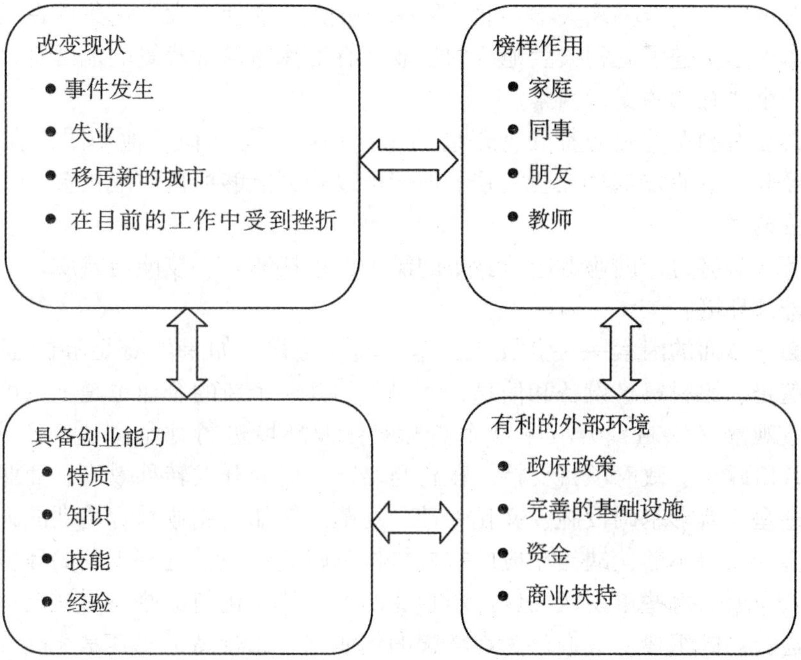

图 1-1　创业决定因素

改变现状：

对于很多人来说，决定去创办一个企业是源于发生了一些变故。尤其是家庭的变故，而其他很多人想要在和他们以前工作环境类似的领域里去创业。

一些创业者是因为所做的事情发生了某些变故而导致想要或开始创业。一个直接的表现就是：失去工作；移居到一个新的环境，因语言障碍或种族偏见而找不到合适的工作；与上司的矛盾；找不到理想报酬或待遇的工作；还有那些在大的公司和机构里工作失败的管理者。事件系统理论研究发现，失恋也是创业的原因。

榜样作用：

最能说明榜样作用的就是目前创业者父母的职业。调查指出在创业者当中 25%到 34%的人，他们的父母（特别是父亲）是一家小企业的拥有者，同时，如果农场主和自由职业者也被认为是小企业拥有者的话，百分比将提高到 54%。作为促进的动机，无论如何不能仅限于家庭，而且也要扩展到同伴和朋友。例如，美国硅谷的发展的原因之一就是工程师们离开大的机构和组织成功创办自己的企业。可信的榜样也可以解释为什么有的民族和国家具有非常高的创业能力，例如：美国的犹太人、黎巴嫩人，英国的亚洲人。

同伴在组建公司的决策中至关重要，企业家聚集地——企业家与未来的企业家在一起探讨想法、问题和解决问题方法的集会地点，要比缺乏这些场所的地区能产生更多的新公司。

对组建公司的鼓励还来自教师，教师可以极大地影响学生，使学生把创业看作是一种所期望的和可行的职业路径。开设有创业和创新等课程的学校往往会诞生出企业家，并能在某一经济领域真正促进企业家型环境的形成。在美国，MIT 与哈佛都坐落在 128 公路附近；斯坦福在硅谷；北卡罗来大学、北卡罗来州立大学和杜克大学都集中在北卡罗来三角洲；卡斯西留大学促进了克利夫兰地区的创业。有着深厚教育背景的地区是对创业活动和创建公司的一个强有力的支持因素。

此外，很多人创业的领域都和他以前的工作环境十分相似。他们明白在这样的环境中，他们有经验、专业技术和社会关系，他们可以看到能够抓得住的机会。

具备创业能力：

在本章下一节将讨论创业者应该具备的能力，包括知识、技能与特质。

有利的外部环境：

只有上面三方面的因素——变故、工作环境、榜样，如果没有足够的基础设施、资金、供电、道路、原材料、设备和信息，那对于创办一个新的企业也是不太可能的。

全球创业观察（GEM）开发了 9 个指标对创业环境进行评估，这 9 个方面分别是：金融支持、政府政策、政府项目支持、教育与培训、研究开发转移效率、商业和专业基础设施、进入壁垒、有形基础设施、文化和社会规范。例如，创业教育培训的缺乏，缺乏熟练的工人，金融支持不够，缺乏相应的扶持机构和政府部门，这些不利的环境或政策会阻碍新小企业的发展。那些重视成功创立新企业的个人的文化与那些不重视企业家的文化相比，更能促进公司的组建。人们认为在美国的创业比率比较高，尤其是在硅谷地区，一个原因是因为美国的风险投资业发达，还有鼓励创新创业、宽容失败的文化。

二、创业目标与创业动机

成功的创业者都有一个共同的特征，他们都有一个明确的关于企业和个人的远景规划和目标，即使他们不能确切知道如何实现它。

（一）创业目标

创业目标是创业者结合自身能力所确立的通过创业所希望达到的最终目标。

创业的个人目标与企业目标是密切相关的。比如一个上市公司的目标是股东价值最大化，而创业者创建企业的目标更多地是实现个人的目标，但个人目标的实现往往通过企业目标的实现才能体现出来。创业者的目标大致可分为三种类型：迫于生活的压力或者希望使自己的生活条件有所改善才决定创业，属于生存型创业；已经有了一定的经济实力，希望获得更大经济回报，属于投资型创业；为了实现自己的人生目标，把创业当作自己的毕生事业，属于事业型创业。

确立创业目标是创业的第一步，而如何确立创业目标，往往与创业者的创业动机有关。不同的创业者的创业原因各不相同，有的创业者是被“逼上梁山”，例如我国很多下岗职工和进城农民的创业，他们的初始创业目标只是维持和改善自己的生活，很多人创业的想法很单纯，只是摆脱贫困状态，属于“生存型”创业；而有很多国家干部、高学历者放弃较好的生活条件和稳定的工作，选择创业，更多的是想实现人生理想，发展一番事业，不满足于现状，主动性更多。这类人大多属于机会型创业。如果创业者一开始就希望创业能立竿见影，获得物质收入上的巨大回报，缺乏起码忍受三年艰难甚至亏损的心理准备，那么一定会对创业的结果非常失望。所以，在做出创业决策行动之前，了解自己的创业目标是很重要的。

企业的目标与个人的创业目标有时不完全一致，取决于对未来的预期和要求，其中很重要的是对成功的理解。

每个人对成功的定义都不一样，所以每个人只追求属于自己的成功。这表示每个人都是独一无二的，天生我才必有用。每个人都有不同的优点、兴趣、目标和价值观。要想成功，你一定得对自己诚实，尊重自己的本质。你必须平衡你的生活，平衡你所有的希望和需要。

学者 Cooper（1991）曾经对英国的小企业主做过调查，了解他们对事业成功的衡量标准的看法。82%的回答者认为产品或服务的质量是非常重要的衡量标准，67%的人认为是纯财务经营状况。这一信息也很合乎情理。产品、服务质量是长期繁荣的关键，质量和财务状况的综合才是最准确的成功标准。当然，质量也反映了创业者做好了一项工作的成就感。仅 8%的人认为在“商场上独树一帜”是成功的重要标志，98%的人将有效的管理团队列为重要或非常重要的标准，表明企业的成功与职员的高素质分不开。

（二）创业动机

促使创业的激励因素多种多样，创业的主要动机也因人而异。促使创业的动力还随着性别和国家的不同而有所差异。罗伯特·赫里斯（Robert D. Hisrich）、迈克尔·彼得斯（Michael P. Peters）认为，对于男性创业者来说，金钱是第二位的激励因素；对于女性创业者而言，成就感、工作满意度、抓住个人发展的机遇和金钱则依次是她们创业的原因。

具体而言，创业者的创业动机主要表现为以下几个方面：

1. 成就需求

心理学家麦克莱兰（Mclleland，1962）认为，成就需求高的人成为创业者的可能性大。他将成就需求定义为：希望做好的欲望，主要不是为了社会承认或声望，而是为了内在的个人自我实现的感觉。依此他推断：一个社会如果普遍拥有高水平的成就需求，这个社会将涌现更多有活力的创业者，这些创业者将促进社会经济的发展。可见创业者是成就需求和经济发展的一个中间变量。麦克莱兰通过实验得出结论：创业者成就需求得分高。这些成就需求得分高的创业者呈现以下特点：希望承担决策的个人责任，即在解决问题、确立目标和通过个人的能力达到这些目标时，个人敢于承担责任；有冒险的倾向，喜欢具有中等风险的决策；不喜欢日常单调的重复性工作，对决策结果感兴趣。

2. 追求独立

我们当中有许多人都有独立的强烈愿望，如果没有这种追求独立的因素，就不可能让一个人去承受创业过程中的各种挫折和艰辛。圣母大学有位企业研究专家杰弗里·A. 伯奈尔，在从教之前，他经营自己的汽车配件公司长达 24 年之久。他说："我们许多人内心深处都有一种非常强烈的需要，要做自己的事情，为自己犯错误，并在学习中不断提高，这些人在经营自己公司时成功的可能性都非常大，他们喜欢以自己的眼光去看待事物，可望彻底的控制自己的命运。"

创业者在创业之前可能觉得自己所从事的工作不能够一展才华，或者觉得目前所从事的工作并不是自己内心深处所喜爱的事业，因为每个人对生活和工作都有自己的理解和追求。在这种情况下，他们就不会满足于为别人打工，他们要求独立，在这种强烈的意识下，他们开始自己创业。自己创办公司基本上可以选择自己喜爱的事业，按照自己喜欢的方式（前提是按照市场规律与法律法规等）去做自己喜欢的事情，在自己创办的企业里为自己而工作，实现人生理想和抱负。正如一位经营一家餐馆的创业者所说的："我喜欢做生意的自由，喜欢做自己的老板。我有 12 名员工，当他们向我征询意见的时候，我感觉好极了。对我来讲，为别人工作很困难。不过将来我也可能去打工。我现在只有 28 岁，我的事业还可能有很多转折。如果我不得不为别人工作，我希望我也能做很多我想做的事。我喜欢做决定，喜欢当头儿的感觉"。

3. 改变目前的经济状况

如果仅仅认定创业者的创业动机就是为了金钱的话，很显然是幼稚的，是缺乏对创业者的了解。虽然如此，我们也不能否定经济因素在刺激企业家创业过程中所起到的作用，货币收益虽然在创业者心目中并非是最重要的，但也是一种推动力量。

由于在公司里工作的薪资不高，难以维持家庭的生活开销或为提高家庭生活的质量，他们经过分析后发现，要想改变命运或现实的生活，必须走自己创业之路，让自己的能力尽情得以发挥，并获取最大的经济回报。大多数出身贫寒、收入微薄的创业者，其最初的创业原因就是要改变自己的生活境地，改变经济状况。

4. 工作安全感

通过创办企业，人们可以获得其他就业方式所欠缺的工作安全感。工作安全感指能够确保持续获得就业机会及收入。自主创业的人不会下岗，也不会在达到一定年龄时被强制退休。

5. 社会地位

从某种程度上说，所有的人都在追求社会地位。自主创业的人通过成功经营和参加社会活动能够吸引公众的注意，获得一定的社会地位，这使他们享受到其他人无法得到的快乐和自豪。

企业本身也有社会地位高低之分。例如，垃圾回收站的地位可能比较低。有些人对于他们企业的地位很感兴趣，也有些人对此根本没兴趣。这是你选择创业企业类型时需要考虑的重要因素之一。无论地位高低，关键在于要选择一个让自己感到舒适的企业地位。

6. 灵活性

自主创业者创办的企业类型和企业规模依赖于他们的能力大小。自主创业给予个人的是一种成为老板和领导者的工作，而不是为雇员和追随者的工作，能实施自己的想法，决定自己的工作和生活方式。

三、创业的收益与成本分析

（一）创业收益

关于创业的收益或回报，很多实证研究得出的结论是，平均来看，创业并不能获取高于工薪的经济收入，这个结论让人困惑。即便将财务报表中未显示的收入也考虑进去，初创企业的创业者收入的中位数还是低于那些与其具有同等特征和能力的工薪就业者，其收益的增长也低于相同背景和能力的工薪就业者（Hamilton，2000）。从这些研究结论可见，创业者金钱上的平均收益并不比其选择工薪就业所得薪资高。因此，很多学者辩称创业者选择创业是受到综合因素的吸引，包括：非金钱的收益，做自己的老板，创业者过于相信自己的商业敏锐性等。

然而，有些学者通过对创业者区别对待，把创业者定义为创办公司的人（公司创业者），不包括那些没有成立正式公司的人（非公司创业者），即排除了小型个体工商业者、小商贩或小零售超市业主等，从而大大缩小了创业者的范围。公司是具有有限责任和独立法人资格的实体，这两种资格可以促进新创企业的成长：有限责任把权益所有人的潜在损失保持在其所投资的额度内，因而增加高风险高收益型新创企业融资的吸引力；独立法人身份意味着公司可以拥有自己的资产，独立于股东之外签订合约，专属于股东的一些特别事件不至于摧毁公司的正常运行，因而可以增加特大型、长期项目的融资吸引力。这种对创业者区分和重新定义在某种意义上把机会型创业者和生存型创业者区别开，同时也符合创业的定义（发现和利用创造新组合的机会）。

这样区分和定义的结果，发现了与上面相反的结论：公司创业者小时收入远远高于工薪就业者和非公司创业者，其工作时间也远远多于后者；公司创业者小时收入的均值和中位值高出与其相同背景特征和能力的工薪就业者分别为48%和28%；非公司创业者小时收入的均值和中位值低于相应的工薪就业者，远远低于公司创业者。这样一来，关于创业者总体负面的经济回报的困惑就可以得到很好的解释了：公司创业者的收益高于工薪就业者，非公司创业者的收益低于工薪就业者，而非公司创业者数量远远高于公司创业者，因而造成了整体上的经济收益的负面结果。

（二）创业成本

创业成本可从会计成本和机会成本两个方面来分析。创业的机会成本也就是创业者所放弃的工薪就业机会可以产生的所有收益，包括经济收入及其相对的稳定性和确定性、休闲的时间成本等，创业的风险性也可以算作其机会成本。

创业者在创办企业、向社会提供产品或服务过程中必须支付的实际费用，构成了创业的会计成本。同时创业者创业就意味着放弃原有的职业，失去原有的收入，这种由于创业丧失从事其他固定职业可能挣得的收入值就是创业的机会成本。

成本是创业进入的壁垒。成本高，创业的障碍就大。会计成本反映了创业项目需要的投资及运行费用，而机会成本则是创业者现有利益和创业者资源未来价值的反映。机会成本影响创业抉择，机会成本与创业的可能形成逆向关系。机会成本越大，即目前的利益越多，未来价值越小，创业的可能性就越小。反之，目前的利益越小，未来价值越大，投身创业的可能性就越大。这一经济学分析，正好阐述了迪克·克拉克（Dickie Clark）提出的“社会边缘状态”（social marginality）这一新的概念，其含义是当个体的属性——身体特征、智力特征、社会行为方式与其在所处的社会环境中承担的角色发生冲突时，个体就处于社会边缘状态。实际上，处于社会边缘状态者所获得的现实利益少，个体放弃现有利益进行创业的机会成本就小，因而创办自己企业的可能性就大，创业也就成了“社会边缘状态”者摆脱孤独感、寻求心灵平衡的重要途径。我国改革开放之初的创业者大多是难以找到工作的回乡知识青年、城市无业游民、政府中几乎没有晋升机会的公务员、无法在经济社会中找到适当位置的中年退伍军人、预计无法晋升的大公司职员等。这些处于“社会边缘状态”的人，他们在现实中没有占据“有利地形”，没有太大的现实利益，因此他们创业的机会成本小，顾虑少，他们通过创业，不仅能够获得收入，找到新的发展平台，而且能够找到一种控制命运、实现自我的感觉。创业者做出创业决策时普遍都有这种心态，这正如硬币的两面，“正面我赢，反面我也输得不多”。

此外，自主创业的弊端还可表现在以下方面，如潜在的投资风险、收益的不确定性及工作时间没有规律等。

1. 潜在的投资风险

自主创业的一个风险来自投资风险。投入资本指的是创业者为了开办企业而投入的资金。通常的规律是，高风险的企业高回报。如果企业成功了，利润就会很高。如果企业失败了，投资就会损失。创业者需要承受自有储蓄遭受损失的痛苦，投资失败可能需要很长时间，才能偿还贷款。

2. 收益的不确定性

自己创办企业的另一个弊端是可能面临收益的不确定性。不像工薪就业的人们有固定的收入，自主创业者的利润随时间波动较大，即使在已经处于正常运营阶段的企业仍然如此。有时即使能获得收入，但数量太少也不足以满足个人和家庭的需要，在创办初始的6~12个月内，情况尤其如此。

3. 工作时间没有规律

自主创业的人每周不只工作40小时，可能每天工作14个小时或者更长，每周工作6到7天。经营时间的长短取决于顾客需要，他（她）们通常是早晨第一个到，晚上最后一个离开。开业时间是为了方便顾客而不是为方便老板设定的：比如商店经常从早8点到晚9点营业。

4. 例行公事

自主创业的人们通常都被一些不喜欢的例行公事所烦恼。你必须与所有商业伙伴打成一片，否则你在面临一些问题时，无法得到外界援助。

5. 风险

如果你能预见到风险并做好准备，就有可能成功。风险的概率并不像赌博。如果没有风险，也就意味着你的商业想法缺乏创新，回报也会很低。

6. 投入精力

经营一个小企业是非常辛苦的，实际上在最初的几年里，它可能会占用你所有的时间和精力。不过，企业一旦进入正常营运阶段，你大可将日常管理活动移交给其他管理人员。长期来看，工作努力程度和个人参与程度因人而异。你所需要做的就是，确定你将投入多少精力，你可以全身心投入，或者仅仅投入部分精力，也可能根本不投入。

创业的收益-成本分析的简化描述见图 1-2。

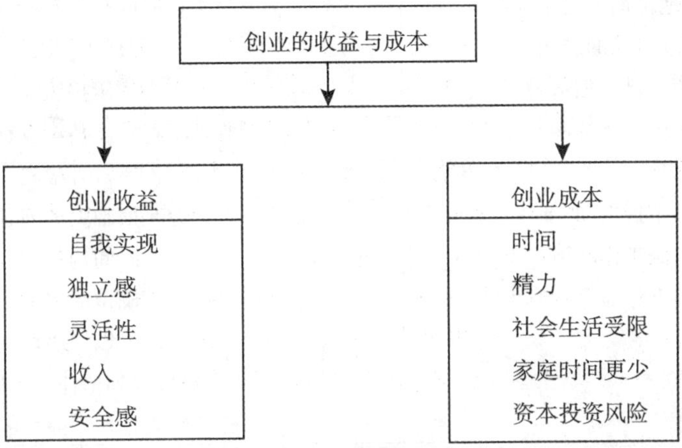

图 1-2　创业的收益与成本

四、自主创业与工薪就业

综上所述，机会成本这个概念可以解释为什么有些能力很强的个体虽然受到自主创业的吸引，但却依然选择工薪就业的职业路径，因为在短期内其工资收入极可能高于他们选择自主创业的预期收入，其创业的机会成本较高。此外，机会成本也可以解释能力较低的个体选择自主创业，是因为其就业的工资水平较低，因而离开就业岗位的成本，即创业的机会成本比较低。

另外一个是心理学领域的调节定向理论（ regulatory focus theory，RFT）。RFT 理论指出，个体追求实现目标的动机有两种取向：一种是促进定向（promotion focus），另一种叫阻止或避免定向（prevention or avoidance focus）。促进定向的目标动机取向更为关注结果及结果的收益和业绩，促进定向取向较高的个体受成长和发展的激励。阻止定向的目标动机取向更为关注过程及保障、稳定和责任等，阻止定向取向较高的个体更倾向于保护自己免受伤害、威胁和失败。每个人都同时具有这两种取向，但是一种会更强于另外一种，因而也就形成了个体追求目标做出决策的动机倾向。对同一个体而言，促进定向和阻止定向这两种取向的较量，经过长时期的社会阅历可能发生变化（Gorman 等，2012），也可以在短期内经情景刺激而改变。Jaskiewicz 等经过实证研究分析，发现促进定向的职业目标取向更易于激励个体做出创业选择，而阻止定向的职业目标取向与工薪就业的职业路径关联度更大。

自主创业与工薪就业的利弊比较见表 1-1。

表 1-1 自主创业与工薪就业的利弊比较

自主创业：

好　　处	挑　　战
处于领导地位而不是跟随	工作时间长，且不定时
能够实现自己的想法	责任更重大
能够发挥自己的创造力	必须承担风险
有获得无限收益的潜力	收益不稳定，甚至没有保障
独立	没有额外福利
能够掌握主动	总是面临财务问题
能够控制工作环境	时间约束
能够下达命令	不确定的未来
	时刻学习以解决新问题
	难以找到信任的下属
	经营结果依赖于雇员的行为

工薪就业：

好　　处	挑　　战
明确的（固定的）责任	执行上级命令
稳定的收入	能力难以得到认可
额外福利	收入有限
固定工作时间	责任、权利有限
非常确定的未来	难以实现个人的想法
设置可控范围	依赖于雇主
承担的风险较小	

第三节　做一个成功的创业者

关于成功的创业者的疑问就像成功的领导者的问题一样，他们是天生的，还是后天培养的？明智的答案尽管是中庸的，但是不可否认，不是所有的人都适合创业，经典的特质理论在今天仍然有存在的理由和市场影响力。然而，人的成长离不开特定的环境，环境会影响和改变人的行为。成功者往往具有共同或相似的心理特质和行为模式，表现为一种抽象的品质或素质。

一、创业者素质及其构成

创业者素质（entrepreneurial characteristics）是指创业者成功创业所具有的独特品质（特质）和能力。国外学者早在18世纪就开始了对创业者素质特征的研究，他们从不同角度对创业者应具备的品质和能力进行了深入探讨。法国经济学家Richard Cantillon（1755）首次提出创业者一词，并将其定义为“敢于冒险开创一项新事业并勇于承担责任的人”；Frank Knight（1921）赋予创业者不确定性决策者的角色，认为创业者必须能够承担不确定性带来的高风险；美国著名心理学家McClelland于1973年提出了著名的素质“冰山模型”，将人的素质按照表现方式划分为表面的“冰山以上部分”和深藏的“冰山以下部分”。其中，“冰山以上部分”包括基本知识、基本技能，是外在表现，是容易了解与测量的部分，相对而言也比较容易通过教育培训来改变和发展；而“冰山以下部分”包括社会角色、自我形象、特质和动机，是人内在的、难以测量的部分。它们不太容易通过外界的影响而得到改变，但却对人们的行为与表现起着关键性的作用。Timmons则构建了创业者的品质分析框架，将创业者的特殊品质概括为可获取的核心品质、其他令人向往（但不一定能得到的）态度和行为，以及非创业品质。

（一）创业者的特质

在早期创业者特质的研究中，影响最大的是麦克莱兰的心理动机理论（McClelland，1961）和著名心理学家罗特（Rotter，1966）的控制源理论。麦克莱兰把成就需求（need for achievement）作为创业者区别于非创业者的一个显著特质。认为创业者具有一种很强的成就需求，包括风险偏好、责任感、创新精神。创业者会为自己设定一定目标，然后通过自身的努力完成目标，达到自我价值的实现。

罗特（Rotter）于1966年提出控制源（locus of control）的概念，它是指一个人生活中对事件控制能力的自我感知，分内控制源和外控制源两种。内控制源个体相信他们个人的行为能够直接影响事件的结果，而外控制源的个体认为事件的结果不是他所能控制的，他们生命中的事件发生取决于运气以及周围的环境。人们对自己控制生活中事物的能力的感知直接影响着其对重大事件的理解、对生活的态度及其在工作中的行为特点。一个人如果不相信个人努力会决定事件的结果，就不可能参与风险很大的活动，因此创业者通常是内部控制倾向的（internal locus of control）（Brockhaus，1982）。Brockhaus（1982）还认为控制倾向是一种性格属性，是衡量人们相信他们掌握自己命运的程度和承担风险的倾向。卡森（Casson，1982）在研究创业者的过程中，认为成功创业者所应该具备的特征是：风险承担力、创新性、应对市场变化的知识、新创企业管理技能和合作精神。谢尔（Schere，1982）认为对模糊事件的忍耐力（tolerance for ambiguity）是创业者区别于非创业者的特质。

Ardichvili et al.（2003）将创业者特质看作是创业者对商业机会的先觉性，他们将乐观和创造性看作是两个重要的创业者个人特质。Markman & Baron（2003）在借鉴个人-组织适合理论的研究成果基础上，提出了独特的个人-创业适合度模型，指出创业者的个性特征与成为创业者的要求越匹配，创业成功的可能性越大。该模型通过对创业者各种明显差异特征的分析，指出自我感知能力、识别机会的能力、坚定不移的意志、丰富的人力和社会资本、出众的社会技能是影响创业者的关键因素，也是个人-创业适合度模型分析的主要内容。Bhaduri & Worch（2005）归纳总结了创业者认知的结构，包括以下三个部分：（1）对不确定性的态度；（2）开发、探索新技术机会的过程；（3）对组织架构、协调的倾向。在此基础上，创业者机会认知与环境的动态适应过程也得到认可，创业者是以一种“适应性认知模型”（adaptive cognition），在动态和不确定的环境中完成信息反馈过程（Haynie & Shepherd，2009），即创业者的认知方式是灵活的、柔性的和自我调节的。

从以上研究结果看，学者们普遍认为，成功创业者一般具备 6 个心理特质：成就动机、内控倾向、风险承担倾向、不确定性容忍、自信和创新意识。

（二）创业者的知识和能力

知识是由一系列能够在适当的时候回忆起来的信息储备组成的集合，而技能是创业者应用知识的能力。创业者应该具备创业必须的知识和技能才能成功地创办和管理新企业。

机会识别是创业过程的首要步骤，创业者最独特的能力之一就是与机会有关的能力。柯兹纳（Kirzner，1979）认为，创业者的独特功能在于能通过识别并开发机会来恢复市场均衡，而这种功能依赖于创新企业家在特定市场上发现价格低于价值的产品或未充分利用生产要素的营利机会的能力。他认为，创业者是机会识别者，而非一般意义上的组织创建者。创业者的任务就是发现客观存在的市场机会并转化为能为市场创造新价值的新组织，因此，感知创业机会是成功创业者必须具备的重要能力之一。巴隆（Baron，2007）认为在机会识别中三种因素发挥着重要作用：专注于寻求机会和潜在的利润来源；对机会的灵敏性；知识积累。Baron 认为这种灵敏性在于个人的一种认知能力，如理解力或创造性，这些能力为创业者提供有利信息，帮助他们识别新的机会。其他一些因素，如乐观、对风险的感知力等也对机会灵敏性产生影响。

此外，创业者的知识积累也对创业成功起着很大作用。研究表明，创业者个人的知识和以前的工作经验会引导创业者形成一个“知识走廊”（knowledge corridor），使得个人拥有独特的信息储备，能够识别和发现其他人不能够识别的创新性的机会（Ardichvili，2003；Shane，2000）。萨缪尔森（Samuelson，2001）揭示了创业者在先前产业和创建新企业方面的隐性知识会影响创业模式的选择，拥有大量有关消费者问题知识的人更可能发现创新型的机会。

霍根（Hogan）和瓦伦菲尔茨（Warrenfeltz）的研究指出创业者的能力可以分为 4 种，分别为：自我管理能力、人际关系能力、领导能力和商业能力。其中，自我管理能力包括自我尊重、正确对待权利的态度和自我控制等能力；人际关系能力包括换位思考、正确预计他人的需要、考虑他人的行动等能力；领导能力包括建立团队、维持团队、激励团队、建立共同愿景和巩固团队等能力；商业能力包括制订计划、管理预算、绩效评估、成本管理和战略管理等能力。

在创业实践中，创业者的心理特质、知识经验、认知模式、创新行为等关键要素往往是相互融合、互为因果的，很难做出清晰的划分，因此许多学者试图构建一个整合性的系统模式来深入探讨创业者的独特素质。如 Ozgen & Baron（2007）同时强调了知识、特质与行动在机会识别过程中的综合效应，认为先验知识、创业警觉性与主动搜寻等三项要素共同构成创业者的机会认知模式，随着创业行为的持续，其有利于创新的个性特质、心理模式、社会网络等也必然得到强化。Abdul & Yusop（2009）的实证研究也得出了类似的结论，即创业者个人特质，如创新、风险偏好、前瞻性等对企业的绩效表现（尤其是成长绩效表现）有显著的促进作用，但这种影响受到创业者机会识别能力的调节作用。

（三）层级特质论

杰弗里·蒂蒙斯教授认为成功创业者具有一些共同的态度和行为，他注意到进入百森商学院杰出创业者学会的第一批 21 位学员，在谈到各自成功的原因时都提到过三种品质：

（1）对挑战做出积极反应以及从错误中学习的能力；

（2）个人带头；

（3）极大的恒心和决心。

通过对这些学员的跟踪研究，蒂蒙斯总结出成功创业者表现出了一些共同的创业特质，他归纳为“六大特质”和“五种天赋”。六大特质是“可取并可学到的态度和行为”，五种天赋是“其他人向往的，但不一定学得到的态度和行为”。其中隐含着创业者品质一部分是天赋，另一部分是后天学习形成的含义。与此相对应，他还归纳了八种非创业特质，

1. 六大特质

（1）责任承诺和决心。这一点比其他任何一项因素都重要。有了责任承诺和决心，创业者可克服不可想象的障碍，并弥补其他缺点。

（2）领导力量。成功的创业者是富有耐心的领导者，能够勾勒出组织的远景，根据长远目标进行管理。他们无须凭正式权力，就能向别人施加影响，并能很好地协调企业内部及与顾客、供应商、债权人、合伙人的关系，与他们友好相处，共同分享财富和成功。

（3）商机着迷。创业者受到的困扰是陷入商机里不能自拔，意识到商机困扰可以引导创业者如何抓住重要问题来处理。

（4）对风险、模糊性和不确定性的容纳度。既然高速变化和高风险、模糊和不确定性几乎是不可避免的，成功创业者们就容纳了它们，创业者驾驭着悖论和矛盾。

（5）创造、自我依赖和适应能力。成功创业者们相信自己，他们不怕失败，而且有能力运用失败的经验作为学习的方法。

（6）胜出的动机。成功创业者们受胜出别人的动力驱使。他们受到内心强烈愿望的驱动，希望和自己定下的标准竞争，追寻并达到富有挑战性的目标。

需要说明的是并非一定要具备这些特质才可以创业，或只要具备了这些特质就一定能够创业成功，拥有这些特质并不是成为创业者的必要条件。如果缺乏上面的某些态度和行为，是可以通过经验和学习学到、开发、实践或提炼出来的。

2. 五种天赋

蒂蒙斯将下面五种态度和行为描述为一个特殊企业家天生的才能，它们是令人向往但不一定学得到的。事实上，蒂蒙斯研究发现，一些相当成功的企业家，他们缺少其中几项

特点，或每种特点都不突出，并且，几乎没有哪个企业家拥有下面所有方面的特殊才能。但是，如果企业家拥有了这些天生的才能，那么他就拥有可利用的极大潜力。

（1）精力、健康和情绪稳定。企业家面临特殊的工作压力和极高的工作要求，这使他们的精力、身体和心理健康变得十分重要。它们虽然可以通过运动、注意饮食习惯和休息稍做调整来保持，但每一项都和遗传有很强的相关性。

（2）创造力和革新精神。创造力一度被认为是只有通过遗传才可获得的能力，而且大多数人认定它本质上是遗传而来的。但新的研究表明，创造力、革新精神与制度、文化有很大的关系。它们只是可以诱发而不能模仿的。

（3）才智、智慧和概念化。没有哪一家成功的或具有高发展潜力的企业创始人是不具备才智或只有中等才智的，这些才智包括高度灵敏的嗅觉、企业家的直觉及“老鼠般的狡猾”。这种才智犹如艺术家和作家的才情、灵性，十分稀缺和珍贵。

（4）激发灵感的能力。远见是一种天生的领导素质，它具有超凡的魅力，大胆而鼓舞人心。没有人认为这种特殊的品质是后天培养的。所有伟大的领导者都是通过这种能力传递他们的影响力。成功的企业家通过这种能力激发灵感，激励他的员工为他设下的目标团结奋斗。

（5）价值观。个人的价值观和伦理价值由企业家生活的环境和背景决定，在人生的早期就形成了，这些价值构成了个人不可分割的部分，进而影响他的企业及企业的价值。

3. 非创业特质

前面讨论了创业者一般所具备的创业特质，事实上还存在一些非创业特质，它们会妨碍创业者的创业活动。蒂蒙斯总结了 8 种非创业思想，“它会给新企业带来麻烦，或成为置企业于死地的因素”。这八种非创业思想分别是：

（1）不会受伤害。这种思想方式是指，有些人觉得没有什么灾难性的事会发生到他们头上。他们容易冒一些不必要、不明智的风险，这种行为显然会形成严重的隐患。

（2）表现强大。这是指有些人总想证明他们比别人强，并能击败别人。为了证明这点，他们可能会冒极大的风险，也可能会为了给别人留下深刻印象而置身险地。虽然这和过分自信相关，但这种思想方式已经超越了自信的定义范围。愚蠢的以硬碰硬的竞争和非理性的接管战就是典型的例子。

（3）反对权力。有些人反对外部权力控制他们的行动。他们的态度可以用下面这句话来总结：“别跟我说该干什么。没有人可以对我说该干什么！”如果比较这种思想和成功企业家的特质，我们会发现后者会积极寻求并运用反馈信息来达到目标，并提高自己的表现，他们倾向于寻求团队成员和其他必要的资源来利用商机。

（4）冲动。在面临决策的时候，某些人感到不管怎样他们都必须做些什么，并且迅速去做。他们没有考虑他们的行动有何意义，在行动之前也没有审视其他可选方案。

（5）外部控制。成功企业家的特点之一是相信自己的内部控制力，外部控制正好与此相对立。相信外部控制的人觉得，他们根本无法控制将要发生的事，即使是在可以有所作为的情况下也是如此。如果事情进展顺利，他们就把它归功于运气好，反之亦然。

（6）完美主义者。完美主义者是企业家的敌人，这一点已经被反复证实过。达到完美要付出相当多的时间和成本，这必定导致机会窗口被另一个决策更迅速、行动更敏捷的竞争者迅速关上，或者由于技术的提高而消失。

(7) 无所不知。认为自己什么都知道的企业家一般知之甚少。更糟糕的是，他们常常发现不了自己不知道的事是什么，而能够发现良好商机的创业者并非如此。

(8) 绝对独立。绝对独立是个严肃的问题，对企业家来说会限制他们的思想方式。决心完全靠自己来成就大事，拒绝一丝一毫的外来帮助，这样的企业家通常最终毫无建树。

(四) 创业者素质的关键维度

综合国内外的文献研究，夏清华、李雯等（2013）提出从创业者特质（偏重心理）、创业技能（包括创业知识）两个层面来表征创业者素质，具体包括以下6个维度：成就需要，内控倾向，机会认知，创新思维，风险承担，领导能力。通过问卷调查和统计分析，6个指标都通过了探索性和验证性因子分析，在此基础上开发出了创业者素质测评软件①。

成就需要：渴望成功、做得更好的一种愿望或驱动力。成就需要高的人倾向于给自己设定较高的目标并做出具有一定风险的决策。

内控倾向：当个体认为自己可以控制命运，就可称为内控型的人。内控能力强的人相信自身的行为能影响事件的结果。一个人如果不相信个人努力会决定事件的结果，就不可能参与风险很大的活动，因此，创业者通常是内控型的，即相信个人能否成功靠自己的努力。

机会认知：创业者表现出的独特的机会灵敏性和认知方式。灵敏性是对变化的条件和已忽略机遇的敏感性（Kirzner，1985），认知方式是指一个人搜集、利用和评价信息的偏好，他影响了人们怎样看待获取信息的环境，怎样组织和解释这些信息，以及怎样整合到他们的心智和主观认识中，进而指导行为（Hayes & Allinson，1998）。

创新思维：一种产生出原创、新颖、独特意念的能力或思维方式，具有创新思维的人往往具有前瞻性的眼光或打破常规、出人意料的创意。创新思维既是一种与生俱来的天赋，也可以通过后天的系统学习加以培养。

风险承担：创业者愿意对资源做出大胆且具有风险性承诺的倾向和行动。对不确定性的容忍力是"一种渴望不确定性情境的心理倾向"，相反，不能容忍模糊性情境则是"一种将不确定性情境理解或解释为威胁的倾向"。

领导能力：作为特质的领导力，是成功地运用影响力的个人所具备的一组特性。这种影响力是影响他人知觉、信念、态度、激励和行为的能力。

以上六种创业者素质的关键维度中，成就需要与内控倾向是创业者典型的心理特质，机会认知、创新思维、风险承担、领导能力四个维度既根植于创业者深层次的心理特征，又能够通过后天系统的学习和训练加以强化，即这四类创业者关键素质是创业者特殊禀赋与后天创业学习共同作用下形成的。

---

① 感兴趣的读者可通过以下链接免费自测：http：//ecenter. whu. edu. cn.

二、初次创业者与连续创业者

根据创业者有无创业经验，创业者可以分为初次创业者（novice entrepreneur / founder）和习惯创业者（habitual entrepreneur/founder），其中习惯创业者又分为连续创业者（serial entrepreneur /founder）和组合创业者（portfolio entrepreneur/ founder）。初次创业者指那些在创业之前从未有过任何创业经验的创业者，这里的创业经验包括创建、继承和购买公司或企业的经历；连续创业者指那些卖掉其原有企业，之后又继承、创建或购买了另外的公司；组合创业者指那些保留原有企业，之后又继承、创建或购买了另外的公司。

初次创业者没有创业经验，连续创业者有创业经验，创业经验对创业者本身的影响体现在创业者的决策思维上，二者的区别在于连续创业者与初次创业者相比，在决策过程中更加倾向于运用效果逻辑，而初次创业者倾向于因果逻辑。如果决策是关注目标的，叫因果逻辑（causation 或 causal logic）；如果是关注手段的叫效果逻辑（effectuation 或 effectual logic）。二者的区别，简言之，因果逻辑是结果（end）给定，聚焦于可能达成结果的不同手段（means）的选择；效果逻辑是各种手段（means）既定，聚焦于这些手段可能产生的结果（ends）的选择。

创业经验对新创立的企业的影响体现在新创企业的业绩上，这对于初创企业的投资者和政策决策者都有意义。Westhead 和 Wright 在其对英国包含 389 名初次创业者、75 名组合创业者和 157 名连续创业者为样本的市政调研结果中，发现这三类创业者在其所创立企业的业绩表现上没有显著差别。

但是，对于创业者创业经验对新建企业业绩的影响研究，有两种比较流行且互相矛盾的构想。第一种构想来自“干中学”的创业学习理论和资源获取理论，连续创业者会在其过去的创业经历中不断学习，积累经验，总结教训，随着创业经历和经验的增加，其业绩和成功的概率也会逐渐上升，因此连续创业者业绩呈现不断上升的轨迹，按照这种构想，如果其他条件相似，对连续创业者的业绩预测应该好于初次创业者。第二种构想来源于从成功或失败的经历中有选择的学习理论，按照这种理论，连续创业者如果有失败创业经验，倾向于受其激励，如果习惯于成功的创业感受，容易陷于自负的陷阱，这正如同“项羽日胜而亡，高祖日败而王”的道理，所以，连续创业者的业绩呈现周期性轨迹，按照这种构想，连续创业者与初次创业者的业绩预测相比较，应该由连续创业者在其业绩周期中所处的位置决定。

Parker 利用美国收入动态追踪研究的纵向数据（US Panel Study of Income Dynamics，PSID 世界上历史最长），做了实证研究，否定了上述对连续创业者的业绩轨迹的两种构想，得出了另外的结论：连续创业者的创业经验会对其未来新创企业有积极作用，但是这种积极作用会随时间减弱。这个结论符合人力资本和社会资本会随时间贬值的观点，因此，连续创业者不同创业经历间隔时间越长，其原先的创业经验对后来的创业企业的业绩所起的作用就越弱。

至于对机会的发现和利用，即创业过程的一系列决定，究竟采取更具计划性和系统性的因果逻辑，还是更富灵活性、探索性和创造性倾向的效果逻辑，取决于创业过程以下几方面的特征：机会本身的特征，环境的特征，企业发展的阶段，创业者的特征。机会和环境的不确定性越大，越依赖于灵活性、创造性和探索性的过程，比如马云曾经在不同场所宣称其创立阿里巴巴没有商业计划书，缺乏计划性，因为变化太快，不确定性太大，计划赶不上变化。在当时的环境下创办阿里巴巴这样的企业就有着极大的不确定性，相反如果是加盟一个餐饮连锁店，不确定性就小得多。Sarasvathy 在她对创业者的调研中，发现 65% 的受访者大多数时候（75%）采取效果逻辑解决问题。

三、做一个机会创业者

根据创业者创业的自愿性和主动性，创业者被分为机会创业者和生存型创业者。机会创业者受商业机会的吸引主动追求创业；生存型创业者难以找到就业机会，为了生存而被迫创业。人们普遍认为机会创业比生存型创业对社会更有利，因为机会创业具有更强的创新性和成长倾向，从而推动经济发展，提高生产效率，增加税收，促进创新。

创业是发现和利用机会的过程，平均而言，机会创业者比生存型创业者追求利润更高的机会。首先，因为机会创业者比生存型创业者在获取创业所需资源方面占有更优越的地位，比如机会创业者在创业过程中（发现机会和利用机会），更易于获取特定的人力资本和社会资本，从而发现和利用利润较高的创业机会。其次，因为机会创业者比生存型创业者更为从容，有更多的时间去积累特定的工作经验和技能，用更多的时间去识别和筛选机会，做更详尽的计划开发机会，因而机会创业者发现机会和利用机会的质量（利润），会高于生存型创业者发现和追求的商业机会，这一点与 Gruber（2007）的发现也是一致的。他认为计划详尽完备的商业活动可以导致新创企业更好的业绩表现。最后，机会创业者追求更高利润的商业机会与创业机会成本的观点是一致的，机会创业者创业机会成本较高，生存型创业者因其创业的机会成本较低，因而更可能追求较低利润的机会。

人力资本或不同类型的人力资本对机会创业者和生存型创业者创业结果的影响不同。Block 和 Wagner 对两类创业者比较研究，发现机会创业者的教育（边际）收益率大于生存型创业者，而特定职业或行业的教育培训对生存型创业者创业的成功更为重要。这说明对机会创业者而言，一般综合或者正规教育对其创业成功影响更大；而对生存型创业者，特定技能的培训，尤其是在其创业领域或行业的特定技能对其创业成功影响更大。此外，在劳动经济学领域的研究中，Van der Sluis 等比较了教育对创业者和工薪就业者收入的影响，发现在欧洲对创业者的影响小于工薪就业者，在美国则大于工薪就业者；并且，教育对美国创业者的收入影响也大于对欧洲创业者的影响。这是因为在美国机会创业者所占比例远远大于欧洲大部分国家的这一比例，比如 2006 年，美国机会创业者比例是 80%，德国的这一比例是 60%。中国至今没有这样的数据，但是根据日常中的观察和感受，应该低于这两个国家。这个研究结论说明，综合的正规教育有利于促进机会型创业的数量和质量。

综上所述，其他条件相似，机会创业者可以获得高于工薪就业者的经济回报，而生存型创业者则低于工薪就业者的收入；机会创业者更能促进创新和经济发展；综合的正规教育对机会创业型新创企业的业绩有积极影响。

小 结

大多数情况下，创业是一个理性的决策过程，本章探讨个体创业决策的影响因素、创业者成本收益分析及其与工薪就业之间的比较、成功创业者的一些特质及机会创业者与生存型创业者之间在创业动机和影响创业成功因素方面的差异。从个体创业决策来看，创业决策需要从以下三个方面进行评估：第一，明确创业目标；第二，了解自身能力和个性等条件是否适合创业；第三，是否具备创业的资源。

思 考 题

1. 请用福布斯或胡润财富排行榜找出中国富豪排行榜的前 20 名，分析哪些是初次创业者，哪些是连续创业者或组合创业者，哪些是机会创业者，哪些是生存型创业者。

2. 查阅分析上题中创业者的个人背景特征与创业特质，并尝试分析其最初创业决策是遵循因果逻辑还是效果逻辑。

【参考文献】

[1] Bygrave W, Minniti M. The social dynamics of entrepreneurship. Entrepreneurship: theory and practice, 2000, 24 (3): 25-25.

[2] Kirzner I M. The alert and creative entrepreneur: A clarification. Small Business Economics, 2009, 32 (2): 145-152.

[3] Brockhaus R H, Horwitz P S. The psychology of the entrepreneur. Entrepreneurship: critical perspectives on business and management, 1986, 2: 260-283.

[4] Shapero A. The displaced, uncomfortable entrepreneur, 1975.

[5] De Vries M F R. The entrepreneurial personality: A person at the crossroads. Journal of management studies, 1977, 14 (1): 34-57.

[6] Romer P M. Compound Rates of Growth. The Concise Encyclopedia of Economics. 2008. available at: http: //www. econlib. org/library/Enc/EconomicGrowth. html.

[7] Shane S, Venkataraman S. The promise of entrepreneurship as a field of research. Academy of management review, 2000, 25 (1): 217-226.

[8] Baron R A, Ensley M D. Opportunity recognition as the detection of meaningful patterns: Evidence from comparisons of novice and experienced entrepreneurs. Management science, 2006, 52 (9): 1331-1344.

[9] Birley S, Westhead P. A taxonomy of business start-up reasons and their impact on firm growth and size. Journal of Business Venturing, 1994, 9 (1): 7-31.

[10] Douglas E J, Shepherd D A. Entrepreneurship as a utility maximizing response. Journal of

Business Venturing, 2000, 15 (3): 231-251.

[11] Dew N, Read S, Sarasvathy S D, Wiltbank R. Effectual versus predictive logics in entrepreneurial decision-making: Differences between experts and novices. Journal of business venturing, 2009, 24 (4): 287-309.

[12] Elfenbein D W, Hamilton B H, Zenger T R. The small firm effect and the entrepreneurial spawning of scientists and engineers. Management Science, 2010, 56 (4): 659-681.

[13] Carnahan S, Agarwal R, Campbell B A. Heterogeneity in turnover: The effect of relative compensation dispersion of firms on the mobility and entrepreneurship of extreme performers. Strategic Management Journal, 2012, 33 (12): 1411-1430.

[14] Borjas G J, Bronars S G. Consumer discrimination and self-employment. Journal of political economy, 1989, 97 (3): 581-605.

[15] Evans D S, Leighton L S. Some empirical aspects of entrepreneurship. In The economics of small firms. Springer Netherlands, 1990: 79-99.

[16] Hamilton B H. Does entrepreneurship pay? An empirical analysis of the returns to self-employment. Journal of Political economy, 2000, 108 (3): 604-631.

[17] Hurst E, Li G, Pugsley B. Are household surveys like tax forms? Evidence from income underreporting of the self-employed. Review of economics and statistics, 2014, 96 (1): 19-33.

[18] Dawson C, de Meza D, Henley A, Arabsheibani G R. Entrepreneurship: cause and consequence of financial optimism. Journal of Economics & Management Strategy, 2014, 23 (4): 717-742.

[19] Levine R, Rubinstein Y. Smart and illicit: Who becomes an entrepreneur and does it pay? 2013.

[20] Amit R, Muller E, Cockburn I. Opportunity costs and entrepreneurial activity. Journal of Business Venturing, 1995, 10 (2): 95-106.

[21] Gorman C A, Meriac J P, Overstreet B L, Apodaca S, McIntyre A L, Park P, Godbey J N. A meta-analysis of the regulatory focus nomological network: Work-related antecedents and consequences. Journal of Vocational Behavior, 2012, 80 (1): 160-172.

[22] Jaskiewicz P, Luchak A A, Oh I S, Chlosta S. Paid employee or entrepreneur? How approach and avoidance career goal orientations motivate individual career choice decisions. Journal of Career Development, 2016, 43 (4): 349-367.

[23] Westhead P, Wright M. Novice, portfolio, and serial founders: are they different? Journal of business venturing, 1998, 13 (3): 173-204.

[24] Dew N, Read S, Sarasvathy S D, Wiltbank R. Effectual versus predictive logics in entrepreneurial decision-making: Differences between experts and novices. Journal of business venturing, 2009, 24 (4): 287-309.

[25] Parker S C. Do serial entrepreneurs run successively better-performing businesses? Journal of Business Venturing, 2013, 28 (5): 652-666.

[26] Williams C W. Beyond necessity-driven versus opportunity-driven entrepreneurship. A study of informal entrepreneurs in England, Russia and Ukraine. Entrepreneurship and Innovation, 2008, 9 (3): 157-165.

[27] Gruber, Marc. Uncovering the value of planning in new venture creation: a process and contingency perspective, Journal of Business Venturing, 2007, 22: 782-807.

[28] Block J H, Wagner M. Necessity and opportunity entrepreneurs in Germany: Characteristics and earnings differentials. 2010.

[29] Van der Sluis J, Van Praag M, Vijverberg W. Education and entrepreneurship selection and performance: A review of the empirical literature. Journal of economic surveys, 2008, 22 (5): 795-841.

[30] Bosma Niels and Harding R. Global entrepreneurship monitor: GEM 2008 summary results, Babson Park/London: Babson College and London Business School, 2006.

第二章　创业过程

创业过程是创业者在创建企业时通常要经历的基本步骤和流程，涉及一系列的管理行为或活动，其中所涉及的知识与技能，与一般现有企业的管理职能并不完全相同。早期创业过程的基本特点是围绕机会的识别和开发的不断迭代。

第一节　创业过程的关键活动与要素

一、创业过程的关键活动

创业是一个包含诸多事件的过程，需要一系列的商业活动，而非一个单纯的事件。创业过程涉及多方面的行为或活动，需要几个月到几年的时间完成。因而，不是所有的创业都经历相同的过程，而且在创业过程中，事件的顺序也可以完全不同。有的产品没有经过创意直接复制现有产品就出售了，有的没有申请合法注册，也先出售了产品。事实上，没有能够被普遍接受的“正确”的创业步骤。创业是一种随机的且具有不确定性和高难度的活动，一方面要求有计划、系统化、提前决定和理性决策，另一方面要求创造性、灵活性、实验性地应对不断出现的偶发事件和探索新的机会。

针对创业过程的无序性，为了描述的方便，一种可能的办法是把创业的两个核心内容——发现和利用机会——视作两个子过程，机会的发现和识别是创业的认知过程，机会的开发和利用是创业的实际行动过程，也是实现认知过程所产生的创意的过程。

发现机会是指创意或构想在个体头脑中产生、形成和发展的过程，创意即是机会。创意可能很好地反映了客观环境的真实状况，也可能不是。如果个体或组织基于其不正确的创意做出创业行为，那其将会为此付出代价。即便如此，这也是发现机会的过程。另外，在发现机会即创意的产生过程中，创意本身也在不断变化，这就是机会本身的动态性。许多新创企业的创意，包括一些在全球市场上成功的巨头企业，比如苹果、阿里巴巴等，在其发现令其成功的模式之前，都经历了无数次的重大变化。

机会的发现是依赖于有计划、系统化的搜寻过程，还是靠随机的偶然发现，对于这个问题，各执一词。有人认为，当不知道要找的是什么东西的时候，怎么去找呢；另一方面，事实证明，也的确有相当一部分创业者，首先决定要独立创业，然后开始或多或少地进行有意识、系统化的寻找商机的过程，直到最终找到自认为有利可图的机会，开始创业。据足够大样本的研究证实，这两种过程对创业机会的发现同等重要（Gartner & Carter，2003）①。

机会开发利用是将创意或市场需求转化为一个现实的产品或服务的过程，也是一个漫长的不断演进的动态过程，该过程是实现创意，使新创企业从无形到有形，让其得到各利益相关方认可的过程。利用机会和发现机会的过程不一定由同一个体或者组织来执行。比如，一个独立个体产生创意或者说发现机会，由于客观不具备条件或者主观不愿意亲自开发，而将其打包出售给某个组织；再比如，在一个组织环境下产生的创意，未必非得由该组织亲自开发利用，也可能因为市场过小等原因，由一个独立创业者另外创业。除了上述两种情形，很多情况下，发现机会和利用机会这两个过程由同一方承担，有时即便由不同方承担，这两个过程也是相互盘绕、不断迭代的过程，而非简单的直线关系和先后顺序（见图 2-1）。

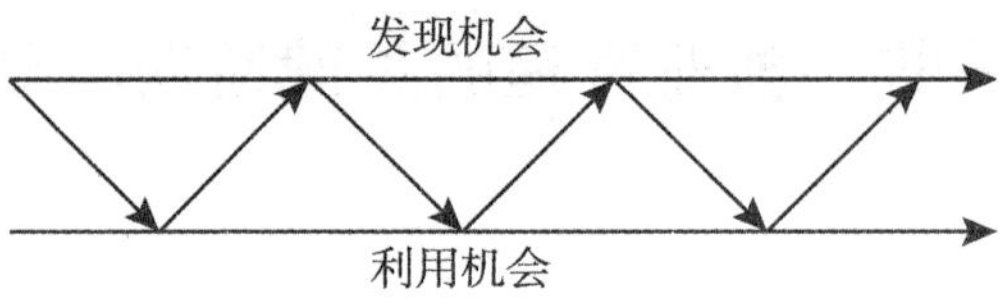

图 2-1　发现机会和利用机会的迭代关系

虽然创业是一个复杂多变的动态迭代过程，Delmar 和 Shane② 基于其对创业专家的访谈，列出了创业过程（机会发现和机会利用过程）10 个步骤的建议，依次包括商业计划书、收集客户信息、客户访谈、财务预测、建立法人实体、如有必要获得许可、知识产权保护（比如专利、商标、版权等）、融资、市场营销、获取投入资源（比如原材料、员工等）。

Davidsson 和 Klofsten③ 基于对大量新创企业创业过程的调研，给出了关于创业过程管理的 8 大基础工作，也称作创业过程的基石，包括：

创意（机会）：构思并详尽列出和提炼出一个创意（即商业计划书），是机会识别过程中的核心要素。

产品：构思产品是创意的重要部分，设计产品原型则属于开发利用机会的过程。

市场：了解客户，定位市场是创意形成（发现机会）过程的重要部分，同时也是开发利用创意（机会）过程的一部分。

组织：组织计划是创意形成的一部分，雇用员工、分配任务、执行日常事务则属于开发利用机会、实现创意的活动。

---

① Gartner W B，Carter N M. Entrepreneurial behavior and firm organizing processes. In Handbook of entrepreneurship research，2003：195-221. Springer，Boston，MA.

② Delmar F Shane S. Does the order of organizing activities matter for new venture performance? 2003.

③ Davidsson P，Klofsten M. The business platform：Developing an instrument to gauge and to assist the development of young firms. Journal of small business management，2003，41（1）：1-26.

核心团队的能力：把创意与现有核心团队能力相匹配属于发现机会形成创意的过程，培养和招募管理人员（核心团队成员）则属于开发利用机会过程的活动。

核心团队的激情或激励：不属于创业机会发现和利用的任何过程，但是对于创意与创业者的匹配，以及待开发创业机会的吸引力的促进相当重要。

客户关系：发展客户关系是机会开发利用过程必不可少的活动，其结果还可能影响或导致机会的改变或重新发现。

其他关系：发展与各个方面重要利益相关者（比如政府、投资者等）的关系属于机会开发利用过程的活动，与发展客户关系，也会反过来影响到机会的发现和识别过程。

上述创业基础活动与 Delmar 和 Shane（2003）的 10 大创业步骤内容大部分是相同和重叠的，创业管理的重要内容就是对上述创业过程中的 8 大基础活动进行有效的管理。

巴隆（Robert A Baron）和谢恩（Scott Shane）认为，创业是一个随着时间而展开的动态过程。这一过程受三个重要因素的影响：个体（创业者）、群体（合作伙伴、顾客、风险投资家等）和社会（政府调控、市场条件等）。创业过程分为以下几个阶段：机会的识别，决定继续并整合必要资源，开办一个新企业，建立成功，收获回报。创业的核心是要回答“是什么让某个人成为了创业者”（而不是其他人）。创业的本质是创造或认识到新事物的商业用途（识别到它是一个机会），并积极采取行动将机会转变成可行的、有利可图的企业（Baron，Shane，2005）。

二、创业过程的关键要素

许多学者对创业过程或决定创业成功的决定因素和基本要素进行过大量研究，形成了创业的三要素、四要素以及五要素模型，每种模型代表了不同的思想和研究的视角。

（一）Timmons 三要素模型

蒂蒙斯（Timmons）的创业要素模型是比较经典的占主流地位的创业模型，如图 2-2 所示，在该模型中，新创企业成功的三个要素是创业团队、商机、企业创立和成长所需的资源。

该模型有以下几个方面的含义：

1. 商业机会是创业过程的核心驱动力，创始人或工作团队是创业过程的主导者，是原始创业成功的必要保证。

创业过程始于商机，而不是资金、战略、关系网络、工作团队或商业计划。在企业刚启动时期，大多数情况下，真正的商机比团队的智慧、才能或可获取的资源更重要。创业团队的作用就是利用自己的创造力在模糊、不确切的环境中发现商机或者创造商机，并利用资本市场环境、外生因素等组织资源，领导企业来实现商机的价值。在这个过程中，资源与商机是匹配、不匹配再到匹配的动态过程。商业计划通过一定格式的语言，描述了三种驱动力的特性，以及它们之间的适合度和平衡度。

商机：市场需求驱动着价值创造潜力，好商机的最重要特征是因为产品和服务有增值特征、市场规模大以及自由现金流本身的特点。成长率越高，规模越大，耐力越持久，总

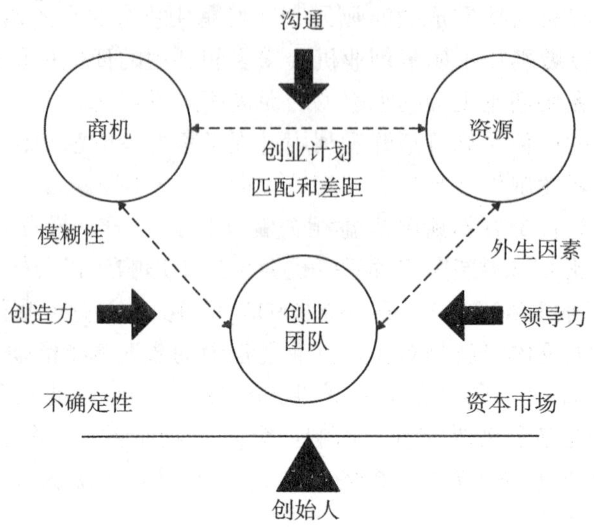

图 2-2 蒂蒙斯三要素模型

资料来源：杰弗里·蒂蒙斯. 战略与商业机会. 北京：华夏出版社，2002.

利润、净利润和自由现金流越强，企业的商机就越多。

资源：要创造也要节约。创业者可能会有错误的概念：为了使企业成功，首先必须要让所有的资源都到位，尤其是资金必须到位。首先考虑金钱是一个很大的错误，现在短缺的是高素质的创业者和商机，而不是金钱。成功的创业者一般都为了合理利用和控制资源设计了创意精巧、用资谨慎的战略。以尽量少的资源做尽量多的事情是强有力的竞争武器。企业资产、关键人物、商业计划、创建资本和成长资本中，最后考虑的是现金。

创业团队：创业团队是高潜力企业的关键组成要素。著名的投资家阿瑟·洛克（Arthur Rock）这样评价团队的重要性："如果你找对了人，他们就一直可以帮你改进产品。几乎我所犯的每一个错误都是因为我用错了人，而不是思路错误。"好的团队总是由一位非常有能力的创业带头人建立和领导的，他的业绩记录不仅向我们展示了他的成就，也展示了一个团队必须拥有的品质。创业领头者的作用就像一位领跑者、一位企业文化创造者和一位赛手兼教练，他的作用至关重要。

2. 创业过程依赖于商机、创业团队和资源这三个要素的匹配和平衡。处于底部的创业团队必须掌握这种匹配和平衡，并借此推动创业的过程。创业团队要做的工作包括：分析企业中这种匹配和平衡的状态；商机是否存在问题，企业正在失去什么商机；外部环境可能会发生什么有利或不利的事件，若这些事件有吸引力我们应该如何做；可以减少和消除哪些市场、技术、竞争、管理和金融风险；如何抓住商机和回避风险，由谁负责，最大限度地完成这些任务至少需要多少资源；评价拥有的团队是否合适等。如果一个创业者能决定这些答案，做必要的改变和增加，解决如何弥补差距和改进匹配问题，吸引有利于完成这些工作的关键人才，那么创业成功的可能性就大大增加。从本质上说，创业者的作用就是管理和重新确定风险与回报的平衡。

3. 创业过程是一个连续不断地寻求平衡的行为组合。

尽管这三个部分很难保持完全的匹配，但只有持续的追求一种动态的平衡，企业才能保持持久的发展。当创业者用平衡的观念展望未来时，他需要问：前面的发展将会遇到什么陷阱？发展的速度太快还是太慢？未来的资源是否能够满足需要？创业者需要不断采用实验性的方法，不断的评估、修订战略和战术。在考虑开发商机、资源和团队所必须解决的问题过程中，创业者的工作就是将思路塑造成商机，然后再将商机塑造成事业。这个创业过程具有反复性，而且带有不断试错的特征。

蒂蒙斯的创业资源能力决定模型很好地解释了创业过程是一个系统工程，它由多个资源能力要素组成复杂系统。在蒂蒙斯描述的创业模型中，包括商机、创业团队和资源三大要素。模型的中间是创业计划，也就是新创企业的战略计划，战略规划整合匹配人、机会和资源三要素，从而完成新企业的创建和发展。创业要素中人的因素是能动因素，即创业者或创业团队，创业者在充满模糊和不确定的机会和环境面前，与机会的动态适配以及动态地整合资源的能力对成功创业至关重要。该模型还特别强调三种要素间的均衡和适配。

（二）Gartner 四要素模型

Gartner 构建了一个结构较为复杂的创业模型。他用创立新企业的个人——创业者、创建新企业的类型——组织、新企业所面临的环境和创立新企业的过程四个变量来构建创业模型。任何新企业的创立都是这四个维度相互作用的结果。其中，创业者个人应该具有取得成就的愿望、敢于冒险、阅历丰富等特质；创业过程主要包括创业者发现商业机会、整合资源、建立组织、生产产品或提供服务以及回报社会等环节；创业环境主要包括技术因素、市场因素、政策因素和资源因素等；而组织则包括内部组织机构以及组织战略选择等内容。只有深入研究这四个变量，并深入探讨每个变量的维度及其与其他各个变量的维度的相互作用关系，才能够全面揭示新企业创建过程的复杂性（见图 2-3）。

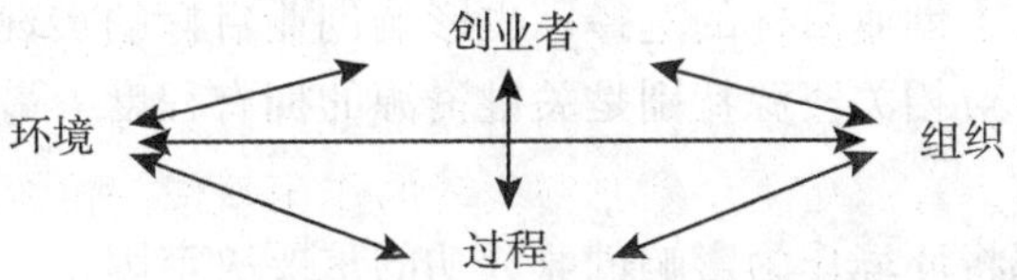

图 2-3 Gartner 四维模型①

Gartner 模型的特点在于：它不仅可用来解释新企业的创建过程，而且也适用于解释单个创业者的创业行为。因此，这个模型不但能够回答“如何创建新企业”这个问题，而且也可以用来指导新创企业的发展。因此，这是一个创业动态发展模型。

① Gartner W B. A conceptual framework for describing the phenomenon of new venture creation. Academy of management review，1985，10（4）：696-706.

（三）Salman 的 PCDO 框架

哈佛商学院的萨尔曼教授（Sahlman，1996）提出了创业过程的 PCDO（people，context，deal，opportunity）框架（见图 2-4），即创业是由机会、环境、创业者与团队以及经营模式共同决定。在这里，机会被定义为是“需要对稀缺资源投资以获取将来收益的任何行动”。环境是创业者不能控制、但能影响创业成败的那些因素，环境因素会构成新企业面对的机会和风险。经营模式是创业模式的核心内容。创业模式是组织设计（组织模式）和经营模式的结合。经营模式体现一个组织的交易方式，包括创立什么，谁去创立（个人、合伙、外包等），如何传递（因特网、直销）以及接受者如何接受（如网上购物、会员制、赊销、信用卡等）（Austin，et al.，2006）。

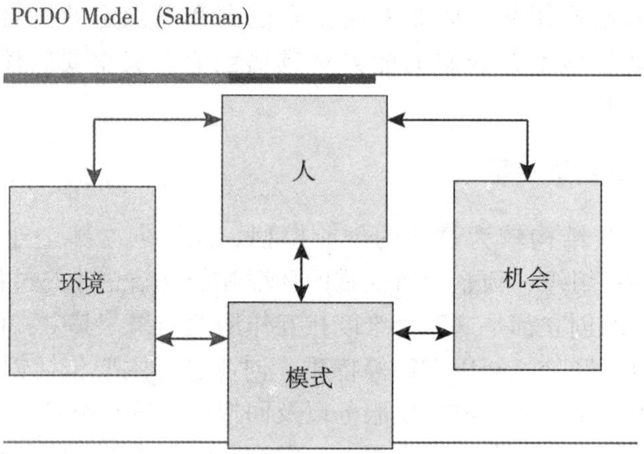

图 2-4 Sahlman 四要素模型

创业过程的这些要素或条件是创业所需要的资源，创业者资源的有无和多寡以及资源质量，相当程度上左右了创业目标的选择，也影响创业目标的实现。所以，创业者确立创业目标，必须考虑自身对相关资源特别是关键资源的拥有程度，最好选择能够充分发挥自身资源优势的创业机会。

两个四要素模型都将环境作为影响创业成功的重要决定因素。人的行为是个体素质与环境的函数，每个人都基于外在环境和自我环境这两大变量从事自己的社会实践。创业行为的产生，也必然受到创业环境的影响。

在专门研究创业环境的文献里，学者和研究者们有不同的研究角度和关注点。熊比特（1936）认为创业型企业通过创新导致的市场不均衡促进了经济的增长，创业型企业会在一定时期内以集群的方式产生。波特（1998）也认为创业集群会在某些产业领域向全球转移。Bruno & Tyebjee（1982）通过研究证实，在一定时间一定的地点社会经济环境鼓励创业的时候就会出现创业者群体。Eisinger（1988）提出国家和地方政府也在努力通过多种方式创造环境鼓励创业，比如建立企业孵化器。Shapero（1982）认为创业希望的产生受创业者个人周围的人或事这类环境影响，潜在创业者的老师、家庭、同事或同行等的

(成功或失败的) 创业经历会影响个人对创业的渴望或预期。

全球创业观察 GEM (Global Entrepreneurship Monitor), 是由英国伦敦商学院和美国百森商学院共同发起成立的研究项目, 旨在研究全球创业活动态势和变化, 发掘国家创业活动的驱动力、创业与经济增长之间的作用机制, 以及评估国家创业政策。

GEM 研究的核心内容是研究早期的创业活动, 探讨创业活动与经济发展的关系。GEM 研究的基本思路是: 通过大样本的调查统计得出不同国家和地区的全员创业活动指数 (TEA 指数), 该指数可以衡量一个国家或地区的创业活跃程度; 将国家或地区的 TEA 指数与 GDP 增长率进行时间序列回归分析。

通过对本国和本地区专家的访谈和填写一份标准问卷, GEM 获得了各个国家和地区的关于创业环境评价的信息。这 9 个方面分别是: 金融支持、政府政策、政府项目支持、教育与培训、研究开发的转移、商业和专业基础设施、进入壁垒、有形基础设施、文化和社会规范。

(1) 金融支持: 当我们讲创业的金融支持时, 其基本的含义是指新的和成长型企业在获得金融资源上的可得性, 包括拨款和补贴。

(2) 政府政策: 政府的创业政策是指激励创业的政策, 包括对创业活动和成长企业的规定、就业的规定、环境和安全的规定、企业组织形式的规定、税收的规定等。政府政策包括中央政府和地方政府的政策。

(3) 政府项目支持: 政府项目支持作为创业环境的独立要素, 是政府政策的具体化。政府项目不限于提供资金和政策支持的项目, 尽管这是我国政府项目的基本形式; 政府项目还包括政府为创业提供服务、支持和帮助的组织。

(4) 教育与培训: 教育培训是创业活动得以开展的必要条件, 也是创业者将潜在商业机会变为现实的基础。

(5) 研究开发的转移: 研究开发的转移过程是否顺利, 从结果上看是研究开发转移是否实现了商业化, 但是, 从过程上看, 是创业是否有效率, 创业者是否能够抓住技术和商业机会。研究开发的转移与创业的关系涉及五个方面。一是研究开发成果是否能够从它的发源地和来源, 例如大学、科研机构和发明者个人, 通过新创企业走向市场; 二是创业企业是否与大企业有同样的机会接触新研究和新技术; 三是研究开发成果实现转移是否具备转移的条件 (企业承受能力和政府资助); 四是国家是否具备支持至少某一领域内具有世界水准的技术型公司创立的条件; 五是知识产权保护。

(6) 商业和专业基础设施: 创业的商务环境 (中国研究组将商业专业基础设施和有形基础设施并入一个环境要素方面, 具体涉及商务环境和有形基础设施) 包括 3 个方面: 一是创业企业能获得哪些资源, 例如分包商、供应商、咨询机构资源。二是创业企业能获得哪些服务, 包括金融服务和非金融服务。非金融服务包括法律服务、会计服务等, 金融服务包括银行服务等。三是创业企业能否使用得起这些服务和资源。

(7) 进入壁垒: 进入壁垒主要涉及国内市场开放程度, 体现在创业企业进入市场时是否存在行业准入壁垒, 是不是一个公平竞争的环境。市场的变化是反映进入壁垒的一个重要侧面。这是因为市场的变化孕育着机会, 大的市场变化孕育着大的市场机会。在市场变化大的创业环境中, 行业的进入壁垒就难以维系, 进出行业的活动频繁, 创业企业的进入壁垒就会下降。

（8）有形基础设施：包括道路、公用设施、通信等，通信能否快速、低廉地获得，水、电、气等基础服务费用能否负担，能否较快获得公用设施服务。

（9）文化和社会规范：文化和社会规范与创业的关系比较复杂，主要关注两个方面：一是社会对个人创业的态度，二是个人与集体的关系。

第二节　组建创业团队

Hambrick&Mason（1984）创新地提出了高阶理论（upper echelons theory）。高阶理论是以人的有限理性为前提，把高层管理者的特征、战略选择、组织绩效纳入高阶理论研究的模型中，突出了人口统计学特征对管理者认知模式的作用，以及对组织绩效的影响。

一、创业团队的重要性

越来越多的证据表明，一个好的管理团队对于新企业的成功有着重要的影响。创业团队对创业成功的重要作用已得到风险投资家的广泛认同。

新创立的公司极有可能仅仅只是为创始人提供一种替代就业方式，为家人或外人提供就业机会，也可能是具有较高发展潜力的公司，前者和后者之间的主要差别之一在于是否一支高素质的管理团队。一个喜欢独立奋斗的创业者固然可以谋生，然而一个团队的营造者却能够创建出一个组织或一个公司，而且是一个能够创造重要价值并有收益选择权的公司。

没有团队的新创公司也许不一定会失败，但要创建一个没有团队仍具有高成长潜力的风险企业却极其困难。美国学者一项对 20 世纪 60 年代创立的 104 个高技术企业的研究指出，年销售额达 500 万美元或更多的高成长公司中的 83. 3%是由团队创立的，而夭折的公司中有几个创业者的只占 53. 8%。这种情形在一项“128 号公路 100 个企业”的研究中表现得更为明显。该研究的对象是美国波士顿地区沿 128 号公路构成新企业群的顶级 100 个企业。这些企业的典型特征是，已有 5 年历史的企业年销售额平均是 1 600 万美元，6~10 年历史的企业年均销售额是 4 900 万美元。通常是企业越成熟，销售额越高。研究发现，其中 70%的企业有多个发起人。在 86 个企业中，实际上 83%有 3~4 个发起人，17%的企业有 4 个或更多的发起人，9%的企业家有 5 个或更多的发起人。

正因为如此，风险投资者在帮助组建创业团队方面已经变得更加积极。一项研究表明，在 20 世纪 80 年代风险投资业繁荣趋势十分明显，这与 70 年代的情况形成了鲜明的对比，那时风险投资者并非积极参与管理团队的创建。

二、团队选择的标准

恰当的团队和恰当的机会相结合是最有力的一种结合，在此情况下团队的整体功效就会大于成员部分功效之和。但是，高度成功的创业团队的比例通常很小。有些团队虽然能够幸存下来，但是团队成员的更换相当频繁，严重影响了团队的长期稳定性。还有些创业团队在筹集风险投资之前，创业资源已经耗尽致使团队的维系面临危机。在那些获得风险投资资助的团队中，也只有少数团队能够在短短几年里成功，获得大于原始投资的回报。因此，组建成功的创业团队是创业者极为关心的一个课题。研究和实践证明，按照以下基本准则组建的团队，走向成功的可能性比较大。

（一）具备共同的创业理念

共同的创业理念是组建团队的首要准则。成功的创业者是以正确的创业理念来组建创业团队和指导创业活动的。创业理念决定着创业团队的性质、创业的目的、创业的行为准则，这一基本准则指导着团队成员如何工作和如何取得成功。

从某种意义上说，创业理念比创业机会的选择、商业计划的设计和创业融资等技术问题更为重要，因为后者当中虽然每一项都非常重要，但任何一项都不可能单独把企业带向成功，各因素能单独做到这一点的概率极小，或者可以说完全没有。

1. 共同的创业理念是实现公司愿景的关键

蒂蒙斯认为，“最成功的创业者似乎都是把某些创业理念和创业态度（即有关团队是什么、团队的使命是什么、如何奖励团队成员的看法）作为实现其公司未来愿景的关键。”“创业带头人精心构筑公司愿景并据以带领、激励、说服和诱导关键人员参与实现企业目标的能力是决定整个企业成败的关键，也是决定企业最终是大获全胜还是变卖公司以偿还个人承诺的高额负债的关键”。向员工灌输公司的愿景并激发他们渴望获胜的热情，这些活动常常在公司成立之初的非正式讨论阶段就开始了，它们引导着公司走向成功。

2. 共同的创业理念是形成共同的价值观和目标的基础

团队的价值观和目标的准确定位至关重要。在任何类型的新创企业中，参与者们都会建立起某种心理契约和创业氛围。虽然这种心理契约和创业氛围通常是随着创业发起人尊重、鼓励优秀的团队成员贡献的一系列措施建立起来的，但是如果能够将那些目标和价值观一致的人选入团队，将大大促进这种心理契约和创业氛围的建立。在成功的企业里，个人目标和团队成员的整体价值能够很好地结合在一起，公司的目标同样也能够得到团队成员的大力支持。一个团队成员的目标与其他团队成员的目标有意义的重合以及企业目标与团队成员的目标重合是有益的。

3. 共同的创业理念是形成合作精神与凝聚力的基础

具有高潜力的公司最显著的特点之一就是拥有一支能整体协同合作、凝聚力强的团队。这些出色的团队注重互相配合以减轻他人的工作负担从而提高整体的效率。团队中的每一个成员都认识到他们是一股紧密联系而又缺一不可的力量。唯有公司整体的成功才能使其中所有的人都获益。除此之外，任何个人都不可能撇开公司的整体利益而单独地获益；反之亦然，团队中任何一个人的损失也将对整个企业的利益造成损失，从而影响每一位成员的利益。但是，许多人即便有着杰出的技术或其他相关的技能、高学历的文凭等资本，也经常迷失于现代企业高度个人主义的激烈竞争中。这些人自身都非常出色，有些可能对团队运作的程序也颇为了解，但一旦转入实施阶段，利己主义就使他们无法完全融入团队中，最终会导致创业失败。

4. 共同的创业理念决定团队成员立足长远目标的程度

共同的创业理念还决定团队成员为长远打算的程度，决定着团队的兴衰。富有责任心的团队成员相信他们正在为创业的长远利益工作，他们正在成就一番事业，而不是把创业当作一个快速致富的工具。创业的收获可能需要 5 年、7 年甚至是 10 年以上，创业者将此视为一场令人愉悦的比赛，他们将在其中不断奋斗直至取得最后的胜利。没有人打算通过现在加入进来而在困境出现之前或出现时退出而获利。他们追求的是最终的资本回报及其带来的成就感，而不是当前的收入水平、地位和待遇。

（二）团队成员构成的异质性

创业团队的成员构成状况显然会直接影响到团队的工作状况并进一步影响到企业的成长及经营业绩。创业团队的人员构成状况主要指团队成员的技能、经验和人文因素。其中技能包括受教育程度、所学专业、技术技能等，按照哈佛大学教授卡茨（Katz）的分类，则主要包括概念技能、人际管理技能和技术技能三大方面；经验往往指个人的工作专长以及产业背景等，如有的人擅长财务分析，有的人则富有营销技巧等；人文因素主要是指性别、年龄等方面的影响。

1. 团队成员的异质性对企业绩效的影响

团队成员在技能、经验方面的差异（即异质性的特征）有助于提升群体决策的科学性，因为大家从不同的视角分析问题，可以提供更多的决策选择，同时也有助于成员之间的相互启发，进而有助于创新和创造性地发现解决问题的办法。默里（Murray, A. I.）发现创业团队成员之间在技能和经验方面的差异对企业长期绩效有正面的影响，尽管短期的影响可能是负面的。因为差异性有助于创造性，可以为团队决策提供多种选择，但同时会阻碍成员之间的交流和信息分享。但可以肯定的是，如果团队成员能够坚持任务和工作导向，而尽可能少的将个人与观点联系起来，异质性团队一定更富于创新，更富有灵活性和适应性的特征。

美国北卡罗来纳大学的迈克尔·恩斯利（Micheal D. Ensley）教授以美国 Inc. 500 企业的资料进行了实证研究，他从团队成员业务专长、教育水平、受教育专业以及技能的差异性四个方面界定创业团队的异质性，从市场、产业中的企业数量以及技术三方面的变化界定环境的动荡性，用销售收入、销售收入增长率和利润率来衡量企业绩效。结果发现创业团队的异质性如果与环境的动荡性交互在一起，能够共同促进企业的成长与利润的提升。这说明在动荡的环境下，创业团队的异质性能够发挥积极的作用。

2. 团队成员构成的异质性有利于团队成员角色互补

具备异质性的团队成员如果能够为创业者起到补充和平衡的作用，并且成员相互之间也能互相协调，就会对企业做出很大的贡献。

在一个团队中总会有一个核心的创业者，在创业起步阶段，这位核心创业者通常拥有许多头衔，身兼数职，是个多面手，在企业发展过程中，核心创业者的能力、动机和兴趣与企业的性质和要求会出现差距。这时候需要补充其他团队成员或聘请外部人力资源来填补这个缺口，例如建立董事会，聘请咨询顾问、律师、会计师等。

如果创业者的业务强项表现在技术方面，就有必要利用其他团队成员或是外部资源来弥补营销、财务等方面的不足。当然，实际上会出现责任交叠和责任共担的现象，但是团队成员必须对创业者的能力起到互补而不是叠加的作用。

综合以上分析，组建创业团队，就是选择合作伙伴，选择的标准简单来说就是选相同的人，选互补的人。上海复星高科技集团有限公司的梁信军先生是这样解释“相同”和“互补”的：相同的人的五个方面：相同学习能力的人；相同价值观的人；相同梦想的人；相同金钱观的人；相同文化、相同团队合作意识的人。能力互补的四个方面：领导艺术上；管理能力上；专业技能上；战略思考能力上。合作伙伴必须取其一，这个团队就能“凑”起来（引自梁信军先生在2006年CCTV《赢在中国》节目中的访谈）。

需要指出的是，评价和最终决定在什么时候需要什么样的人才来组建一个异质性的团队是一个动态的过程，而并非一次就可以完成的。需要哪些技术专家、技能和特长？需要进行那些关键工作，采取哪些行动？成功的必要条件是哪些？公司的竞争力突出表现在哪里？需要什么样的外部联系？企业现有的空缺多大及严重性如何？创业者能负担的极限是多少？创业者是否能够通过增加新董事或寻求外部咨询顾问来获得所需的专业技能？诸如此类的问题决定了这些需求何时以及如何才能被满足，这些问题的答案会随着时间而发生变化。

（三）合理的团队报酬与激励

利益分配是团队成员之间最敏感的一种关系，建立在合理的利益分配关系上的团队才具有稳定性和可发展性。

建立合理的利益分配关系，在运行中主要是做好报酬激励体系的设计工作。企业的报酬体系不仅包括诸如股权、工资、奖金等物质上的报酬，而且包括其他一些机会，例如：实现个人发展和个人目标、掌握自主权、培养技能使自己能担当起企业里某一特定角色等。每个团队成员对报酬的理解、所期望的报酬激励并不一致，这要取决于个体的价值观、奋斗目标以及抱负。一些人所追求的可能是长远的资本收益，而另一些人可能并没有如此长远的打算，他们只关心个人短期的收入和职业安全。对后者来说，股权激励可能并没有高薪那么受欢迎。

为新创企业团队设立的报酬激励体系应该起到促进管理团队的积极性、使他们更好地把握企业商机的作用。报酬激励体系的设计应该在团队形成过程中就开始进行，并且贯穿于增进创业团队的融合、强化创业团队的创业氛围和培养团队有效性的整个过程中。例如新创企业吸引和保持高质量团队成员的能力在很大程度上取决于报酬体系所提供的物质激励和精神激励。企业要通过这个报酬体系来获得团队成员的知识、技能、经验、承诺和风险，并将其投入到创业过程中去。

在企业生命周期的各个阶段，给创业团队的报酬激励可以有所不同。比如自我发展机会和自我实现机会这样的激励可以贯彻企业生命的始终，而财务激励在企业发展的不同阶段则可以采取不同的策略。在创业初期，团队成员收入不高，甚至可能会入不敷出，而在收获时期，收入则可能十分可观。一些公司，尤其是像微软那样的高科技公司，初创时可能势单力薄，创业者们收入微薄，但后来的发展却可能使当初的创业者获得丰厚的回报。仅微软公司一家就造就了数百个百万富翁，而其创始人比尔·盖茨更是成了世界首富。

由于报酬激励对每个人都是至关重要的，而企业在早期给予报酬的能力有限，因此，创业者必须仔细而全面地考虑企业在整个生命周期的总体报酬制度，而且必须确保企业具备长期支付报酬的能力，不会出现在员工贡献水平提高的情况下公司无力加薪，或在新员工加入的情况下无力支付他们报酬的情况。

外部环境亦会对新创企业建立的报酬激励体系产生重要的影响。创业者必须意识到企业和外部投资者之间的权益分配会影响到团队成员所能获得的权益份额。另外，企业对报酬激励的处理方式也会成为投资者和其他人对该企业可信度的判断依据，因为这些人员会凭借企业的报酬激励体系来判断企业团队是否敬业。

三、避免团队管理中的陷阱

在很多情况下，新创企业的管理团队在组建的初期非常有凝聚力。大家以这个团队为荣，积极地贡献自己的智慧，能够开诚布公地讨论问题，大家就不同意见展开讨论，大家觉得团队的成绩比个人的成绩更重要或者说更有助于提升个人的成绩，大家相互信任，没有戒备，达成决议后总是以团队的名义进行决策。但据观察，这样的团队很难长久维持，不管创业机会和创业者个人如何，团队成员保持在创业理念上的一致和知识、能力上的互补是相当困难的。团队成员之间可能在创办企业之前就已经出现裂痕，使得企业在婴儿期就夭折，或者是企业处于无休止的不愉快的分歧、冲突和权力斗争之中。这样即使不毁掉企业，也肯定会损害企业成长的潜力。

一个创业团队常常缺少处理此类棘手问题的技巧和经验。如果不在实际创业之前的试运行阶段花费时间经历一种潜在合伙人之间的“磨合”，或者在创业时不寻求优秀咨询人员的建议，其结果是，这样一个团队可能无法处理以下一些敏感问题：谁拥有多少股权，谁将承诺付出多少时间、资金或其他资源，如何解决分歧，一个团队成员如何才能离开和怎样离开。这些问题如果不能妥善解决，就有可能导致拥有明智商业创意的有前途的团队过早地解散。就算是凭借着创业的一股冲劲，团队被凑合起来了，它也不可能完全解决这些问题，哪怕勉强解决也不可能。一个团队没有处理此类问题的原因可能是正急于发展而无暇顾及，或者缺乏资金无法花钱寻求外部的帮助。这类团队不懂得利用试运行阶段来考察团队成员对公司的责任感和贡献。例如，团队成员是否将创业成果作为人生的最重要事业目标而全身心地投入其中，而不是朝三暮四，遇到困难就脱离团队。

形成一个新创业团队的通常做法可能是一个陷阱。例如，几个创业者，通常是朋友或同事，在创业时决定每个方面都要体现人人平等，于是他们采取了许多民主措施，如：对等股票所有权、等额工资、一样的办公空间和汽车以及其他代表他们地位平等的措施。然而这样一来就产生了其他问题：谁对公司负主要责任，由谁作出最终决定以及如何解决具体分歧等。虽然新创业团队的职责划分允许适度的交叉，决策过程最好有大家的集体参与和商讨，但是过于松散的民主气氛会使得管理显得软弱无力。即使存在合伙人之间的合伙协议，冲突仍然难以解决。

创业团队中的第二大陷阱是创业者和创业团队成员盲目自信，觉得自己完美无缺。或者是团队对某个产品构思过于乐观，过于依赖。比如，如果创业者不愿或是不能指出自己的缺陷和弱点并增补合适的团队成员来弥补，甚至根本不知道为将新创企业发展成为成功的公司什么是必需的资源，那他们就已经陷入危险境地了。

有些团队不能认识到创建并发展企业是一个动态的过程，这是第三大陷阱。例如，创业者想不到最初与团队成员的薪酬协议过一段时间后就不再适用了，因为它不能再反映团队成员的实际贡献了。尽管创业者在团队组建的过程中花费了不少时间，尽管团队各成员在企业成立前都同意了这份协议，但事实就是如此。而且创业者们往往也想不到团队中成员的组成也会在一段时间后发生变化。因此，没有动态发展观念的创业团队不可能建立起一套完善的机制让团队随着企业的发展进行必要的内部调节。

第四，投资者、未来团队成员或创业者的破坏性动机会给团队带来严重后果。如果对这种潜在的破坏性动机缺乏警惕，例如对一个团队成员早早地就十分关注权力、金钱和控制的行为不给予重视，将使团队变质，成为一个争权夺利、损公肥私的场所。

最后，新创业团队可能认为团队成员间的相互信任应该是理所当然的。在长期的创业过程中，诚信是十分重要的，在社会中也不乏高素质、讲信誉的人。但是，应该承认，在社会中也存在着欺诈行为。一个创业者缺乏信任必定失败，但是盲目信任他人也同样不会成功。在现实世界里，信任应该是逐渐赢得的，因为它需要有耐心并能够经受住考验。因此，与新组建的陌生的团队相比，投资者更看重长期紧密合作的团队，因为后者已经经受了考验，取得了信任。

中华英才网公司的张建国先生总结成功的创业团队有四个词：第一个词叫共识，即目标和价值观是一样的，企业的根基非常重要。第二个词叫共理，就是做事情的时候一定要有规则，这个规则并不（仅仅）是制度，而是大家做事的行为准则，企业的准则。第三个词是共势，根据外部环境的变化，企业里的团队应该能发挥各自的优势，组合成一个竞争优势，这是企业发展的基础。第四个词就是共世，就是能不能在企业里长久做下去。联合运通投资有限公司的张树新先生将组建创业团队总结为另外四个词：第一个是道相同，第二是技互补，第三是定规则，第四是赚钱愉快。

总之，无论是个体创业还是团队创业，创业者在选择与自己共事的合作伙伴方面，倾向于选择那些背景、教育和经历都与他们自己更加相似的合作创业者。由于团队中广泛的知识、技术和经验有利于新企业，因此，在互补性而不是相似性的基础上选择合作创业者通常是一种更有利的策略。一种经验说法是，团队成员在价值观上的相似有利于志同道合，而在能力构成方面最好是优势互补。

第三节　新企业的创业管理

创业管理有两个涵义：其一是指新创企业的管理；其二是指一种管理方法，以区别于传统的一般管理。

一、新创企业的管理

创业精神在新创企业和成熟企业中体现的原则、种类和来源大同小异，但在创业管理的过程、路径以及侧重点方面与成熟企业有着明显的区别。

第一，一方面，创业管理对成熟企业来说，核心在于创新，而对新创企业来说，核心则是管理（德鲁克，1995）。现有的企业经过长时间的努力和关注已经形成了既定的管理模式和组织体系，但由于组织惰性和路径依赖，就需要学习如何创新；而新创企业则正处于由个人理性向组织理性转变的过程中，还不是一个真正意义上的组织，因而新创企业需要通过创业管理就企业的愿景和目标达成共识，建立共同遵循的组织原则和制度，培育各司其职、分工协作的团队。另一方面，从企业生命周期的视角来看，企业作为有机的生命体，在不同的发展阶段，具有不同的特征，会遇到不同的问题，必须采用相应的管理模式和解决方案。总体看来，这种生命周期特性体现在创业管理中便是：成熟企业里，原有的体制和成功是推行创业的主要障碍，而新创企业的主要障碍在于缺乏团队和约束。缺少高层管理团队，是新创企业在初步成功后无法转变成真正意义上的组织的关键所在。柯林斯和波勒斯（2002）指出永续经营且受人尊敬的企业都在创业初期注重组织建设，其领袖有着强烈的组织导向，致力于建立深植于组织的基本程序。高层管理团队的建设正是新创企业组织建设的重中之重。

第二，新创企业和成熟企业在追求创新的过程中采取不同的创业模式。对于新创企业而言，在有效的营销管理和现金流管理的基础上，构建具有共同价值观、相互信任、彼此协作的高层管理团队。打造创业型组织是需要关注的要点，以免创业活动仅仅停留在商业活动层面而无法成为有组织的行为。成熟企业的创业活动成败关键在于能否处理好新业务与旧业务、新组织与旧组织的关系。既要构造一个有利于孕育创业活动，培养创业精神的组织，又要使创业机构这个具有不同成长规律的新组织在原有组织中独立发展。而且，独立发展并不等于完全分离，需要的是不同的政策和模式。更重要的是，不同的创业管理模式下，必定会产生不同的创业行为以及不同的投资者和创业者的关系。

成熟企业已经经历过市场竞争的检验，建立了带有组织特征的管理模式和制度规范。这些构成了未来发展的重要基础，但同时为创业活动设置了潜在的障碍。其中最大的障碍在于企业容易沉浸在过去的成功中。解决问题的思路包括两个方面：如何建立有利于培育创业精神的组织，如何使创业活动在组织中顺利开展。

第三，新企业和成熟企业的管理具有不同的结构特征。

新企业的结构特征是：

1. 集权决策：在一个小组织内，总经理通常做出有关公司经营的大多数决策，当经营规模足够小和简单时，一个人就能了解与制定决策相关的全部信息。

2. 非正式管理：创业型公司具有典型的非正式性。它很少有正式的程序、系统和结构。因为公司很小，各项活动通过创业者的个人监督即可。况且，公司很年轻没有经验，它并没有学到取得成功所必需的常规之道。成熟企业的管理是一种专业管理（一般管理），专业管理具有以下特征：（1）决策责任的委派。大公司组织复杂，个人不能做出公司全部的管理决策，因此总经理必须将责任授权给下一级管理人员。这种授权的方式既决定了公司的结构，又反过来被公司的结构所决定。（2）正式控制体制的使用。相对于决策责任的分配，公司采用了正式的体制，因为总经理本人不能事必躬亲，这就需要一些体制来指导和评估那些决策人的业绩。这些体制通常包括：制订目标，监控违反目标的行为，奖励积极的行为。（3）总经理还制定政策和标准工序来指导下属的经营活动。

3. 企业也有自己的优势。新企业相对于现有企业而言有一个优势，就是不像现有企业那样为产品或服务找市场。新企业有点子、有构想。它可能还有产品或服务，或者有销售（市场），甚至还相当可观。但它所缺乏的是“事业”，一种能生存的、可操作的、有组织的“存在”。在其中，人们能知道他们将向何处，他们想干什么，以及结果如何或结果应该如何。如果一个新事业不能发展成为一个新的经营有方的事业并步入“管理”阶段，那么无论它有多么聪明绝顶的商业点子，无论它吸引了多少投资，产品如何好，甚至无论市场对它的需求有多大，它也不会存活下去。19 世纪最伟大的发明家爱迪生就是因为拒绝接受这些事实，致使他创办的每一个企业均遭失败。他想当然地认为，“管理”就是当老板。他拒绝成立管理小组。所以，当他的四五家企业发展到中等规模时，无一例外地失败了，最后这些公司只好请爱迪生自己走人，代之以专业的管理人员才幸存了下来。

总之，完善的大企业面临的问题、局限性不同于个体创业者，他们需要学习不同的事情。换句话说，大企业知道如何管理，但有必要学习如何成为一个企业家，如何去创新；而新起步的企业则除了必须学习如何成为一个企业家、如何创新之外，它还需学会如何管理。

对于现有企业来说，创业管理的中心词是企业家（以创业者为中心的活动），而对于新企业来说，创业管理的中心词是管理。在现有企业中，既有的东西是创业的主要障碍；而在新企业中，主要障碍是什么都没有。

二、从创业管理向专业管理过渡

如何从创业管理向专业管理过渡？将在第十章“新企业的成长管理”中做详细分析，这里只做简要导入。

实行专业管理为一个较大规模、较复杂的组织提供了协调行为的方法，同时避免自由放任管理和官僚管理的弊病。向成功的专业管理过渡需要几个步骤。

1. 认清变化的需要。创业者策略的改变，在角色定位上完成一种转换，即管理者由亲自参与获得个人满足感，转变到通过他人的努力来取得成就感。

2. 开发人力资源。新企业的员工要随着公司的发展壮大发展自己更加专业的技能，不能仅凭员工对创业者个人的忠诚，要挖掘那些更适合关键岗位的员工。

3. 责任分配与授权。专业管理的力量在于使责任靠近正确决策所需的信息源，这通常需要建立一支管理队伍，将责任委派给那些最接近消费者、供应商和竞争对手的经营者。

4. 建立正式的控制机制。随着责任分配的开始，管理者再也不能控制整个组织中的个人行为。控制的重心转移到个人的业绩，而不是其行为。公司应根据自身的情况制定一些政策和程序，做到责任明确，激发创造性解决问题的方法。

三、创业管理是一种管理方法

Salman 教授认为创业管理是一种管理方式，它与传统的管理方式有所不同，从而在学术上形成两种不同的研究范式。

以制造业为基础的传统管理范式是通过对包括物、人、资本、知识和信息等在内的全部资源实施计划、组织、领导和控制等过程，来提高生产效率和组织效率，以取得最大经济效果为目的，以不同的组织为研究单元，运用经济学、心理学和数学等多种方法来研究组织运行规律的一门综合性学科。传统的管理范式聚焦于商品，是技术导向型的，研发、设计、工程、大批量制造、大规模销售、自动化和专业化等都是重要因素。生产效率发挥主要作用，质量意味着与技术标准和规范化相一致。

而创业管理是以环境的动态性与不确定性以及环境要素的复杂性，以及异质性为假设，以发现和识别机会为起点，以创新、超前认知与行动、勇于承担风险等为主要特征，以创造新事业的活动为研究对象，以研究不同层次事业的创业导向为主要内容，以心理学、经济学、管理学和社会学等为工具，研究创业活动内在规律的科学体系。

对传统管理与创业管理进行比较会发现两者之间存在明显的差异，具体表现为两种管理理论或方法所依据的基础不同：传统管理是大工业，创业管理是新经济；研究的对象不同：传统的管理理论是以现有的大公司为研究对象，而创业管理理论则是以不同层次的新建事业以及新的创业活动为研究对象；两者的出发点不同：传统管理的出发点是效率和效益，而创业管理尽管也要注重效率和效益，但更侧重于通过找寻机会来取得迅速的成功；传统管理通过计划、组织、领导和控制来实现生产经营，创业管理则是在不成熟的组织体制下，更多地依靠团队合作、创新和冒险来实现新事业的发展。

创业思维体现为机会导向，因为其面对的技术、社会价值观等环境因素快速的变化，商业机会成为最重要的资源，在动态复杂、超强竞争的年代能否发现有价值的机会是创业型企业的基本战略思维。传统职能管理思维体现了一种资源导向，因为其面对的主要是外部合同契约、股东绩效考核和组织内严格计划系统的压力，有多少资源办多少事情，把占有资源、获取资源放在战略思维的最高层。

在商业机会面前，创业思维是超前认知与行动，理性地冒险并设法转移，但有时可能被认为是缺乏决策支持信息的非理性行为。传统职能管理思维在机会面前则相对缓慢，在充分考虑资源现状的基础上，尽量收集较充足的决策支持信息，进行规范的决策程序，设法降低风险。由于技术生命周期缩短，技术转移加快，在机会面前，越来越难以收集较充分的信息，甚至对于是否存在机会都存在着极大的争议。创业思维就是在信息尚不充分之时，创业者能够从支离破碎、看起来毫不相关的信息中，发现有价值的商机。

图 2-5 是美国百森商学院归纳的创业管理范式的变化（小斯蒂芬·斯皮内利，2006），从中可以看出创业思维与一般管理（尤其是战略）思维的不同。

一般管理范式	创业管理范式
• 资源分配模型	• 机会驱动的模型
• 一般管理	• 创业领导力
• 成本导向	• 成长导向
• 强调稳定性	• 强调创新和风险
• 受资源约束	• 以创新为框架
• 区域性	• 全球视角

图 2-5　两种管理范式的比较

小　　结

本章分析了创业管理的过程以及有效创业过程的决定因素。创业过程包括四个不同的阶段：识别并评价机会；制定业务计划；决定所需资源。影响创业成果的因素主要包括机会、资源、团队以及环境。创业过程的动态性和迭代性说明了创业者要不断地改进产品和服务，不断识别和开发新的商业机会。

思　考　题

1. 描述 Timmons 模型中的创业要素之间的关系。
2. 分析新企业管理的特点。
3. 分析如何组建一个高效的创业团队。

【参考文献】

[1] Sarasvathy S D. Causation and effectuation：Toward a theoretical shift from economic inevitability to entrepreneurial contingency. Academy of management Review，2001，26（2）：243-263.

[2] Gartner W B，Carter N M. Entrepreneurial behavior and firm organizing processes. In Handbook of entrepreneurship research，2003：195-221. Springer，Boston，MA.

[3] Delmar F，Shane S. Does the order of organizing activities matter for new venture

performance? 2003.
[4] Davidsson P, Klofsten M. The business platform: Developing an instrument to gauge and to assist the development of young firms. Journal of small business management, 2003, 41 (1): 1-26.
[5] Timmons J A. New venture creation. Tata McGraw-Hill Education, 1985.
[6] Gartner W B. A conceptual framework for describing the phenomenon of new venture creation. Academy of management review, 1985, 10 (4): 696-706.
[7] 夏清华. 创业管理. 武汉: 武汉大学出版社, 2007.

第三章　创业计划

创业计划（Business Plan）也叫做企业计划、商业计划、经营计划或业务计划，是一份对新建企业的内部环境、外部环境以及企业的发展战略做出详细描述的书面文件，有时也叫企业发展的路线图（Road Map）。

第一节　创业计划的作用与类型

一、创业计划的作用

对大多数新企业而言，创业计划最主要的用途有两个：一是面对企业内部，创业计划类似于企业成长的路线图，二是面对企业外部，创业计划主要是向外部投资者及其他利益相关者介绍创业项目，以争取资金或其他资源投入的承诺。

创业计划与创业想法以及机会筛选有所不同。

首先，正式的创业计划不同于创业想法，这就好比图像与画像的区别一样。一个企业家如果不把他的意图（intentions）写成白纸黑字，那么“意图”只能说是缺乏土壤的种子，或是缺乏风力的帆船。员工对他的意图将不会有确切的了解，他也得不到正确的反馈，其意图将在缺乏效率的方式下，零零星星地被执行，其结果当然造成了时间和金钱的浪费。企业家脑中意识到的概念，并不如同他所认为的那样完整、美好和大有前途。他脑中所想的经常只是一个“曲调”（tune），而不是完整的“交响曲”（symphony）；只是一个“图像”（image），而不是一幅“画”（picture）。把头脑中的想法或创意写成一个完整的报告或计划是一种创造的过程，是一段艰巨的孕育过程。

其次，创业计划与创业者识别、评估、筛选创业机会也有所不同。

第一，目的不同。创业计划书可以有两个用途：第一，吸引投资；第二，为公司在较长时间内提供原则和行为指导。因此，必须仔细思考计划的战略和语言，做到清晰明确，论据充分。机会筛选不论是创业者还是外部投资者所为，其目的都在于确定更有市场价值的投资业务或项目。

第二，创业计划比机会筛选需要更加详细的内容。这意味着管理团队必须花更多的时间收集详细数据，对它进行解释并清楚地表述出来。

二、创业计划的类型

按照创业的业务类型，创业计划书包括：

（1）为零售企业撰写的商业计划书；

（2）为批发企业撰写的商业计划书；

（3）为服务类企业撰写的商业计划书；

（4）为制造类企业撰写的商业计划书；

（5）为金融家撰写的商业计划书；

（6）为所有者/经理撰写的商业计划书；

（7）为其他类型企业撰写的商业计划书。

按照计划的业务职能，创业计划可分为财务计划、营销计划、生产或运营计划、人力资源计划等。

按照计划的目标执行，创业计划可分为长期计划（3~5 年）和短期计划（1~3 年）。

按照计划的内容与框架，创业计划可分为战略计划和操作性计划，前者一般是覆盖新企业所有业务内容的全局性的、整体的、长期的经营计划，包括长期经营目标以及实现目标的具体策略与结构，后者一般是一些具体的执行方案。

第二节 创业计划书的结构

创业计划无论是从哪个角度，出于什么目的，都具有一般的格式，形成特定的行业规范，尤其是出于融资角度考虑时，对创业计划书的格式要求更加规范。

创业计划书有三种典型版式，下面分别介绍。

一、创业计划书版式一

这种创业计划书版式特点可以概括为 3 大部分、11 大板块，满足 6C 规范。

3 大部分

第一部分是关于新事业本体的部分，是新事业（业务）的主要内容。第二部分是关于新事业的一些财务数据，比如计划期收入、成本、利润如何，未来还需要多少的资金周转等。第三部分是一些用来证明新事业的补充文件，比如有没有专利证明、专业的执照或证书，或者是供应买卖意向书、推荐函等。

11 大板块

封面或导言

执行概要

市场分析

新企业（新业务）概述

公司战略
生产或运营计划（或商业模式）
营销计划
组织管理
财务计划
风险评估
附录

“6C”规范

6C 规范包括 concept，customers，competitors，capabilities，capital，continuation。

concept（商业构想）：就是让市场知道你的业务是什么，要卖的是什么。

customers（顾客）：顾客的范围要很明确，比如说你的顾客在哪里，是农村还是城市，顾客是女性还是男性，是 50 岁以上的女性还是 5 岁以下的小女孩等。

competitors（竞争者）：需要回答的问题是：你的东西有人卖过吗？谁在卖？是否有替代品？竞争者跟你的关系是直接竞争还是间接竞争等。

capabilities（能力）：要回答的问题是：要卖的东西自己懂不懂？譬如说开餐馆，如果师傅不做了找不到人，自己会不会炒菜？如果没有这个能力，至少合伙人要会做，再不然也要有鉴赏的能力。

capital（资本）：资本可能是现金，也可以是有形或无形资产。要很清楚资本在哪里、有多少，自有的部分有多少，可以借贷的有多少。

continuation（持续经营）：有没有长期打算？当事业做得不错时，将来的计划是什么？

二、创业计划书版式二

这是由著名的会计师和管理咨询大师 Edward Blackwell 所采用的版式，他本人也经营了多年自己的企业①。

Edward Blackwell 版式由以下 10 个部分组成：

（1）概述（The brief statement）
（2）市场描述（The market）
（3）相关技能、经验与资源（The skills，experiences and resources of the persons involved）
（4）产品效用（The benefits of your product）
（5）方法（Method）
（6）长期计划（The long-term view）
（7）财务目标（Financial targets）
（8）资金运用（Use of the funds）
（9）附录（The appendices）

---

① 参见：Blackwell E. How to Prepare a Business Plan. 4th Edition. Kogan Page Limited，London，2004.

（10）企业历史（The history of the business）（for an existing business，针对现有企业）

三、创业计划书版式三

这是国际劳工组织推荐的版式，用在 KAB 创业教育课程中。这种版式结构包括如下 14 个部分：

企业概况
商业构想和市场分析
主营产品
定价计划
选址计划
促销计划
法律形式
启动资金
启动资金来源
组织结构与员工
企业运营与成本预测
现金流计划
赢利情况预测
资产负债表

第三节　创业计划书的写作

一、版式一各部分的写作

（一）封面或导言

封面或标题页包括以下内容：

1. 企业名称和地址
2. 创业者姓名、电话、传真、电子信箱、网址和通信地址
3. 企业或产品标志、口号（用一段话来描述新建企业和业务的性质或理念）
4. （如果有必要）对报告机密性的陈述

如果有导言部分，则可以对创业计划的全部内容做一个简练的概括，包括：

1. 企业名称和地址
2. 创业者姓名、电话、传真、电子信箱、网址和通信地址
3. 用一段话来描述新建企业和业务的性质

4. 新建企业的资金数量
5. 对报告机密性的陈述

(二) 执行概要

执行概要是整个创业计划中最重要的部分之一，作用是激起投资者的兴趣，因为潜在投资者最先阅读和分析的就是执行概要部分，如果概要部分不能吸引潜在投资者，他们是不可能继续往下读的。所以，要引起银行家和投资者的兴趣，执行概要部分的写作技巧非常重要。

执行概要通常在全部计划书完成后撰写，长度一般1~2页。概要部分应该总结创业计划书里其他各部分的关键内容，并富有逻辑地组织语言，包括：新企业或业务（business）的简单描述、机会概述、目标市场的描述和预测、竞争优势、财务状况和盈利能力预测、团队概述、提供的利益。它既包括其他部分的摘要，更应包括一些关键的财务数据。写作内容应该以简洁但有说服力的方式列举创业计划的要点。

1. 简要描述一下业务概念；
2. 对任何表明新建企业所拥有的机会的有利数据都必须一一列举；
3. 对执行计划如何利用这些机会进行陈述；
4. 新企业将实施的营销战略，这一战略与市场上其他经营者的战略有何区别；
5. 突出实施这一战略后可能取得的主要财务方面的成果；
6. 创业者的重要经历、现有的其他重要合同或法律文书以及任何有助于将新建企业推销给潜在投资者的信息，都应在执行概要中有所提及。

(三) 市场（或环境、行业和竞争）分析

市场分析是估测可能影响创业计划的外部不可控因素，评审行业趋势及拟定竞争战略。这一部分要阐明以下问题：顾客、市场容量和趋势、竞争和各自的竞争优势、估计的市场份额和销售额、市场发展的走势。

1. 分析方法

环境分析的PEST方法；

环境与竞争分析的SWOT方法；

行业竞争分析的波特五力模型；

利润变动预测的收入成本法（利润=收入-成本；收入=价格×销售量，成本=固定成本+可变成本）；

营销分析的4Ps方法；

行业需求量分析。

2. 环境和行业分析的关键问题

（1）国内、国际经济、科技和政策方面的主要趋势是什么？

（2）过去5年里，整个行业每年的总销售额是多少？

（3）这个行业的发展潜力如何？

（4）过去3年中这个行业有多少新企业进入？

（5）该行业最近有什么新产品上市？

（6）最直接的竞争对手是谁？

（7）你的业务如何才能比竞争对手优秀？

（8）你的每一位竞争对手的业绩是在上升、下降还是停滞不前？

（9）每位竞争对手的优、劣势是什么？

（10）在你的特定市场上，将会有什么样的发展趋势？

（11）你的顾客的概况是什么？

（12）你的顾客情况与竞争对手的顾客情况有什么不同？

3. 竞争分析的关键问题

谁是目前的竞争者？

他们控制着什么资源？他们的优势和劣势是什么？

他们会对我们进入这个业务的决策做出什么反应？

对他们的举动，我们会如何反应？

其他还有哪些人能够发现并利用与我们相同的机会？

（四）新企业（新业务）概述

这部分对新企业的产品、服务和运营情况做整体描述，以帮助投资者确定企业的规模和经营范围。这部分应该以“企业使命”这样的内容作为开始。使命描述企业的性质以及想实现的未来愿景。

列出能充分形容新建企业、并能使阅读者深入理解其所经营业务的一系列要素。这些要素包括：

（1）产品或服务是什么；

（2）产品或服务的优势是什么？或产品或服务帮助用户解决了什么问题？为用户创造了什么新价值？

（3）企业选址和规模；

（4）人员和办公设备需求；

（5）创业者背景和企业的历史。

对新建企业的描述：

（1）新建企业的使命是什么？

（2）你为什么要进入这个行业？

（3）你凭什么可以在这个行业取得成功？

（4）到目前为止已经取得的成果有哪些？

（5）你的产品或服务是什么？

（6）描述一下产品或服务，包括商标、专利等。

（7）公司将开在哪里？

（8）你的办公大楼是新的、旧的还是需要改造的？如需要改造，成本是多少？

（9）你的办公场地是租的还是买的？租用或购买条款是什么？

（10）为什么这个场地适合你的生意？

（11）你需要哪些办公设备？

（12）你打算租还是购买这些设备？

（13）你有什么经验？如果成功地执行这份计划，你需要什么样的经验？

（五）公司战略

在整个创业计划里，第五部分的安排有不同的选择，有的是以公司战略作为一部分，有的直接将营销计划和运营计划放在一起，这通常取决于公司规模和业务范围的大小。

如果将战略与营销、运营计划放在一起，那么这部分应该阐明以下问题：

进入市场策略：低成本、差异化与目标集聚或其他方式？

营销计划：定价、分销与促销

研究与开发计划：研发状态和目标，困难和风险

制造和运营计划：运作周期，设备和改进

（六）生产或运营计划（或商业模式）

生产计划是对制造产品的细节流程的陈述。

如果生产过程有分包，则应有对分包商的厂址、选择分包商的原因、分包成本及分包协议内容的描述。

如果制造过程全部由创业者来完成，则需要描述生产所必需的厂房设施、机器和设备的情况，以及原材料及供应商的名称、地址和供应条款。还应列出制造成本及未来可能需要的固定资产投入。

如果新建企业不是生产企业而是服务型企业，这部分内容应叫作运营计划，其计划描述包括进货与库存管理、交易方式等内容。

有些商业计划书将这部分称作商业模式。如果重点是分析商业模式，关键的问题主要是介绍公司的产品和服务价值主张，如何为客户创造价值、传递价值以及公司如何获取价值。简单来说，企业提供的产品或服务是什么？企业为谁生产产品或提供服务？如何生产？如何销售？如何获取收入？

生产计划或营运计划的关键问题：

（1）你将负责制造过程的全部还是一部分？

（2）如果制造过程被外包，那么外包人（分包人）是谁？

（3）为什么选择这样的分包人？

（4）分包出去的那部分制造成本是多少（提供分包合同复印件）？

（5）生产过程的布局是怎样的（最好有图示）？

（6）急需的生产设备有哪些？

（7）制造过程所需的原材料有哪些？

（8）谁是原材料供应商？合理的供应成本是多少？

（9）生产成本是多少？

(10) 新建企业未来所需要的固定资产投资是多少?

如果是零售服务企业，其关键问题是：

(1) 所需商品从哪里进货?

(2) 如何进行库存管理?

(3) 新建企业的库存量应该是多少? 这样的库存如何销售出去?

(4) 一般情况下的交易过程是怎样的?

(七) 营销计划

营销计划是对营销状况以及与产品和服务的分销定价和促销相关的策略的描述。

营销计划是新建企业能否成功的关键。它能让投资者明白企业的具体目标以及为实现目标所采取的战略，也为创业者实现目标提供了一个行动框架。并通过对这些战略进行成本预算，为预测财务状况提供依据。

营销计划通常是年度计划（一年制定一次)，但计划所涉及的时间范围是新企业创建后的前 3 年。

营销计划的关键问题：

谁是顾客?

产品或服务在多大程度上让顾客动心并购买?

如何对产品或服务定价?

如何赢得具体的顾客群体的支持?

吸引一位顾客需要花费多少时间和资源?

生产并运送产品或服务的成本是多少?

维持一个消费者需要花费多少成本?

留住一个消费者的难易程度如何?

贱买贵卖，尽早收款，尽晚付款。

(八) 组织管理

组织计划是对新企业的所有权形式、各成员的责任和权限范围进行的描述。

组织计划通常要回答以下组织结构问题：

(1) 新企业的所有制形式是什么?

(2) 如果是合伙制，那么合伙人是谁? 合作协议的内容是什么?

(3) 如果是公司制，那么原始持股人是谁? 他们各持有多少股份?

(4) 发行什么类型的股票?

组织设计考虑 5 个问题：

(1) 组织结构：组织成员的工作分工以及成员之间的关系；

(2) 计划、考核和评估体系（目标管理)；

(3) 奖励制度；

(4) 选择聘用标准；

（5）培训项目。

（九）财务计划

财务计划是对那些决定新企业经济能力的主要财务指标以及投资回报进行预测。

财务计划主要讨论三个问题：

（1）创业者头3年的销售预测和相应支出；

（2）头3年的现金流量表；

（3）预计资产负债表。

一些主要的财务指标需要在这部分说明：

关键的财务表现驱动因素，比如以下几个指标：毛利和净利，盈利能力和持久性，固定的、可变的和半可变的成本，达到收支平衡所需的时间。

财务预测，包括利润表，资产负债表，同一时期的估计现金流分析。

公司能够提供的利益，这是创业计划的“卖点”，包括：总体的资金需求，在这一轮融资中需要的是哪一级，如何使用这些资金，投资人可以得到的回报，还可以讨论可能的投资人退出策略。

为了使财务数据真实可信，财务计划应该清楚，简洁；展示市场调查的数据，解释顾客为什么会购买你的产品/服务；要有一个投资退出策略；解释为什么你最合适做这件事。不应该过分乐观，比如拿出一些与产业标准相去甚远的数据、忽视竞争威胁等。

这部分需要运用几种财务计划工具。

试算利润表提供第一年的销售预测（以月为单位）与每月的营业费用。

试算现金流量表反映实际收到和支出现金间的差额。像现金不等于利润一样，有些现金支出不是营业费用（如偿还贷款本金），同样，有些营业费用不是现金支出（如折旧）。很多新企业虽然在赢利但却由于缺乏现金流而失败了。

试算资产负债表反映了特定时期末（点）的企业财务状况，它总结了企业的资产、负债和资产净值。

盈亏平衡点确定了总收益等于总成本时的产量平衡点。盈亏平衡点的困难在于判断某一成本是固定的还是可变的。

试算资金来源及运用表帮助企业家了解年净收入是怎样使用的，以及现金流在企业中运用的作用。它强调资产、负债、股东权益和流动资本之间的关系。

（十）风险评估

风险评估是确定潜在的风险或防范风险的策略，以实现创业计划目标的过程。

风险评估需要考虑三个问题：

（1）指出新建企业面临的潜在风险；

（2）描述潜在风险一旦发生会产生什么后果；

（3）陈述将采取什么措施规避、减弱或对抗这样的风险。

新建企业的风险通常有以下方面：

(1) 竞争对手的反应;

(2) 企业自身在营销、生产或管理方面的弱势;

(3) 技术进步所造成的产品过剩等。

即使以上因素都不对新建企业构成威胁，创业者也要在这部分计划中讲清楚不存在这些风险的原因。

(十一) 附录

附录部分通常包括一些补充材料，这些材料在正文中没有必要详细展示，只要在正文的相应文字或段落表明供参阅的附件名称即可。

附件信息可能包括：顾客、分销商或分包商的来信；租约、合同或已签订的其他协议；供应商和竞争者的报价资料；专利或产品质量证书等。通常附录提供的资料是一些为正文中宣称的产品或企业优势、市场需求等提供佐证的有利信息。

二、优秀创业计划书的特征

萨尔曼（Sahlman）教授认为，一个优秀的商业计划必须在适当的动态的环境下结合了企业的人员、商业机会、交易协议与外部环境等四个因素，并对下列问题给出了合理的答案。

人员：为新企业提供服务或资源的个人或团体，包括管理人员、雇员、律师、会计师、零部件供应商等。

商业机会：指商业机会的性质，比如对于这家新企业的产品或服务，它的总体市场广阔吗？并且（或者）正在迅速成长吗？这个行业目前或将来能够成为一个在行业结构方面有吸引力的产业吗？

外部环境：影响机会结果的、企业不能直接控制的任何因素，如利率、法律、宏观经济、政策、行业变化等。

交易协议：企业实体与任何资源供应者之间存在的一整套间接或直接的契约关系。

针对以上四个因素的问题是：

(1) 参与其中的人是谁？他们过去做过什么使人相信他们未来会成功？这个团队中还缺少谁？如何才能把他们吸引过来？

(2) 商机的性质是什么？公司如何才能赢利？这个商机可能会如何发展？市场进入壁垒可以建立并加以保护吗？

(3) 什么环境将影响企业？可能出现什么环境变化？管理者如何对这些变化做出反应？

(4) 在这家企业的内部和外部，已经存在或者可能会出现什么协议？这些协议的签署提高了成功的可能性吗？这些协议和隐含其中的激励措施如何随着时间而发展？

(5) 为了提高投资报酬率，公司已经做了什么决策或者能够做出什么决策？

理想的创业计划具有以下特征：

（1）能将读者的注意力从机会方面转向创业主张方面；
（2）有确定的消费者；
（3）理解关键的驱动力；
（4）有明确的商业模式；
（5）能激发对人员和执行力的信心。

三、创业计划书的写作技巧

撰写一个优秀的创业计划要遵循以下原则：

（一）清楚明了（clarity）

语言简单；避免在一个句子里包含太多的概念和思想；上下句逻辑连贯；准确运用形容词；在适当的地方运用表格说明。

（二）简捷精练（brevity）

遣词造句谨慎又谨慎，删除冗长句子，留下精华信息，不需要深度描述。

（三）条理分明（logic）

如果句子之间具有很强的逻辑性，则易于记忆和增加影响力。避免不连贯的段落，即使句子组织得很好；确保在一个标题下所说的所有内容都是一致的。

（四）真实可信（truth）

不要夸大事实。

（五）数字说话（figures）

银行家或投资者阅读计划是习惯看数字的，也习惯按数字来思考。语句不能打动他们，除非有尽可能准确的数字支持。所以，尽可能量化你的创业计划。

第四节　创业计划书的演示

一、幻灯片版创业计划书

幻灯片版的创业计划书主要用于向投资者陈述创业计划，一般处于天使或者种子轮期的项目会采用这种方式。幻灯片版的创业计划书内容较为简洁，主要内容分为 12 张：标题、问题、解决方案、机会与目标市场、技术、竞争、营销与预算、管理团队、财务规划、里程碑、融资需求和总结。具体内容可参阅表 3-1。

表 3-1 **口头陈述的 12 张幻灯片①**

标题	介绍公司名称、创建者名字、公司图标
问题	简述企业要解决的问题或满足的需求
解决方案	解释企业如何解决问题，或如何满足未实现的需求
机会与目标市场	阐明特殊的目标市场，讨论推动目标市场发展的业务或环境趋势
技术	这张幻灯片可随情况选用。讨论技术或产品/服务的独特方面。不要过分以技术方式来讨论，让描述简单易懂
竞争	着重解释企业的市场竞争优势，企业如何与竞争对手展开竞争
营销与预算	描述总体的营销战略。讨论销售流程。如果你已进行了购买意愿调查或其他的产品初步调研，在此要汇报调查情况
管理团队	描述现在的管理团队。解释团队如何构建，他们的背景与技能如何对企业成功至关重要。如果你有顾问委员会或董事会，简要介绍关键的个人。如果你的团队有差距，解释如何弥补、何时弥补差距
财务规划	简要讨论财务情况。强调企业何时获得利润，企业达到盈利需要多少资本，现金流何时达到盈亏平衡。如果需要展示数据信息，可多使用几张幻灯片，但不要太多
里程碑	描述企业当前的情况，企业已经达成的里程碑时间。不要忽视已有成绩的价值
融资需求	说明你要寻求多少融资，你如何使用这笔资金
总结	结束陈述。概述企业与团队的最重要方面。征求听众反馈

二、创业计划书的演示

创业者常常必须在潜在投资者面前以口述的方式演示其创业计划，并且在非常短的时间内卖掉他的商业创意，说服投资者及时做出决策，投资者将这类计划称作“乘电梯计划”或者“火箭发射计划”。

创业者要决定在这么短的时间内说什么是非常关键的。演讲要高度精炼概括回答以下三类问题：为什么这是一个好机会（产品新、市场需求大）；如何开发这个机会，即营销方案的简单陈述（如何利用这个机会，使机会变成现实，用强有力的营销方案快速打开市场）；通过努力得到的结果（价值、销售、利润、投资回报）。所有内容必须针对投资

① 资料来源：布鲁斯巴林格，杜安爱尔兰．创业管理：成功创建新企业．第三版．北京：机械工业出版社，2010：76.

者设计，让他们确信为什么这是一个非常好的投资项目（参考表3-2）。

表3-2 **百森火箭演讲评估表**

项目名称：

标准	内　容	差	不太好	一般	较好	好
		1	2	3	4	5
创意	是什么？如何起作用？（清晰易懂地描述产品或服务）					
顾客	为谁提供？（明确描述初始目标市场及其规模）					
需求	为什么人们会需要？（明确陈述并理解问题或机会匹配）					
商业模式	如何赚钱？（商业模式的各个要素是明确理解的）					
差异化	什么使得其与众不同？（已经识别并证实了某些与目标顾客共鸣的独特特征）					
人	团队拥有所需的技能、联系和经验					
融资	融资计划是明确的，识别到了具体数量的资金需求					

在创投界，创业计划书的演示有时通俗地叫作“路演”。路演的本意译自英文roadshow，最初是国际上广泛采用的证券发行推广方式，指证券发行商证券发行前针对机构投资者的推介活动，是在投融资双方充分交流的条件下促进股票成功发行的重要推介、宣传手段。后来，路演的概念和内涵已改变和延伸，成为包括新闻发布会、产品发布会、产品展示、产品试用、优惠热卖、现场咨询、游戏比赛等多项内容的现场活动。现在很多企业的产品或服务都开始积极采用路演的形式通过和消费者面对面的交流来宣传推广产品。在这些活动中，创业企业的推广和项目招商活动是主流，主要目的是为了吸引投资或融资。

路演的主要形式有线上和线下两种形式。线下路演是举行现场推介会，在推介会上，公司向投资者就公司的业绩、产品、发展方向等作详细介绍，充分阐述拟上市公司的投资价值，让准投资者们深入了解具体情况，并回答机构投资者关心的问题。随着网络技术的发展，这种传统的路演同时搬到了互联网上，出现了网上路演，即借助互联网的力量来推广。

创业计划一旦制定完成，就进入执行阶段。对创业者而言，创业计划能指导企业第一年的经营，监控计划执行进度（库存控制/产品控制/质量控制/销售控制/收支款控制）。

同时，在随后的阶段需要根据企业内外环境的变化对计划进行及时的更新与调整。一些创业实践者意识到创业计划一旦打印成文就意味着已经过时了，这也说明了市场变化之快对创业者把握机会和及时转换机会的能力的挑战。

小　结

虽然良好的商业想法并不能保证创业成功，但在创业起步前做适当的计划是必要的，创业计划是建立关于企业未来的一种方法或方案。只有通过详细的计划，创业者才能发现他的创业想法是否可行，同时，创业计划也是用来向外部融资的一种工具。为了保证创业计划达到预期的目标，要求这一计划方案清晰、连贯和获得支持。

思 考 题

1. 为什么说创业计划对创业者、投资者、顾客都很重要？
2. 一个完整的创业计划包括哪些内容？
3. 创业计划中行业和市场分析部分需要撰写什么样的信息？
4. 设计出一份你想成立的某个企业的创业计划。

【参考文献】

[1] Timmons J A, Spinelli S. New Venture Creation: Entrepreneurship for the 21st century (6th Edition) Mcgraw Hill, 2004.

[2] Sahlman W A. How fo Write a Great Business Plan, Harvard Business Review, July-August 1997.

[3] 威廉·萨尔曼．创业管理．郭武文，等，译．北京：中国人民大学出版社，2005.

[4] 布赖恩·芬奇，等．如何撰写商业计划书．北京：中信出版社，2017.

[5] 安德鲁·查克阿拉基斯，史蒂芬·史宾纳利，杰弗里·蒂蒙斯，等．我是这样拿到风投的：和创业大师学写商业计划书．北京：机械工业出版社，2015.

[6] 夏清华．创业管理．武汉：武汉大学出版社，2007.

第四章　创业机会

创业机会是创业的关键驱动因素之一，而如何发现创业机会则需要创业者具有创新思维和机会认知能力。这一章将对如何发现和管理商业机会提供一个系统的分析思路和框架。

第一节　创业机会的特征与来源

一、创业机会的含义

创业机会是从机会概念延伸而来，所以，理解创业机会首先要明白什么是机会。

在汉语里，机会与机遇、时机具有相似的含义。

机会是一些情景条件。《牛津英语词典》将机会定义为“使事物朝着有利于目标实现或者使事情达成的一个时间、时机或条件”。这些有利的情景可能是人、物、事件或环境。比如，千里马遇伯乐、高山流水遇知音等是指在恰当的时间遇到贵人相助，知己相知。《三国演义》中的借东风、草船借箭的典故则是指利用天气自然环境的变化在战争中处于有利地位。而审时度势、相机抉择则可以得行其志。观察、分析时势，估计情况的变化，采取适当的行动，才能够使目标达成。此谓识时务者为俊杰，皆由顺势而为。

那么，什么是创业机会呢？

创业机会是一种商业机会，Shane（2005）教授认为创业机会是一种复杂的不断变化的情景或条件，在该情景中，技术、经济、政治、社会和人口条件的变化产生了创造新事物的潜力，并且在它所产生的社会里被认为是值得追求的，也就是说，机会的开发符合现有的法律和道德标准。Venkataraman（1997）教授将创业机会定义为能在将来创造目前市场所缺乏的物品或服务的一系列的创意、信念和行动。

根据上面的分析，创业机会包含以下内涵：

1. 创业机会是一种创意或商业构想。创意是指对现实存在事物的理解以及认知所衍生出的一种新的抽象思维和行为潜能。商业创意是一种通过创新思维意识，进一步挖掘和激活资源组合方式进而提升资源价值的方法。换句话说，商业构想是个体或者组织识别机会或在环境中对市场需求的回应并实现自我需求。因此，创意的产生来源于两个方面：一是消费者存在未被满足的需求，而在位企业不能满足这一需求；二是潜在创业者通过主观能动性和创造性，先知先觉创造了消费者没有意识到的潜在需求，从而引导了消费，创造了新需求。

2. 创业最终会以一种产品或服务的形态出现，即，由一系列具体的经济行为达成最终目的。经济行为可以是产品或服务，也可以是建立一个企业或市场、或者是一些规章制度等。

3. 经济行为的结果最终是创业者和消费者双赢，并可能带来一个或更多经济物品的产生。只有当创业者提供的产品或服务能够满足消费者或市场需要的时候，创业机会才能为创业者带来价值。

简单类比机会的定义，创业机会是创业者可能开发的一些情景条件：

1. 机会是未被满足的明显消费需求：人们对衣食住行用等生活和工作中的产品和服务在质量、性能和价格方面的不满（Pain Point，消费者的痛点）：会导致不断的改进和替代产品出现。

2. 机会是创业者对市场需求的一种反应：有些需求客观存在，但不是所有的创业者能够感知到；即使能够感知到，也不是所有的企业都能够满足。只有那些有能力并能意识到机会价值的企业（Trait，创业者的优点）才能够去采取行动开发这些机会，满足市场需要，比如人工智能、基因技术等。

3. 机会是一种经济和社会发展趋势：清洁能源、环境保护产品等由于具有公共产品性质，也是未来的发展趋势。在位企业基于商业利益考虑很少有动力和投资能力去从事这类创业（Gap，在位企业的缺失），因此，政府会从政策上加以引导，使这类需求变得有投资价值，增加创业的吸引力。

创业者通过采取行动，既可以满足他人（市场和消费者）的需要，也可以实现创业者的特定目标，这些行为结果是有价值的，也能为社会所接受。

所以，关于创业机会的产生有三种观点：机会是被发现的，机会是被创造的，机会既被发现又被创造。以上几种市场机会的产生过程可以用经济学中的资源配置效率理论来解释：机会来源于市场发现过程；机会来源于市场创造过程；机会来源于市场资源配置。相应地，创业机会可以分别定义为一种函数、一个过程和一系列决策。

1. 机会确认（opportunity recognition）

如果市场上存在明显的供给和需求，那么就去确认机会，然后通过现有企业或建立一个新企业使供给和需求相匹配。许可经营就是满足这种机会性质的创业形式。

新古典经济学中的市场效率理论可以应用于机会识别。要实现生产、协调和信息方面的配置效率可以通过两种方式实现：消费者收入最优分配于消费品，即买他们最需要的产品和服务；资源（或要素）最优分配于生产中，即生产消费者最渴望的产品和服务。

资源配置思想对创业机会的理解有这样几个含义：第一，它的中心在制度而非个人或单个企业，即在获得技术和成本结构方面，所有的个人或企业都是同质的。第二，任何经济组织或个人都可能同样发现某一机会。因此，机会识别纯粹是一个随机过程。第三，这里的竞争专门指的是产品和要素市场，在两种情况下，市场都假定为是处于竞争均衡状态。

2. 机会发现（opportunity discovery）

如果供给和需求只存在一方，那么不存在的一方在匹配之前就要发现这个“缺口”。比如一种疾病需要治疗，有需求，供给是需要去被发现的。

把创业机会看作是一个发现过程，其假设前提是，机会是客观存在的，但只有少数人知道这个机会的存在。这是由于存在市场信息不对称，只有个别或少数人掌握了完全信息，不确定性程度很高，那么，不是所有的创业者的买卖活动都是正确的。因此，要发现机会往往要通过实践经验的总结，甚至很多是失败的经验、反复试错的结果，这是一个演进的过程。要确保成功，需要采取竞争性的战略，或让成功的次数多于失败的次数。

3. 机会创造（opportunity creation）

如果供给和需求都没有明显的存在，那么就需要去用一些经济手段创造“机会”，比如营销、融资等。

把机会看作一个创造的过程，其基本观点是，机会既没有被忽视，也不显而易见。相反，最终结果是内生的，它是人类努力去创造更好世界的不同的偏好和预期行为互动的过程。

总之，创业机会（entrepreneurial opportunity）是一种商业机会（commercial opportunity）或市场机会，它是指有吸引力的、较为持久的和适时的一种商务活动的空间或市场情景，并最终表现为能够为消费者或客户创造价值或增加价值的产品或服务，同时能为创业者带来回报（或实现创业目标）。

二、创业机会的特征

创业机会是如何产生的，创业机会的存在需要具备什么样的市场条件？

韩愈在《与鄂州柳中丞书》曰：“动皆中于机会、以取胜于当世”；陆游在《感兴诗》中曰：“诸将能办此，机会无时无”。

1. 机会具有客观性和偶然性。市场机会是客观的，无论企业是否意识到，它都会客观存在于一定的市场环境之中。然而，对潜在创业者来说，市场机会并不是每时每刻都显露，机会的发现具有一定的偶然性，关键是要努力寻找，从市场环境变化的必然规律中预测和寻找市场机会。这就是通常所说的，要有对市场机会的“警觉性”，时刻做一个“有心人”。

2. 机会具有时效性和不稳定性。市场机会具有很强的时效性，俗话说，机不可失，时不再来。机会稍纵即逝，不可复得。创业者如果不能及时捕捉，就会丧失机会。另外，机会和威胁是一个事物的两个方面。在一定范围内，市场机会随着营销环境的变化而产生，并随着时间的推移而减弱和消失，甚至演变为环境威胁。因此，机会利用的结果难以预测，具有不确定性。

3. 机会具有均等性和差异化。市场机会在特定范围内对某一类人或同一类企业是均等的，但不同个人和企业对同一市场机会的认识会产生差别。而且，由于个体和企业的素质和能力不同，利用同一市场机会获利的可能性和大小也难免产生差异。另外，对某类企业来说是市场机会的环境变化，对于其他企业则可能构成环境威胁。

正因为以上这些特征，创业机会成为一种稀缺的社会资源，只有那些具有机会敏锐性并有能力开发机会的人才能将机会转化为价值。

由此看来，一个好的商业机会必须符合以下标准（或特征）：

1. 真实的需求：即那些具有购买力和购买欲望的消费者有未被满足的需求。

2. 产品具有竞争力：即消费者认为购买你的产品或服务比购买其他的产品或服务能够获得更多的价值。

3，创业者具备有效的资源和技能：即创业者具备必要的资源和能力去开发机会，并在法律许可的范围内。

4. 能够收回投资：即在承担风险和努力工作之后，可以带来回报和收益，实现创业者的目标。

三、创业机会的来源

创业机会既来源于外部，也来源于内部。

（一）创业机会的外部来源

创业机会的外部来源有两个：变化的环境趋势和市场缝隙。

1. 变化的环境趋势

变化的环境趋势包括经济趋势、社会趋势、技术进步、政治行为与政策变化。这些领域的变化通常能刺激新商业创意的产生。见表 4-1。

表 4-1 **环境趋势变化涌现出的新商机**

	变化的环境趋势	产生的新商机
经济趋势	寻找汽油、柴油等传统矿物燃料的替代品	乙醇、生物柴油、太阳能、风力发电
	青少年拥有更多的可支配收入	服装、CD、MP3 播放器、游戏机
社会趋势	对不同品种的、更美味、更健康食品的兴趣增长	健康餐厅、有机食品、健康食品店
	新医学知识对体重超标的警报使得人们更关注健身	健身中心、室内健身器材、健康食品店
技术进步	互联网的发展	电子商务、供应链管理提升、通信与社交网络改进
	生物技术的发展	与生物技术有关的药品、畜用药品和信息服务

续表

	变化的环境趋势	产生的新商机
政治行为与政策变化	美国环保署及美国职业安全与卫生管理局标准提高	咨询公司、产品质量监控软件
	2002 年通过的《萨班斯-奥克斯利法案》	软件供应商、咨询公司

资料来源：布鲁斯 R. 巴林杰，BruceR. Barringer，巴林杰，等．创业计划：从创意到执行方案．北京：机械工业出版社，2009：24.

2. 市场缝隙

市场缝隙又称为利基市场（niche market），菲利普·科特勒在《营销管理》中给利基下的定义为：利基市场是更窄地确定的某些群体，是一个小市场并且它的需要没有被服务好，或者说“有获取利益的基础”。通过对市场的细分，企业集中力量于某个特定的目标市场，或严格针对一个细分市场，或重点经营一个产品和服务，创造出产品和服务优势。由于利基市场容易被市场中的统治者（有绝对优势的企业）所忽略，这就给创业企业生存和发展提供了很好的机会。比如九阳公司通过找到豆浆机这样一个市场缝隙，逐渐发展成为小家电行业中的龙头企业。

理想的利基市场大概具有以下五个特征：

第一，狭小的产品市场，宽广的地域市场。利基市场战略的起点是选准一个比较小的产品（或服务），这是利基市场战略的第一要素，集中全部资源攻击很小的一点，在局部形成必胜力量，这是利基市场战略的核心思想；同时，以一个较小的利基市场产品，占领宽广的地域市场，是利基市场战略的第二个要素，产品有非常大的市场容量，才能实现规模经济，经济全球化的市场环境正好为其提供了良好条件。

第二，有持续发展的潜力。一是要保证企业进入市场以后，能够建立起强大的壁垒，使其他企业无法轻易模仿或替代，或可以通过有针对性的技术研发和专利，引导目标顾客的需求方向，引领市场潮流，以延长企业在市场上的领导地位；二是这个市场的目标顾客将有持续增多的趋势，利基市场可以进一步细分，企业便有可能在这个市场上持续发展。

第三，市场过小、差异性较大，以至于强大的竞争者对该市场不屑一顾。既然被其忽视，则一定是其弱点，反过来想，我们也可以在强大的竞争对手的弱点部位寻找可以发展的空间，所谓弱点，就是指竞争者在满足该领域消费者需求时所采取的手段和方法与消费者最高满意度之间存在的差异，消费者的需求没有得到很好的满足，这正是足可取而代之的市场机会。

第四，企业所具备的能力和资源与对这个市场提供优质的产品或服务相称。这就要求企业审时度势，不仅要随时测试市场，了解市场的需求，还要清楚自身的能力和资源状况，量力而行。

第五，这个行业最好还没有统治者。

（二）创业机会的内部来源

创业机会的内部来源有以下几个方面。

1. 个人对某些事情的不满意

形成商业创意的第一个内部来源就是个人对某些事情的不满意，这些不满意就成为尚待解决的问题。在解决这些问题的途中，商业创意就涌现出来。比如蜜芽宝贝的创始人刘楠就是因为自己有了孩子后，发现给孩子购买高质量的婴儿用品成为了难点，自己开始在网络上海购，后来还专门成立了淘宝店，再之后就是创立了蜜芽宝贝，成为母婴电商中的强者。

2. 个人的知识和爱好的扩展

个人的知识和爱好常常是创业点子的来源，有一点顺水推舟的意味。比如土巴兔的创始人王国彬创业经历就是这样的例子。在创办土巴兔装修网之前，王国彬已有 10 年的创业史。上高中时，第一次接触计算机，便产生浓厚的兴趣，并在后期学习中发现了商机，在读书期间办了一所电脑培训学校。电脑培训的创办并没有满足王国彬的事业梦，他经过对历届学员的数据分析，发现室内设计师在学员中占比最大。为了让培训结束的室内设计师能够成功就业，他又创办了一家装修公司，为设计师提供实习和就业机会，成功融入装修行业中。也就是这个第一次创业，为王国彬积累了丰富的室内设计师资源，为土巴兔装修网的运作预埋了伏笔。2005 年，随着互联网浪潮的崛起，王国彬前赴深圳创办了一家互联网公司，主要做搜索引擎业务。由于过分追求技术完善，战线拉得太长，忽略了商业价值，使得这次创业夭折。第一次互联网创业失败后，王国彬仍然看好互联网的前景，他认真分析自己的经验与优势后，决定深挖自己熟悉的装修行业。当时美国的装修网站 Houzz 曾火爆一时，土巴兔最初定位跟这类网站很像，通过这类平台业主可以寻找到满意的设计师，然后再根据设计师提出的建议自己找装修团队。可是，美国的“洋模式”在中国水土不服。首先，中国人购房成本高，在购房之外，很难再花高额费用去请设计师进行设计装修；其次，中国人还没有养成为“设计版权”付费的习惯，所以设计师就依附于装修公司，找装修公司还是主流的形态；最后，对于公司而言，以向设计师收费与向用户收费的订单规模太小，难以形成一种商业模式。基于以上原因，王国彬决定将方向转向装修公司，于是诞生了现在的土巴兔装修网。

3. 其他人的点子或点子的延伸

世界上有很多人会想出很多点子，但不会去做，而去做的人才是真正的创业者。苹果公司的创始人乔布斯去看了施乐公司的图像设计，回来就用在了自己的电脑事业上。卡梅隆·文克莱沃斯（Cameron Winklevoss）和泰勒·文克莱沃斯（Tyler Winklevoss）毕业于哈佛大学。两兄弟曾指责并起诉他们的前校友、Facebook CEO 马克·扎克伯格（Mark Zuckerberg），称后者窃取了他们的创意。2010 年热映的影片《社交网络》详细描述了双方的争斗。三者曾达成一项和解协议，文克莱沃斯兄弟获得 6 500 万美元的赔偿。

4. 收购其他公司或已开发的产品

收购其他公司或已开发的产品常常是大公司寻找创意的办法。Google 公司著名的机器人阿尔法狗及其后续产品就是来自其收购的 Deep Mind Technologies，其前身是一家英国创业公司。

5. 新闻

新闻常常会播报最新的市场发现和国内外的创意，这也通常是创业会有很多跟风的原因。比如共享单车除了刚开始的摩拜和 OFO，后面跟风的人大都是看到了新闻和报道后，觉得这是一笔可行的生意开始的，尽管这种跟风的结果并不好，陆续有不少共享单车项目倒闭了。但阅读国内外资讯不失为发现好点子的方法之一。

6. 被老板或其他公司拒绝的点子

有时候员工提出了新的创意，但是会被老板拒绝，而这也会成为创业点子的来源，比如 SAP 公司的创立就是因为这些前 IBM 的雇员点子被老板拒绝了，后来按照自己的想法创立了新公司。

7. 客户所提出的想法

1986 年就由麻省理工学院埃里克·冯·希贝尔（Eric von Hippel）教授提出了“领先用户”的概念，他研究发现，许多大公司的创意是来自用户。比如小米公司就采用了这一方法，让客户为小米源源不断地贡献了许多新点子。

（三）创业机会来源于内部和外部

有些机会既来源于外部，也来源于内部。大多数产品研究和开发都源于新知识和新流程的需要，因为这些更易于为科研力量所控制，但也考虑到市场和消费者的需要。彼得·德鲁克提出了 7 种创新来源并按其重要性大小依次排列，排序越靠前，机会的可预测性越强，但排序越靠后，对市场的影响力越大。

1. 意外之事：出乎意料的事件或结果

出乎意料的成功意味着该组织趋向或转向一个新的或更大的市场。须找出成功的原因，开发新产品或新服务来利用这一机遇。出乎意料的成功一开始往往被看作不合时宜或是问题。

如果做了认真准备和规划等条件，还是出现了出乎意料的失败，这种失败也意味着能通过创新将其变为机遇。因为失败的原因可能是出乎意料或是令人吃惊的，因此很难用分析和数据方法查找。

一个出乎意料或是突然的外部事件可能创造一个重大的机遇。不过，如果该组织的现有专家不能利用这个事件，说明这次机遇不大可能导致创新的出现。

2. 不一致之处

当事情与人们设想的不同，当某些事情无法理喻，这通常表明存在着一种有待认识的变化。不一致之处对圈内人士来说是很显眼的，但由于它们常与世人的观点不相称，故而也常被忽略。

对于生产集中的小型组织，例如创业型公司，不适应之处产生的机遇往往巨大。应抓住机遇确保创新的简单和快捷。

3. 流程需要

流程需要通常十分明显，因此，创新者总在力图解决某过程中的一个瓶颈或薄弱环节。有时，针对流程的创新可以利用新技术知识或用更好的流程代替原来较为繁琐的流程。

评估流程需要时，须考虑三条要求：除非清楚地了解该需要，否则就无法满足需要；所需知识是能够获得的；解决的办法与操作者的企盼是一致的。

4. 产业/市场结构的变化

一个稳定的工业或市场结构可能突然地、出乎意料地发生变化，这就要求其成员作出创新以适应新环境。这些变化为圈外成员创造了显而易见的巨大机遇，也对圈内成员构成威胁。要预见工业结构的变化，需要查看这一行业是否出现快速增长，领导者是否制订了不协调的市场细分战略，是否出现了技术趋同，业务做法是否有迅速变化等迹象。

5. 人口状况变化

人口规模和结构上的变化，例如教育程度、年龄或某一群体数量上的增加，往往显而易见，可以预测。这些变化能迅速发生，并对市场产生戏剧性的影响，但各公司却很少密切监控或在日常决策中考虑到人口变化。由于人口变化易于出现却又常常为决策者忽视，它们为创新者提供了许多机遇。

6. 认知观念的改变

人们对自己的看法若发生转变，也能创造机遇。立足已稳的公司往往难以认识到人们看法上的转变，因此，基于观念转变上的创新往往很少有竞争对手。观念上的变化难以查找——因事实并未改变，只是事实的内涵改变了。出乎意料的成功或失败可能意味着观念上的变化，进行观念上的调查常可找出已变化的观念并确定拥有者的数量。

由于存在风险，德鲁克建议，由观念转变的创新应从具体化开始，并从小规模开始。

7. 新知识的出现

德鲁克将这一创新来源列于最后，是因为它难以管理、无法预见、花费较高，而且有生产准备时间长的特点。不过，目前多数组织在各种来源中首先强调新知识，因为它引人注目、令人兴奋。以新知识为基础的创新经常会失败，因为一个领域的突破经常需要其他各领域同时突破，新知识才能发挥其作用。由于新知识要求在技术和社会各领域都与其协调一致，所以一个组织难以成功地引进以新知识为基础的创新。

四、有计划地获取机会信息

大多数好的商业机会不是突然出现，而是来自于创业者或企业家对各种可能性的警觉，更多情况下来自创业者有计划地搜寻。在有些情况下，可以建立一套识别可能机会的机制，比如有意识地关注了解产品的潜在用户的需要。即使没有正式的识别机制，但有些渠道是非常有帮助的：顾客和业务伙伴、配送系统的员工和技术人员。顾客购买产品常常是用来满足某种生活方式的需要，他们是创业思想的最佳来源。配送系统的送货员由于与最终用户紧密联系，也能发现产品需求。专业技术人员也常会在从事其他活动时发现机会。

有计划地搜寻创业机会信息，可以通过以下渠道：

1. 消费者

消费者是企业产品需要面对的最终购买者，直接到消费者中间去，让消费者表述自己的观点，了解和分析消费者的需求，是创业者需要做的重要一步，也是创业机会的重要来源。很多企业自以为很了解他们的消费者，实际上却往往以自己的感受代替了消费者的感受，或者以点带面，不能全面地、客观地分析消费者的需求，导致自己的产品不对路，很多创业者都是通过和消费者的交流获得一些出其不意的商机。

创业机会好不好，产品有没有市场，消费者最有发言权，创业者需要对随着时间推移变化中的消费者的需求的变化保持足够的敏感，对于不断涌现出来的新生消费者的新生需求快速地识别。从海尔的案例来看，创业者需要从消费者对产品的任何评价甚至抱怨中获得创业的思路，很多创业机会如果不是消费者很难有切身的感受，即使不同地区、不同职业、不同社会地位的消费者，也有各种不同的需求。很多创业者之所以找到创业机会，只是因为在日常生活中留意到了身边的人的需求。深入到消费者之中去，做有心人，对身边任何人的需求保持一分敏感，是成功的创业者获取创业机会的重要源泉。

2. 现有企业

如果创业者对于自己的创业方向有了一个大概的确定，此行业内的现有企业是创业机会的另外一个来源。创业者对现有行业内的企业的产品或服务进行跟踪、分析和评价，发现现有企业产品或服务存在的不足，从而有针对性地找到更加高效的改进方法，或者寻找行业内现有企业尚未涉足或者比较薄弱的领域。

创业者不仅可以在现有企业的市场中寻找创业机会，而且可以发现其他领域的相关创业机会。一家汽车整车企业，往往给这个地区提供了零部件和物流产业的发展机会；一家商场的开业，往往意味着周边电影院、餐饮业、娱乐业等行业的商机。美国曾经很流行一个故事，说的是“淘金潮”时期，很多移民都到加州去淘金，而一位企业家却通过给矿工们销售牛仔裤而发财了。现有企业不仅是创业企业的竞争者，也可能是创业企业的消费者或者合作者，当家电企业利润丰厚的时候，黄光裕却一心做他的家电销售，从而避开了家电市场的价格大战，发展壮大了国美。有时候小的商机也可能发展成为大的商机，对现有企业的分析，必须做到细致、全面、客观、有预见性，才能发现一般人难以察觉的创业机会。

3. 分销渠道

很多企业由于条件限制，并不能切实地了解消费者需求，而分销渠道直接和创业者接触，对于消费者和市场的了解程度远远高于企业。分销渠道是企业和消费者之间的桥梁，也就是企业产品推向市场的直接通道，创业者不仅能从它那里获取消费者的信息，而且可以依靠它推广自己的产品，很多新产品的推广工作就是由分销渠道进行的。保持和分销渠道的密切关系，有利于创业者获取第一手的市场信息并提高在市场开拓上的效率，这一点特别是在创业者对进入的行业没有太多的经验的时候，分销商是企业重要的合作伙伴，很多创业的好点子都是分销渠道中反映出来的。

4. 政府机构

传统上政府本身并不参与市场，但企业的经营是处于政府的种种法规管制之中的，很多市场也受到政府的影响，一方面创业者可以通过查询在政府部门注册的相关专利发现值得开发的创业机会，另一方面也可以通过了解政府对相关产业的政策法规及其变化发现商机。

在我国，由于缺乏中介机构，专利管理部门拥有大量的专利技术的信息，创业者对于这些专利技术的需求只有通过政府来解决，政府部门很多时候扮演了企业家和研发者之间的桥梁的作用，很多政府部门都定期不定期地举办一些项目推介会或者提供一定的平台供创业者查询技术专利。在美国，专利部门每周还出版专利目录，创业者可以通过这个目录及时地了解最新的技术成果，寻找适合的创业机会。随着中国专利部门服务意识的加强，相关信息服务也会不断完善。

在我国，政府部门是创业机会的重要来源，政府制定法规和各种发展规划，对于企业的发展有时起着决定性的作用，相关政策的变化，往往意味着创业机会的出现。例如电信管理部门对于3G技术的发展规划，使得华为等通信产品厂商获得了3G通信设备的发展机会；而很多城市对于摩托车的限制措施，却使得摩托车厂商的市场大大萎缩。政府对于企业排污等指标的强制标准，使得企业不得不投入相关环保费用，这也提供了环保产业的创业机会。

5. 研发机构

研发工作可能是在大学、科研机构、企业，或者仅仅是个人行为，很多企业或者大学都拥有很强的研发能力，但由于种种原因而没有实现产业化，或者没有发挥这些成果的最大效用，创业者将其重新包装和推出，往往可以取得出人意料的效果。

施乐公司是复印机、鼠标、图形用户界面和以太网等IT技术的发明者和标准的制订者，但它对这些领域并没有给予足够的重视而错失良机，反而是佳能、微软等后来的创业者更好地利用了这些研究成果在相关领域取获得了成功。很多创业者一开始就是研发者，他们可能开始并没有创业的意识，只是因为自己的研究成果没有得到认可而选择创业。这在IT行业中比较普遍，我国最早的一批软件公司都是一些程序员通过出售自己的研发成果而开始创业的，美国的硅谷更是研发科技创业的天堂，创业者不仅可以自己研发，也可以通过和其他研究者的交流获得创业的思路，很多政府和公共机构设立的创业企业孵化器也是针对研发型创业企业的。

第二节 创业机会识别

虽然市场机会以各种形式客观存在着，但是只有当企业家确认这个机会存在且具有价值，并能采取行动将预期的认知价值转换成现实的市场价值时，才能真正的算作一种机会。这就是人们经常会问的问题：为什么是这些人而不是另外一些人发现了机会？正如Shane所说的，从一定程度上讲，创业研究的是两个问题：一个有利可图的机会和一个有事业心的人。

一、机会识别的认知模式

机会来源于市场需求，也依赖于创造性的思维方式，甚至是一种灵感或悟性。创业者在创业过程中，特别是在识别商机过程中，认知能力起到了决定性的作用，它包括商业敏锐性与创造性思维。

创业的主体是人，创业机会的识别，是创业者个人基于自身条件和外部环境对创业机会是否具有价值、是否值得开发的判断，其中既有客观的判断，更有主观因素的影响，不同的创业者对于相同的创业机会也有完全不同的判断，创业机会的识别是一个创业者对于事物从认知到判别的过程。

有经验的创业者常常在模式和商机还在形成的过程中，就表现出了快速识别它们的能力。1978 年诺贝尔经济学奖获得者西蒙（Herbert. Simon）将识别过程描述为一个创造性的过程，这个过程实际上是人们通过事物之间的联系产生联想、总结出各种经验并将其模式化的过程。创业机会识别也是如此，创业者对创业机会的判断，很大程度上是基于自己所有的相关经历而联想或者延伸出来的推断和判别，其准确度受创业者自身影响非常之大。

影响机会识别的因素可以归为三类：一是个体创业者拥有的相关预备信息或知识，二是外部信息的不对称，三是个体独特的机会敏锐性。

创业者所拥有的创业机会的相关知识和信息很大程度上影响他对创业机会的识别。俗话说“外行看热闹，内行看门道”，拥有相关行业的专业知识和从业经验是很多投资者考察创业者的重要指标。创业机会之所以为创业机会，就在于其识别的难度，只有有着丰富的相关知识的创业者才能准确地识别出来。现代社会是信息社会，我们每天都处于纷繁的信息的海洋中，对信息拥有先有权的人越来越少，这样，率先把商机识别出来是创业家拥有的另外一种能力。创业者拥有别人所没有的相关行业的信息，也是一种独有资源，创业机会的时间性很强，创业者如果能率先掌握信息，就能先人一步，在未来的市场竞争中占据有利位置，充分发挥先发优势。人们也会考虑把握这个机会所需要的资本，例如 Evans 和 Leighton 指出当创业者财力雄厚的时候他们往往会选择创业机会的。Cooper、Woo 和 Dunkelberg 发现当人们在其现在的工作中发现了创业机会的时候，往往会选择创业。这主要是因为这些信息降低了他们的创业成本。另外先入者的成功经验的传播和技术的普及也增加了把握创业机会的可能性。

创业者独特的市场敏锐性显示了创业者独特的机会识别的认知模式。为什么有的人能够识别机会，而有的人却不能？人们对机会的识别能力恐怕首先要受到他们的敏感性的限制。敏锐使得企业家能够看到别人看不到的机会，比如产品在哪些领域还有发展空间，哪里有新的可行的生产方法存在等。对机会的敏感并不是每个人都能具备的，它因而会成为那些富有企业家精神的企业的竞争优势的来源。

Kirzner（1973）是第一位使用“敏锐性”来解释商机识别的学者。Ray 和 Cardozo（1996）认为有潜力的创业者识别商机都经历了一种状态，即对信息的高度敏锐性，他们称这种状态为创业认知能力（Entrepreneurial Awareness，EA），这里对 EA 的定义是“对事物、事件、环境中的行为方式有关信息的观察偏好与敏感，特别是对制造商、使用者的问题，未满足的需要和兴趣以及资源的重新组合表示敏感。”另外，一些学者认为个人特质与环境的相互作用为提升 EA 创造了条件。与此相一致的观点是更高的商业敏锐性增加了机会识别的可能性。

大凡成功的创业者一般都具备高度的商业敏锐性，因为凭借商业敏锐性创业者才能够识别商机，激发灵感。最成功的风险投资家 Arthur Rock 搜寻商机的准则很简单：能够改变人们的生活和工作的商业理念，他的理念就是思路要大气。

从理论上讲，创业机会是客观存在的，但也是无形的、模糊的、不确定和动态变化的，需要创业者“用心”去“注意”，去搜寻和开发利用。从创业者要素研究结果来看，创业者及其创业团队的技能、知识、目标，态度和价值观对创业的成功起到中心的作用。其中。创造性（Schumpter，1934）、对机会的敏感或警觉性（Kirtner，1973）、先知先觉（Shave & Scott，1991）的特质使创业者不同于非创业者。创业者个人的知识和经验、从前独特的工作环境会引导创业者形成一个“知识走廊”（knowledge corridor），使得个人拥有独特的信息储存，能够识别和发现其他人不能识别的创新性的机会（Ardichvili et al，2003；Kirtner，1997；Ronstadt，1988；Shane & Venkataraman，2000；Venkataraman，1997）。

二、创新思维

创新思维是指以新颖独创的方法解决问题的思维过程，通过这种思维能突破常规思维的界限，以超常规甚至反常规的方法、视角去思考问题，提出与众不同的解决方案，从而产生新颖的、独到的、有社会意义的思维成果。

上一节阐述了商业创意的来源，但想出了或者发现了一个点子并不代表就是一个好点子，还需要对这些点子进行打磨和更进一步的创意。这部分主要介绍产生商业创意常用的两种方法和技巧：TRIZ 理论和 SCAMPER 方法。

（一）创新和创意的五个层级

提到创意，大家往往会想到发明创造，例如爱迪生发明的电报机、电灯、留声机等，可以说这些发明开创了一个新的时代。那么，在具体实现这些发明的过程中，基于它们各自的创新程度不同，对发明者所在知识领域、工作经验、创新能力等方面的要求也会各不相同。比如要改进一个牙刷的手柄，只要了解产品设计、材料、加工技术就可以了，而如果想要发明一个电动牙刷，则还需要掌握专业的电机、控制技术等。

为了能够更好地组织和实施创新活动，一些专门从事发明研究的专家对不同形式的发明进行了分类，并研究它们各自的特点，以及相应的创新方法和技巧，目的就是为了更有效地实施创新。这其中最为科学有效的发明分类方法，应数著名的 TRIZ 理论。

TRIZ 的英文全称是 theory of inventive problem solving，是一种系统化的发明问题解决理论，用来帮助发明家通过有系统有规则的方法来解决发明过程中可能碰到的种种问题。它是基于技术的发展演化规律研究整个设计与开发过程，而不再是随机的行为。运用 TRIZ 理论可大大加快人们创造发明的进程而且能得到高质量的创新产品。

TRIZ 理论的创始人根里奇·阿奇舒勒按照技术难易程度将发明分为五个等级，并且深入分析和研究不同等级发明的各自特点，并开发出面向不同等级的科学创新方法和工具。见表 4-2。

表 4-2　**创新的层级**

	1 级创新	2 级创新	3 级创新	4 级创新	5 级创新
创意范围	个人知识	公司级知识	行业级知识	跨行业知识	人类知识
创意产品	现有产品	现有产品改善	产品局部创新	技术创新	科学重大发现
创意数	10 个以内	100 个以内	100～1 000 个以内	1 000～10 000 个	10 000～100 000
知识产权	无知识产权	有少量外观专利和商标产权	有一定价值的专利和商标产权	有高价值专利和商标产权	具有非常重大价值的核心专利
特征	低附加值 低竞争门槛	中低附加值	中等附加值	中高附加值	高附加值

资料来源：作者根据相关资料整理。

TRIZ 理论定义的五个发明等级按照创新程度从低到高依次如下：

第 1 级是最小型发明。这是指那种在产品的单独组件中进行了少量的变更，但这些变更不会影响产品系统的整体结构。该类发明并不需要任何相邻领域的专门技术或知识。特定专业领域的任何专家，依靠个人专业知识基本上都能做到该类创新。例如以厚度隔离减少热损失，以大卡车改善运输成本效率等。据统计大约有 32%的发明专利属于第一级发明。

第 2 级是小型发明。此时产品系统中的某个组件发生部分变化，改变的参数约数 10 个，即以定性方式改善产品。创新过程中利用本行业知识，通过与同类系统的类比即可找到创新方案，如中空的斧头柄可以储藏钉子等。约有 45%的发明专利属于此等级。

第 3 级是中型发明。产品系统中的几个组件可能会出现全面变化，其中大概要有上百个变量加以改善，它需利用领域外的知识，但不需要借鉴其他学科的知识。此类发明如原子笔、登山自行车、计算机鼠标等。约有 18%的发明专利属于第三等级。

第 4 级是大型发明。这是指创造新的事物，需要数千个甚至数万个变量加以改善的情境，它一般需引用新的科学知识而非利用科技信息，该类发明需要综合其他学科领域知识方可找到解决方案。大约有 4%的发明专利属于第四级发明，如内燃机、集成电路、个人电脑等。

最高级是特大型发明，即第 5 级。这主要是指那些科学发现，一般是先有新的发现，建立新的知识，然后才有广泛的运用。大约有 1%的发明专利属于第五级发明，如蒸汽发动机，飞机、激光等。

平时我们遇到的绝大多数发明都属于第一、第二和第三级。虽然高等级发明对于推动技术文明进步具有重大意义，但是这一级的发明数量相当稀少，而较低等级的发明则会起到不断完善技术的作用。

（二）商业创意的分类

对应上述 5 级创新的分类，商业创意也可以分为这样 5 类。

1. 5类创意：基于重大科学发明的创意或全新的商业创意

基于重大科学发明的创意的典型有福特公司生产的汽车、施乐公司生产的复印机。20世纪上半叶，美国工程师切斯特·卡尔森发明了静电复印机，但从发明静电复印机到正式投放市场，卡尔森足足搞了22年。直到1949年，卡尔森所在的哈格德公司生产出了静电复印机。哈格德公司就是今天以复印机而闻名世界的施乐公司的前身。施乐公司的英文名词 Xerox 正是静电复印 xerography 中开始的几个字母。

另外还有全新的商业创意，比如宠物石和冰旅馆。宠物石头顾名思义，即把石头当作宠物来养，该创意来自国外一位叫加里·达尔的人。加里·达尔原本是名广告公司行政人员。1975年4月，他与朋友在一家酒吧聚会时，偶然听见他人抱怨自己的宠物。他当时对朋友说，“最完美”宠物应该是石头，不需喂食，不需洗浴，不会生病，也不会死亡，也不会背叛。最初这只是句玩笑话，达尔随后决定将此创意付诸实施，“宠物石”由此诞生。犹如真正宠物一般，“宠物石”装在一个纸质宠物盒内，附一份宠物训练指南。为保证“宠物石”舒适，纸盒内还放置稻草，带通风口。每个“宠物石”售价3.95美元，净利润3美元。仅投入市场第一年上半年，“宠物石”便为达尔带来了1 500万美元收益。

2. 4类创意：基于技术创新的商业创意

每一次技术革命都会带来很多的商业创意，比如汽车取代马车，创造了汽车产业；手机取代固定电话，创造了手机产业；互联网普及，诞生了 BAT（百度、阿里巴巴、腾讯）等互联网产业。目前 AI 技术正在兴起，一批基于 AI 技术的新企业也正在不断诞生。

3. 3类创意：基于商业模式创新的商业创意

这类创意，也包含有一定的技术创新成分，但商业模式创新更占主导地位。比如作为当今中国四大发明的共享单车就是一种商业模式创新，通过将自行车投放到城市街头和交通便利的地方，部分解决了交通中最后一公里的问题。另外还有像优步（UBER）、滴滴等共享汽车服务的商业模式创新。

4. 2类创意：基于产品创新或服务创新的商业创意

这类创意主要是基于产品创新或服务创新来进行的，比如星巴克、麦当劳等。星巴克通过将咖啡馆打造成除了家、办公室之外的“第三空间”，开创了咖啡的新事业。麦当劳则是把炸鸡通过快餐的方式，开创了新类型的餐饮。

5. 1类创意：没有创新，选择加盟或特许经营，以及直接复制他人的创意

这类创意基本都是已经被市场证明过的点子和想法，虽然可以直接拿来用，但并不能保证这类创意就会成功，因为创意只代表好的开始，创业更注重的是行动和执行。别人成功，并不代表自己也能成功。

值得说明的是，创意的创新程度与最后该商业创意的收益并不直接相关。商业创意的收益除了与点子的创新程度有关之外，还与外部环境、市场规模以及点子的执行等有着密切关系。

（三）创意加工的 SCAMPER 策略

SCAMPER 是由美国教育管理者罗伯特·艾伯尔（Robert F. Eberle）于1971年提出的一种综合性思维策略。

SCAMPER 是由英文中的七个单词或短语的首字母构成，它们分别是：

Substitute：替代。包括成分、材料、人员的替代等；

Combine：合并。包括混合，与其他功能的整合等；

Adapt：改造。包括改变功能或者部分结构等；

Modify（magnify，minify）：调整。包括放大、缩小、调整形状或规模等；

Put to other uses：挪作他用或者改变意图。

Eliminate：去除。包括简化，去掉部分功能或特征，凸显核心功能等。

Reverse（rearrange）：逆向操作、重新安排。包括里外对换、上下颠倒、逆转、重组等。

上述 7 种思维方式是人类创新发明的重要途径。例如，我们用纸代替布料，发明了面巾纸；我们把菜篮子与自行车组合在一起，有了车筐；我们把台式电脑的各组件缩小并组合在一起，生产出了手提电脑；电力与动力的逆向转换，引发了电动机和发电机的发明。

下面我们就以《王者荣耀》为例来介绍这种创意方法。

《王者荣耀》是腾讯公司自研的一款 MOBA 类游戏，玩法类似 dota 手游，主要以竞技对战为主，玩家之间进行 1V1、3V3. 5V5 等多种方式的 PVP 对战，还可以参加游戏的冒险模式，进行 PVE 的闯关模式，在满足条件后可以参加游戏的年度排位赛等。该游戏 2015 年 7 月开始内部测试，2015 年 10 月开始公开测试。2015 年 12 月，公测不久的《王者荣耀》就将 DAU 提升至 750 万，到了 2016 年底更是将 DAU 提升至 750 万。截至 2017 年 5 月最后一周，《王者荣耀》注册用户突破 2 亿，渗透率达到 22. 3%。这意味着，每 7 个中国人中就有一位《王者荣耀》的注册用户，人数比 A 股股民还多。另外，《王者荣耀》赚钱的本领也是非常了得。根据券商中国的估计，光一季度的营业收入就有 60 亿元左右。

替代：用手机游戏替代电脑游戏。对战类 MOBA 游戏过去基本都只有电脑端的，都有着“不在电脑旁边就不能玩 MOBA 类游戏”的烦恼。开发商正是从消费者这样的需求中看到了商机，尝试将 MOBA 游戏引进移动平台。

合并：将游戏感与社交感合并。对社交网络和真实社会关系的借重是《王者荣耀》成功的真正原因。

改造：对 MOBA 游戏规则进行了很多改造。首先是游戏时间缩短，原本需要 40～50 分钟一局，现在 20～30 分钟一局，更加适合碎片化时间利用；其次，操作简单化，连小学生和女性也容易上手，扩大了受众人群。

调整：对人物设定进行创新。《王者荣耀》中的很多英雄来自中国传统文化，开发者对这些任务进行了极具趣味性和颠覆性的再创造，赋予这些昔日熟悉的名人，以焕然一新的形象重新出现。

改变意图：过去国内 MOBA 类手游，走的都是魔兽艾泽拉斯大陆式的西方魔幻风，但《王者荣耀》采用了中国古代历史的架构和人物，这种意图的改变，完全将《王者荣耀》塑造为中国文化的游戏，从而为《王者荣耀》成为超级 IP 打下了良好的基础。

去除：去除了魔兽世界的英雄，改为自己开发的英雄。

重新安排：对游戏的公平性进行了重新安排。过去的游戏需要充值才能玩得愉快，现在不需要充值也同样可以体验得很好，而且每天上线都有可玩的内容，只要付出时间就能得到奖励，增加了游戏的公平性。这款游戏固定了每个英雄的能力，花钱与否不影响游戏体验，保证免费玩家也能战胜付费玩家，五对五的组合使得对局体验丰富多变。

第三节 创业机会评估

机会无处不在，机会无时不有。尽管创业起步有高低，生意有大小，但不是所有的机会都必须抓住，都值得去投资。机会需要筛选和评估。尽管选择了一个好机会不一定能保证成功，因为决定创业成功的还有其他很多因素，但机会评估的确在降低风险和减少失败方面起到了很重要的作用。

一、机会评估的内容

识别和评估商业机会包括以下方面。

1. 行业和市场

一个关键的问题就是想法是否有市场。市场是由有购买力，并愿意购买你的产品或服务的消费者组成的。因此，满足消费者的需求还要考虑合适的价格、地点和时间。

另外要考虑的一个重要的问题是市场的大小（消费者对你的产品和服务的需求量）和这个行业的增长速度。理想的情况是一个巨大并快速增长的市场——能够占有市场和逐渐增长的销售量是有重要意义的。想要成为创业者就需要收集信息。如果一些潜在创业者认为这项工作太难，他们就会安慰自己说：市场数据（市场的大小、特征、竞争者等）经常和真正潜在的商业机会背道而驰，不能真实地反映商机。但是换句话说，如果市场数据很容易获得，并且数据很清晰地反映潜在的情况，那么可能会有很多的创业者进入市场，机会相应的就会减少了。也有一些公开发表的信息来源（也叫次要信息），包括好多图书馆、商会、投资提进中心、政府部门、大学、外国大使馆、互联网、报纸等。除了上述之外，也可以通过与人们交流收集信息（也叫初级调查），比如消费者和供应商。如果那样的话，你就需要设计一个调查的方法和渠道。

2. “机会窗口”的大小

机会经常被称为一个“窗户”。也就是说，它是真实存在的，但是它不是永远都敞开的。随着时间的推移，市场以不同的速度在增长，市场变得更大，确定市场面的难度就更大。因此，适时性很重要。然后的问题就是决定窗户打开的时间长度，能否在窗户关闭之前把握和抓住机会。

创业机会存在于一个动态的、发展的背景之中，从长久来看，创业机会的价值取决于现阶段的市场空白的大小以及其能够持续的时间，企业能否有足够长的时间来获取相应的回报。

创业机会是一个移动的目标，在此意义上，创业机会实际上表现为一个“机会窗口”，也就是市场存在于有一定长度的发展空间。

如图 4-1 所示，图中横轴是时间，竖轴是市场规模，可以看出，产品市场的发展是一个起步—加速—放缓的过程。第一个阶段是机会窗口尚未开启的阶段，市场发展不快，前景也不明朗，但竞争者少，这时期抓住创业机会的创业者往往拥有先入者优势，但风险较大；第二个阶段是机会窗口开启到关闭的阶段，在这个时间段，市场除了快速增长阶段，市场规模不断扩大，可以稳定赢利了，但这个阶段市场竞争比较激烈，进入门槛逐渐提高，利润率逐渐降低了；第三阶段，市场已经基本成熟，趋向于稳定了，市场规模增长放缓，外部企业很难再进入，机会窗口基本关闭了。

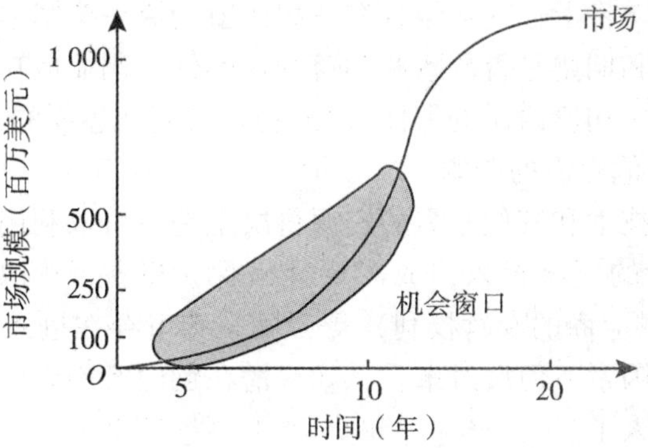

图 4-1　机会窗口

市场规模和机会窗口的长度构成了风险和回报的基础。风险反映出市场、竞争、技术和资本数量的状况，评估风险和回报的方法常常表明机会所提供的财务回报与所涉及的风险不相称。机会的回报应把各种可能的后续机会也考虑进去（比如副产品）。

另外一个重要问题是，如果真的有一个经营机会（而不仅仅是一种产品），是否有抓住这个机会的足够时间呢？如果一个机会的确存在，创业者能否及时抓住它取决于技术的运用和竞争对手的对策等因素。机会通常是一个移动的目标，因此，存在着一个“机会窗口”。机会存在于，或产生于现实的时间之中。创业者在机会的窗口的哪个阶段进入市场，很大程度上决定了创业的成败。成功的创业者往往能在机会窗口尚未开启的第一阶段就先人一步地抓住它，并毫不动摇地坚持发展。不能过于急功近利，追求短期效益。一般而言，确定一个新创企业是成功还是失败需要相当长的时间，这不是在一夜之间就可以做出判断的。机会窗口敞开时间的长短对于创业成功是十分关键的。不同产业存在不同的机会窗口，每一个产业都有一个繁荣的时间窗口，一个新兴的企业必须在这几年时间内打下坚实的基础，尤其是在新知识产生的产业里。比如说，英国的铁路产业早期属于高科技产业，窗口开了 15 年；汽车产业、化工产业、电器设备产业、电话产业、家用电器产业及消费电子产业节奏与此相仿，窗口不会开得很大，也不会开得很长（Drucker，1995）。生物、制药、航空、金融等产业领域，机会窗口从来没有关闭。任何基于科技创新的产业，都只有很短的进入时间——时间窗口，创业者若第一次不能赶上这个机会，窗口一旦关闭，机会就永不再来。

有一种说法是，在风险资本产业中“柠檬”（指输家）大概两年半成熟，而“珍珠”

（指赢家）则需要7到8年才会成熟，特别是现在很多高科技企业，创业需要相当长的周期，适度的前瞻性是创业者必需的素质。

3. 创业者的个人目标和能力

对于任何投资创业的人，能否愿意承担风险者是一个重要的问题。个人的动机是成功创业者的本质特征。因此，除非一个人真的想创办一个企业，否则他或她是不愿意承担风险去做的。

一个相关的问题就是潜在的创业者是否具备创业必需的能力（包括知识、技能和特质），如果不具备，他们是否能够学习并提高这些能力。许多小企业的管理者都是基于他们的能力才创办企业的。将上述问题结合在一起，就变成一个基本的问题——企业所必需的条件和创业者的要求和期望是否一致和相符。这不仅对创业成功十分重要，也关系到创业者的幸福与快乐。像一句谚语说的那样："成功是得到你想要的，幸福是你想要得到。"

4. 资金、技术和其他必需的资源

掌握可用的资金、技术和其他必需的资源将决定是否可以利用某个机会。通常，如果开发一个机会需要大量的资金投入，或需要突破保护壁垒（例如专利权）或合同优势（例如一个市场或一个供应商的专营权利）等，就意味着存在进入市场的障碍，这些是决定投资或不投资的重要因素。但反过来看，如果潜在创业者不面对很多进入障碍，那么这个机会几乎就不会吸引人了。

二、机会评估方法

一个好的创业机会意味着成功的一半，科学的识别和筛选创业机会，为创业管理的顺利进行奠定了良好的基础。

（一）定性分析方法

创业机会的定性评价过程分为五大步骤：

第一步，判断新产品或服务将如何为购买者创造价值，判断新产品或服务使用的潜在障碍，探讨如何克服这些障碍。根据对产品和市场认可度的分析，得出新产品的潜在需求、早期使用者的行为特征、产品达到创造收益的预期时间。

第二步，分析产品在目标市场投放的技术风险、财务风险和竞争风险，进行机会窗分析。

第三步，评估在产品的制造过程中是否能保证足够的生产批量和可以接受的产品质量。

第四步，估算新产品项目的初始投资额，确定使用何种融资渠道。

第五步，在更大的范围内考虑风险的程度，以及如何控制和管理那些风险因素。

为了充分评价创业机会，需要考虑以下几个重要问题：（1）回答机会的大小、存在的时间跨度和随时间成长的速度这些问题。（2）潜在的利润是否足够弥补资本、时间和机会成本，而带来令人满意的收益。（3）机会是否提供了额外的扩张、多样化或综合的商业机会选择。（4）在可能的障碍面前，收益是否会持久。（5）产品或服务是否真正满足了真实的需求。

Timmons 制定出了一套多达 8 大类（产业和市场、经济条件、收获条件、竞争优势、管理团队、致命缺陷、创业家的个人标准、理想与现实的战略差异）、55 个条目的详细评价因素，一般来说所有的创业机会都处于创业机会的吸引潜力最高和创业机会的吸引潜力最低的两种极端之间。见表 4-3。

表 4-3　　**Timmons 机会评价框架**

经济因素	1. 达到盈亏平衡点所需要的时间在 1.5~2 年
	2. 盈亏平衡点不会逐渐提高
	3. 投资回报率在 25%以上
	4. 项目对资金的要求是很大，能够获得融资
	5. 销售额的年增长率高于 15%
	6. 有良好的现金流量，能占到销售额的 20%到 30%以上
	7. 能获得持久的毛利，毛利率要达到 40%以上
	8. 能获得持久的税后利润，税后利润率要超过 10%
	9. 资产集中程度低
	10. 运营资金不多，需求量是逐渐增加的
	11. 研究开发工作对资金的要求不高
行业和市场	1. 市场容易识别，可以带来持续收入
	2. 顾客可以接受产品或服务，愿意为此付费
	3. 产品的附加价值高
	4. 产品对市场的影响力高
	5. 将要开发的产品生命周期长久
	6. 项目所在的行业是新兴行业，竞争不完善
	7. 市场规模大，销售潜力达到 1 000 万到 10 亿元
	8. 市场成长率在 30%~50%
	9. 现有厂商的生产能力几乎完全饱和
	10. 在 5 年内能占据市场的领导地位，市场占有率达到 20%以上
	11. 拥有低成本的工艺功能方面具有成本优势
收获条件	1. 项目带来的附加价值具有较高的战略意义
	2. 存在现有的或可预料的退出方式
	3. 资本市场环境有利，可以实现资本的流动

续表

竞争优势	1. 固定成本和可变成本低
	2. 对成本、价格和销售的控制较高
	3. 已经获得或可以获得专利所有权的保护
	4. 竞争对手尚未觉醒，竞争较弱
	5. 拥有专利或具有某种独占性
	6. 拥有发展良好的网络关系，容易获得合同
	7. 拥有杰出的关键人员和管理团队
管理团队	1. 创业者团队是一个优秀管理者的组合
	2. 行业和技术经验达到本行业内的最高水平
	3. 管理团队的正直廉洁程度能达到最高水准
	4. 管理团队知道自己缺乏哪方面的知识
致命缺陷	不存在任何致命缺陷
创业家的个人标准	1. 个人目标与创业活动相符合
	2. 创业家可以在有限风险下实现成功
	3. 创业家可以接受薪水减少等风险
	4. 所创办的事业顺应时代潮流
	5. 创业家渴望进行创业这种生活方式，而不只是为了赚大钱
	6. 创业家在压力状态下状态依旧良好
理想与现实的战略性差异	1. 理想与现实情况相吻合
	2. 管理团队已经是最好的
	3. 在客户服务管理方面有很好的服务理念
	4. 所创办的事业顺应时代潮流
	5. 所采取的技术具有突破性，不存在许多替代品或竞争对手
	6. 具备灵活的适应能力，能快速地进行取舍
	7. 始终在寻找新的机会
	8. 定价与市场领先者几乎持平
	9. 能够获得销售渠道，或已经拥有现成的网络
	10. 能够允许失败

（二）定量分析方法

1. 标准打分矩阵

通过选择对创业机会成功有重要影响的因素，并由专家对每一个因素进行打分，最后求出每个因素在各个创业机会下的加权平均分，从而对不同的创业机会进行比较。见表4-4。

表4-4　**机会打分评价法**

标准	专家评分			
	极好（3分）	好（2分）	一般（1分）	加权平均分
易操作性				
质量和易维护性				
市场接受度				
增加资本的能力				
投资回报				
专利权状况				
市场的大小				
制造的简单性				
广告潜力				
成长的潜力				

二、边际成本分析法

耶鲁大学陈志武教授认为，任何一项经济活动都可以用一个数学函数表现出来。一般的经济活动需要土地、资本及其他资源的投入。根据观察产出和投入之间的关系，可以大致估算出每一个经济活动的产出和投入之间的关系是怎样的，而其各自函数的特征最终决定一个企业、一个行业生产及创造价值的能力到底高还是低。从这个企业或行业的产出和投入之间是线性关系还是非线性关系的角度可以分清楚哪些行业有创业及投资的价值。他举例分析到，为什么过去几千年，农业做了这么久，没有创造出亿万富翁、百万富翁，就是因为投入跟产出是线性关系。相比而言，像微软和腾讯这样的公司，投入跟产出之间的关系是非线性关系，要不就是没有关系。微软把它的系统软件，如他们不断推出的Windows系列，一旦投入以后，它是卖到1 000份、100万份，还是10亿份，对总的成本没有影响，但对收入会带来什么影响呢？那不是一个量级的收入。

类似的例子，如大量互联网企业在短短几年内能快速成长为独角兽企业，而传统制造业却普遍面临转型升级的困难。餐饮行业企业数量多但规模小，成长慢，除了具有制造业的边际成本较高的原因之外，还与餐饮服务产品难以标准化有关，不能标准化就难以实现规模经济。但以乐高为代表的儿童玩具制造商为何能实现低成本、个性化的大规模生产，是因为其引入了弹性制造系统从而降低了成本。

总之，不论采用什么方法识别和评价机会的价值，得出的结论应该是大同小异的。好商机一般具有以下5个重要特点：（1）潜在市场可明确界定；（2）潜在市场中前5~7年销售额稳步且快速增长；（3）创业者能够获得利用机会所需的关键资源；（4）创业者不被锁定在刚性的技术路线上；（5）创业者可以用不同的方式创造额外的机会和利润。

小　结

这一章的中心内容是如何发现创业机会。机会本身是客观现象，但确认创业机会是一个主观过程。由于创业机会的选择和探索新事物的结果是不确定的，所以，创业决策不可能是一个最优化的过程。成功地发现并利用创业机会是由机会本身的特性和企业家所拥有的创业信息与认知能力共同决定的。

思 考 题

1. 如何发现创业机会？
2. 哪些因素影响创业者识别创业机会？
3. 如何评估创业机会的价值？

【参考文献】

[1] 斯科特·A. 沙恩．寻找创业沃土．奚玉芹，等，译．北京：中国人民大学出版社，2005.
[2] 彼得·德鲁克．创新与创业精神．张炜，译．上海：上海人民出版社，2002.
[3] Ardichvili A , Cardozo R, Ray S. A theory of entrepreneurial opportunity identification and development. Journal of Business Venturing , 2003 , 18 (1) : 105-123.
[4] Shane S. Prior knowledge and the discovery of entrepreneurial opportunities. Organization Science, 1999 , 11 (4) : 448-469.
[5] Shane S, Venkataraman S. The promise of entrepreneurship as a field of research . Academy of Management Review, 2000, 25 (1): 217 - 226.
[6] Israle Kirzner M. Entrepreneurial Discovery and the Competitive Market Process: An Austrian Approach, Journal of Economic Literature, (March, 1997), Vol. 35, No. 1: 60-85.
[7] 布鲁斯 R. 巴林杰，BruceR. Barringer，巴林杰，等．创业计划：从创意到执行方案．北京：机械工业出版社，2009: 24.
[8] 克里斯·比尔顿，斯蒂芬·卡明斯．创意战略［M］．北京：金城出版社，2015.
[9] 托马斯·沃格尔．创新思维法：打破思维定式，生成有效创意．北京：电子工业出版社，2016.
[10] 托马斯 L. 萨蒂．创造性思维：改变思维做决策．北京：机械工业出版社，2017.

第五章　商 业 模 式

商业模式竞争已经演变为企业之间新的竞争形式，苹果、小米、阿里巴巴等世界知名企业之所以能够取得成功，离不开其独特的商业模式。对于新创企业而言，要想在市场竞争中立于不败之地，除了不断提升自身产品和服务的竞争优势外，还需要开发出与创业机会和企业战略相匹配的商业模式，因为商业模式是实现创业机会和战略资源背后潜在经济价值的有效工具，是从系统层面将企业生存和成长的蓝图付诸实施。本章将详细介绍商业模式的内涵及构成要素，阐释商业模式的设计原理和设计方法，分析商业模式创新的重要性及创新障碍。

第一节　商业模式的概念与构成要素

一、商业模式概念的演进：语域与语义上的统一

作为一个词汇或概念，商业模式的出现最早可追溯到 1957 年 Bellman 等人发表的《关于多阶段、多人参与的商业游戏的构建》（Bellman，et al，1957）的学术论文①，直到钱德勒关于美国商业管理研究的三部曲《战略与结构》，1967；《看得见的手》，1977；《规模经济与范围经济》，1990）和波特的战略三部曲（《竞争战略》，1980，《竞争优势》，1985；《国家竞争优势》，1990），尤其是波特的价值链理论（1985）的问世，标志着商业模式的研究已经进入主流的研究范畴，只是当时人们习惯于将商业模式归入战略和决策的研究范畴。随着互联网技术的出现以及在商业中的广泛运用，经理人员和投资者逐渐意识到商业模式是一个不同于战略的新的商业概念，它同样可以为企业带来盈利和竞争优势，商业模式的创新也就开始成为投资者选择投资项目的一种重要标准。

最初，人们经常用“商业模式”（business model）这个词来“赞颂各种各样不成熟的商业计划”。一家公司不需要战略，不需要特殊的能力，甚至不需要任何客户——它所需要的仅仅是一个基于网络的商业模式，这个模式许诺公司将在某个遥远、不确定的未来疯狂盈利。许多人士——不管是投资者、创业者还是企业管理人员——都热情拥抱这一幻

---

① Richard Bellman，Charles E. Clark，Donald G. Malcolm，Clifford J. Craft，and Ricciard F M. On the construction of a multi-stage. Multi-Person Business Game Operations Research，1957，5：469-503.

想，到头来却弄得遍体鳞伤。随着互联网热潮不可避免地退去，如同“.com”这个后缀词一样，商业模式的概念立马就过时了（Magretta，2002）。

然而，随着移动互联技术的不断创新，Apple、Google、Facebook 和其他网络公司一再颠覆现有的商业模式，使得“互联网业务风光不再”的断言再次受到挑战，Magretta 所预言的商业模式的“过时”言论也显得站不住脚了。中国的淘宝、阿里巴巴、百度等公司也在借助互联网这个平台，不断地创新商业模式，比如，“淘宝金融”“百度理财”类似于“泛金融”的业务为企业创造了新的收入来源的同时，也导致了跨产业的竞争压力，激起了无限的创新机会的遐想。

所以，互联网技术的出现、不断的创新以及在商业中的广泛运用，导致了企业经营方式的改变，就变成了商业模式产生的独特的语境，而通过追逐独特的商业模式去获取竞争优势，就变成了企业在战略之外或与战略匹配的新的竞争方式的选择。与此同时，商业实践的创新推动了学术研究的进步，研究者们热情地拥抱新的商业概念，对商业模式语义上的纷争和它在理论上的开发潜力的辩论反映了学术研究从分离到统一的过程。

二、商业模式分析的三个维度

Gerard George & Adam J. Bock（2010）通过调查研究和语义差异分析，发现经理人员对商业模式的理解集中在三个概念维度上，这三个维度是：资源结构、交易结构和价值结构。

资源结构指的是企业为服务消费者在组织、生产技术和核心资源方面的静态构成。苹果公司的资源配置实际上由三个部分构成：第一层次核心资源分配在公司总部的战略与研发创新部门，第二层次分配在以 4S 店为中心的销售环节，第三层次分配在生产外包环节。

交易结构是企业与合作者和股东（包括企业雇员）的关键交易的组织配置。传统的百货公司与互联网企业淘宝以完全不同的交易方式决定了产品如何从生产者到达消费者手上。

价值结构是各种规则、预期和机制的体系，它决定企业的价值创造和价值获取的系列活动。苹果公司与富士康之间的系统设计、外包生产以及和众多内容提供商之间的合作模式，共同为消费者生产和销售手机，并共同分享创造的价值。

商业模式中的资源结构不同于价值差异化的企业资源特征，它是企业的各种资源、能力和活动在企业里的配置，不受这些资源的主观或客观的价值所决定。也就是说，所有资源，包括产品、生产和其他活动，不管其是高层次还是低层次的活动，不管是不是核心资源或异质性资源都是商业模式的构成要素。因此，资源结构的潜在要素是组织结构的一般形式，企业的最初生产体系、支持关键资源开发和积累的结构，以及组织结构的其他方面，如协调各种活动的企业文化等，每一种要素可能分离成多样性的组织成分，但资源的一些最显著的特征能够从整体上对潜在的机会开发发挥作用。

商业模式的最终架构需要依赖企业自身已拥有的核心资源，如已有的销售渠道、企业网络以及核心技术。新小企业只有一些有限的资源活动，成长早期以机会开发为主，而大企业往往强调战略性资源，比如知识产权，组织惯例等。所以，资源结构和资源战略是有差别的，但两者共同演进。

商业模式的交易结构要素提供了一个宏观层面的架构，直指企业的价值创造的产出结果。但它也存在挑战，目前研究的难点在于交易结构的特征化而不是交易内容本身。

商业模式最常用的要素是价值，价值是体现在开发机会过程中的价值创造和实现价值的结构化过程中。价值结构是一种组织制度，通过这一制度能够界定、支持和控制价值创造和实现的方式（George &Bock，2010）。首先，商业模式的目的在于为企业及利益相关者创造价值，并获取持续竞争优势。商业模式不仅要考虑实现企业自身的利益，还需要实现与之有各种关联的利益相关者的利益，显然已经将顾客作为企业价值的共同创造者，而不仅仅将其视为产品或服务的接受者。商业模式不再是供应商→企业→顾客的简单线性价值创造机制，而是成为一系列相互依赖活动组成的体系，从核心企业扩展到多个边界。这一行为制度使得企业和其相关伙伴企业共同去创造价值，也去适当地分享价值。合作各方创造的总体价值越大，核心企业的讨价还价能力越强，分享价值的数量也就越大。

综上所述，商业模式既是一个综合的管理要素，也是一个市场要素。任何企业，不管是新创企业，还是既有企业，都有和都需要有自己的商业模式去完成交易，从价值创造、价值传递到价值实现，不仅取决于生产者和消费者，也取决于其他利益相关者如传统的供应商、分销商，还包括上游的设计者、创新者，以及各种政府关系等。选择何种商业模式，是由企业的战略目标所决定的，也受企业的资源能力、产业和市场环境所影响。因此，不同的企业，由于面对不同的市场环境的差异和内部的资源能力的限制会具有不同的商业模式。尽管关于商业模式的表述各有差异，但它的本质内涵应该是一致的，那就是：商业模式是基于机会开发，旨在实现交易成本最低、企业价值最大化的企业资源和活动的最优安排。

三、商业模式的构成要素

对于商业模式的构成，鉴于不同企业自身所特有的资源和所处行业的差异，学界以及实业界的研究者会仁者见仁、智者见智，提出不同的要素构成模型。因此，目前无论是学界还是实业界并没有总结出普适性的商业模式构成框架和要素。以下是几个引用率较高的典型商业模式要素模型。

在国外学者中，主要有：

Hamel（2000）的商业模式四要素模型：核心战略、战略资源、顾客界面以及价值网络。该商业模式要素模型强调四要素间的相互关联，即企业通过价值网络来制定核心战略和获取战略资源并将企业价值传递到顾客界面。

Zott & Amit（2007）的商业模式四要素模型：客户、合作伙伴、供应商、产品市场。该要素模型强调企业的产品市场战略与商业模式各要素之间的合理匹配。

Chesbrough（2006）的商业模式五要素模型：市场、价值主张、成本与利润、价值网络、竞争战略。该要素模型要求企业尽量处于一种开放的创新和市场网络之中。

Morris et al.（2005）六要素模型：价值、市场、能力、战略、成本及成长六要素，每一要素还划分出基础、专有及规则等三个层次。该要素模型主张企业各个要素在三个层面上能够相互配合，特别强调专有层面的商业模式要素可能会为企业带来的竞争优势。

Müller & Lechner（2005）的七要素商业模式：资本化模式、服务提供模式、服务配送模式、营销模式、收入模式以及外围的价值链配置和商业规划。他们的商业模式要素强调资本的运作技巧和手段，以及如何有效地配置企业价值链的内外要素。

Osterwalder（2004）商业模式九要素模型：价值主张、目标客户、分销渠道、客户关系、价值配置、核心能力、合作伙伴网络、成本结构和收入模型。该九要素商业模式聚焦于客户与企业的价值主张，并围绕价值主张去有效安排相关利益体的自身成本结构和收益结构。

Oliver（2008）商业模式的价值网络要素模型，该模型旨在描绘出价值网中的所有网络嵌入者如何围绕核心企业来创造商业利润。

在国内学者中，主要有：

李振勇（2009）的四要素构成模式：融资模式、营销模式、管理模式及生产模式。该要素模式主张企业的商业模式构成要以客户的价值最大化以及客户需求解决方案作为商业模式的逻辑起点，强调要以企业商业模式的内外要素共同作用来实现企业系统的最优运转。

魏炜和朱武祥（2010）的六要素模式：市场定位、业务系统、核心资源能力、盈利模式、现金流结构和企业价值。他们的商业模式要素构成强调如何对利益相关者之间交易结构进行有效及合理安排。

张维迎（2009）的七要素模式：产品和服务的解决方案、接触客户的新途径、客户关系、商业生态系统、便利、富有弹性的价格体系和快速反应的结构体系。该要素模式侧重于企业商业模式对于外部环境（客户关系、技术变革、商业生态、国家政策等）的反应速度和创新弹性。

在实践界，Google公司将自身的商业模式要素概括为“围绕搜索服务向第三方要利润的收益模式”（黄志平，2009）；IBM全球企业咨询服务部（2008）将商业模式的构成要素概括为：产品和服务、目标市场、业务流程和社会基础。实业界在总结公司的商业模式时更倾向于企业的行业经验提炼，并以此判断自身商业模式是否在有效运转。2017年，小米公司重新定义了小米的商业模式是“铁人三项”，即硬件+新零售+互联网，这也意味着小米是一家手机公司，也是一家移动互联网公司，更是一家新零售公司。

尽管学界及实业界并未获得一致的商业模式基本要素构成认知，但绝大多数学者均认同“价值主张、价值生产、价值传递、价值获取”是构成企业最基本的商业模式的要素，这一逻辑清楚地说明了公司收入的来源和产生收入的过程。

四、商业模式与相关概念的区别与联系

（一）商业模式与经营系统

商业模式与经营系统之间既存在差别，又相互联系。经营系统是一种创造价值、向顾客传递价值的运作系统或企业的商业活动系统，至少包含企业的内部活动组织和外部的交

易关系，涉及一系列企业活动的组合。商业模式更关注价值创造与价值获取的商业逻辑，是企业经营系统与其他相关要素在企业层面的宏观架构。商业模式已经超越了企业边界，涉及核心企业和其他合作企业之间的利益关系，是高于企业经营系统的构念。

（二）商业模式与盈利模式

盈利模式和商业模式经常混为一谈，实际上两者存在质的差异。商业模式包含价值主张、价值创造、价值获取等一系列环节，而盈利模式仅仅反映了企业价值获取的机制，是商业模式运行的结果。在商业模式研究的早期，虽然把商业模式等同于盈利模式，以获取超额利润为终极目的，但这是一种狭义的界定。事实上，盈利模式只是构成商业模式的一小部分，甚至对于很多初创企业而言，虽然拥有能够创造价值的商业模式，但短期内可能并没有形成稳定的盈利模式。

（三）商业模式与战略

商业模式与战略是最为相近的一组构念，非常容易混淆，但本质上，两者还是有区别的。首先，从定义来看，商业模式试图解决企业如何创造价值并最终获取价值的商业逻辑，其关注的是与利益相关者之间的联结架构；而战略则是基于资源有限条件下的竞争策略，以目标市场、潜在顾客及产品为基础，旨在通过一系列战略行为获得竞争优势，其主要关注的是企业的行为或战略选择。简言之，战略是以竞争性行为打败竞争对手的策略组合，关注企业未来的发展，而商业模式则是以价值创造为核心，规避市场激烈竞争的行为选择。其次，从管理行为过程来看，一个商业模式是针对特定机会组织资源配置活动，战略是针对外部环境去最优化配置效果的过程，包括去改变配置、转换机会，或者寻求新的机会的可能。与机会识别和开发相关的认知过程可能是，也可能不是来源于企业层面的战略思维，而创建企业的决策是基于开发机会的或明或暗的商业模式（Gerard George；Adam J. Bock，2010）。

商业模式与战略之间是互补关系。Zott & Amit（2008）通过多层级的 OLS 回归分析发现，商业模式与产品市场战略是两个各具特色的构念，它们都将会对企业市场价值的提升产生影响。具体而言，商业模式与战略二者对企业的绩效会产生交互影响（两个构念会单独对企业的绩效产生积极的影响），其中创新型商业模式与产品市场战略（三种战略中的任意类型，如成本领先战略）会对企业绩效产生积极的正向交互作用。即使是企业采用夹在中间的产品市场战略（如同时采用差异化和成本领先战略），以及兼顾创新型和效率型商业模式，它们对企业的绩效都会产生不同的影响。故他们的实证分析验证了商业模式与战略之间是一种相互补充的关系，而并非相互替代的关系。以低成本战略取胜的沃尔玛和以直销见长的戴尔公司也离不开它们独特的商业模式和战略匹配，表现在沃尔玛的供应链管理系统和戴尔的聚焦大客户战略同样也是成功的。

（四）商业模式与价值链

波特教授（Porter，1985）将单个企业的价值创造活动分为基本活动和辅助活动两个大类，并将价值链定义为一个商业系统，用以满足终端用户的价值诉求，实现企业的利润目标及竞争优势。具体而言，Porter的价值链强调单个企业的价值创造过程，即企业从产品的设计和开发到原材料采购和中间品投入、营销程序以及对最终客户的服务等价值创造的循环过程。相反，商业模式是由一系列相互依赖活动组成的体系，这个体系由核心企业扩展到多个合作企业或利益相关者，它们共同创造价值并分享价值。将商业模式扩展到核心企业边界之外，意味着价值链分析需要从单个企业扩展到多个企业，商业模式的构成要素、资源与活动配置不仅要考虑企业内部的基础活动和辅助活动，更需要考虑到将哪些活动转移给外部利益相关者来完成，由此会决定核心企业的资源配置方式，进而改变核心企业和外部合作方各自的价值链构成。由此可见，商业模式的内涵和外延既继承了价值链的基本主张，又对价值链的讨论范围和深度进行了质的拓展（夏清华，2013）。

总之，商业模式与战略一样均追求价值和企业竞争优势的获取，但商业模式更注重共同利益的创造，这种价值和利益的创造可以来自传统的线性价值链（如传统的制造类企业价值链），也可以来自非线性的价值网络（新型企业组织如虚拟企业、网络型企业），这取决于企业所处的行业特征和企业属性。有了战略、价值链以及价值网络理论这些参照系或理论基点，商业模式的研究和讨论便有了更为广阔的平台：我们既可以从战略与商业模式的交互关系推进商业模式的深入研究，也可以从价值链出发来探讨商业模式的主要特点，更能从网络理论层面来探讨新型企业组织形式的价值创造和价值获取过程。

第二节　商业模式设计原理

商业模式不是创业者臆想的结果，而是要培养特殊的设计思维，遵循一系列既定的设计流程，以此来完成具体的商业模式设计。

一、商业模式设计的内涵

商业模式设计在整个商业活动中处于非常重要的位置，是整个商业系统中不可或缺的一环。美国联合包裹公司于2009年发布的《UPS亚洲商业监察》调研报告显示，在面对全球经济环境骤变的情形下，中国大陆93%的中小企业倾向于重新设计商业模式。

商业模式设计的构念雏形来源于Amit & Zott（2001）的研究，他们在回顾分析传统理论的基础上，以欧美59家电子商务企业为研究对象，通过案例研究发现了电商企业价值创造的源泉有四种途径，分别是：效率（efficiency）、互补性（complementarities）、锁定性（lock-in）和新颖性（novelty）。在这两位学者后续的一系列研究中，进一步将商业模式设计的主题划分为创新型和效率型，其中效率型商业模式设计关注企业如何降低交易成本、提升效率；创新型商业模式设计关注企业如何运用全新的技术、活动、管理方法、交易机制等，实现战略资源潜在经济价值的最大化开发（Zott & Amit，2007，2008，2010）。

针对创业企业而言，在设计商业模式时应该考虑三个方面。第一，将商业模式的构成要素概念化，明确这些构成要素的基本内涵，如价值主张、盈利模式、内部流程等。第二，以企业自身所拥有的资源、能力、产品及服务为基础，将商业模式的各构成要素进行组合，从而形成独特的商业模式。第三，在要素组合的基础上，进一步建立并逐步完善企业的制度规则，将商业模式制度化（Morris et al.，2005）。

综合以上观点不难发现，商业模式设计的本质是对商业模式各构成要素、要素间关系及要素主体进行系统性的构思、建构的过程。企业一方面要跨越组织边界，与外部利益相关者建立某种联结，同时也要确保内部各个系统之间相互协调配合，这都是商业模式设计需要解决的问题。每一个企业管理者或创业者，都应该成为商业模式设计的“建筑师”。

二、商业模式设计思维

商业模式设计虽然是以环境信息中客观的因果关系为依据，但事实上，构成商业模式的要素及要素间关系是商业模式设计者主观认知图式的映射。在认知视角下，商业模式设计的起点是存在于设计人员大脑中的认知图式，通过对认知图式的组合利用，首先在大脑中形成一种有关商业模式的结构假设，然后将这种结构假设进一步转化为现实的商业模式的客观结构（Martins et al.，2015）。所谓的认知图式，其本质是一种思维逻辑或思维过程。所以说，商业模式设计思维决定了商业模式设计的结果。

前面提到了两种基本的商业模式设计主题，分别是效率型和创新型，两者对组织的资源、能力、结构等各方面要素都有不同的要求，企业很难同时设计出兼顾效率与创新的商业模式。即便存在这种可能，也会对企业提出较高的要求，而且这种复合的商业模式设计往往会适得其反。因此，企业会依据组织资源、内部结构和外部环境等因素，选择合适的商业模式设计主题。如吕鸿江等（2016）研究发现，当企业所处的环境比较稳定、组织结构简单、战略及目标相对单一时，效率型商业模式是设计的首选；相反，当企业的组织结构复杂、拥有多元化的战略并处于复杂动态的环境下时，应选择创新型商业模式。企业到底是选择效率型商业模式还是创新型商业模式，这本身就是一种商业模式的设计思维，这种二元性的思维是建立在企业的资源禀赋、技术能力和组织结构的基础上的，是企业在商业模式设计之前应该具备的思维逻辑。

在设计商业模式的过程中，设计者要具有以客户为中心的商业模式设计思维。对客户的深入理解有可能会发现全新的机会，对客户需求的精准把握有助于指导商业模式设计的进程。客户视角是商业模式设计的指导原则，客户的需求和观点决定了价值主张、价值网络、收益来源等商业模式的构成要素。以客户为中心的商业模式设计和以组织为中心的商业模式设计是两种完全不同的思维方式（如图 5-1），企业需要做的就是即刻转变设计的视角。

在商业模式设计的后期，企业不应该仅仅设计一套商业模式的模型，而是要通过对商业模式各构成要素的增减变动和随机组合，同时构建多个商业模式模型，然后对不同的模型进行比较分析和深入讨论，最终确定切实可行的商业模式。商业模式不是一成不变的，也不存在唯一科学的商业模式。设计者要具有动态性的、系统性的思维逻辑，不断地对商业模式的初始模型进行调整，尝试着去增加或剔除一些要素，亦或改变要素间的联结关系，观察调整后的商业模式会发生什么变化，这种变化是优化了还是削弱了先前模型的功

以客户为中心	以组织为中心
* 我们的客户需要完成哪些工作？我们如何帮助他？	* 我们能卖什么给客户？
* 我们的客户有何种抱负？我们如何帮助他们成就自我？	* 我们如何能有效地连接客户？
* 我们的客户倾向于以何种方式接触？作为一家企业，我们如何能以最合适的方式融入他们的日常工作？	* 我们需要和客户建立什么样的关系？
	* 我们如何从客户身上赚钱？

图 5-1　两种思维下的商业模式设计

资料来源：亚历山大·奥斯特瓦德，伊夫·皮尼厄．商业模式新生代．北京：机械工业出版社，2017.

效。总之，完美的商业模式往往来自深层次的探究，是对商业模式各要素及要素间关系深入理解的结果，也是全新的商业模式设计思维替代陈旧的设计思维的必然产物。图 5-2 描述了商业模式设计过程中新旧思维的不同。

旧思维	新思维
* 少数几种商业模式主宰了一个行业	* 多种多样的商业模式在一个行业中共同繁荣
* 由外而内：行业决定商业模式	* 由内而外：商业模式改变行业
* 直线思维	* 机会思维
* 商业模式一成不变	* 探索商业模式
* 聚焦执行	* 聚焦设计
* 聚焦效率	* 聚焦价值和效率

图 5-2　新旧商业模式设计思维的差异

资料来源：亚历山大·奥斯特瓦德，伊夫·皮尼厄．商业模式新生代．北京：机械工业出版社，2017.

三、商业模式设计流程

商业模式设计需要遵循既定的流程，不同企业之间的设计流程可能有所不同，但一般都会包含 5 个阶段，分别是：动员、理解、设计、实施和管理（奥斯特瓦德、皮尼厄，2017）。这 5 个阶段不一定呈现出线性结构，理解和设计阶段往往会同时出现。具体来讲，在理解阶段可能会进行简单的商业模式设计，粗略的勾勒出商业模式的框架；在设计阶段，有可能会出现新的想法或面临新的事物，需要进一步回归到理解阶段加以研究。下面将对这 5 个阶段进行详细解释。

第一，动员阶段。该阶段主要是对商业模式设计做前期的准备工作，比如让大家了解商业模式设计的必要性和重要性，建立统一的语言来描述、设计和分析商业模式。动员阶段的主要活动包括制定商业模式设计项目的目标框架、验证最初的商业创意、制定具体的设计计划和组建合适的团队。不同的设计项目对人员的要求有所不同，如何组建合适的设计团队，发挥团队成员的经验、知识和技术优势，是商业模式设计成功的关键。该阶段应当避免对某一商业模式创意的过于自信，而是要探索所有的可能性，寻找最有价值的途径。

第二，理解阶段。该阶段的目标是深入分析商业模式设计所涉及的要素，对商业模式的内外环境建立深刻的理解。理解阶段的主要活动包括扫描环境、研究潜在客户、访谈专家、搜集信息和创意、调研相关案例等。设计团队需要深刻了解客户、市场、环境和技术等因素，并通过信息搜寻和信息获取，形成有价值的商业模式创意。当下的商业实践中，仅靠模仿目标企业的商业模式是不太可能成功的。因此，在理解阶段，需要对已有商业模式案例进行深入的分析与讨论，在此基础上挑战行业中既有的商业模式类型，突破传统规则约束。

第三，设计阶段。该阶段主要是将所获得的信息和创意转化为可被开发和验证的商业模式，涉及的活动包括头脑风暴、商业模式建模、验证和甄选。通过头脑风暴可以获得多样性的创意，尤其与企业其他部门的人员一起探讨时，效果更加明显。有了创意之后，通过建模可形成多个不同的商业模式备选方案，然后对不同方案进行深入分析和讨论，验证方案的可行性，最终选择最优的商业模式设计。该阶段要避免以偏概全，过分夸大某一创意或商业模式方案的价值，而是要客观地、深入地探究不同方案背后潜在的真正价值。

第四，实施阶段。该阶段主要是将商业模式设计的结果投入商业实践中，让其发挥价值的过程。在实施商业模式时，要管控不确定性因素，建立相应的机制，并根据情景变化对商业模式做出及时的调整。对于在位企业而言，还可能面临着如何对接新旧模式的难题，如何让新旧模式相辅相成，实现价值增值。

第五，管理阶段。该阶段是企业根据市场反应，建立相应的组织结构或管理机制，持续的对商业模式进行监控、评估、调整和优化。管理阶段涉及的活动主要是对内外环境的管理和对多个商业模式之间的协同和冲突的管理，有针对性的更新、评估和调整现有商业模式。商业模式一经形成，短期内会相对稳定，但这种稳定性可能会越来越不能满足商业实践的要求。企业需要具有长远的眼光，保持主动性，不要陶醉于一种商业模式做温水中的青蛙。

第三节 商业模式设计方法

商业模式设计应遵循一系列方式方法，好的方法能够指导商业模式设计的详细过程，使抽象的商业模式设计变得有章可循。目前，有三种商业模式设计方法，分别是：机会与模式匹配方法、战略与模式匹配方法和商业模式画布。本节在介绍商业模式设计方法的基础上，结合商业模式设计思维，提出了商业模式设计的整合框架。

一、机会与模式匹配方法

机会往往是商业模式设计的起点，采用机会与模式相匹配的方法，能够实现机会背后潜在的经济价值。一直以来，商业机会或创业机会是学术研究及商业实践关注的焦点。很多创业者投身于创业事业并建立新企业，其前提是洞察到或掌握了某种创业机会；很多在位企业进行商业模式变革，是发现了企业自身的不足及可被开发利用的商业机会。何为机会？机会是顾客未被满足或潜在的需求，是企业潜在的商业创意或收益来源。如何挖掘机会背后的经济价值，需要有与机会相匹配的商业模式设计方案。

商业模式不是横空出现的，也不是设计人员臆想的结果。好的商业模式设计必须与机会相匹配，关注机会的市场特征和产品特征，即商业模式设计不能脱离机会所在的市场以及与机会相关联的产品属性。关于机会从何而来，当下有两种主流的观点，分别是发现观（discovered）和构建观（constructed）。发现观认为，机会客观存在于现实世界中，是由有能力的、独具慧眼的人发现的。在这种观点下，机会具有情景嵌入性，不能独立于其存在的客观环境，是不以人的主观意识为转移的。商业模式设计需要深度考虑机会所在的市场复杂性、变动性及外部利益相关者等因素，注重与外部环境保持平衡。这样设计的商业模式可能具有一定的被动性，完全服务于某一特定的机会，属于机会驱动型的商业模式设计。但只要机会与模式能够完美融合、相互匹配，同样可以创造价值。构建观认为，机会不是预先存在于客观环境中被发现的，而是相关人员通过对环境、市场、顾客的深入理解与迭代思考，主动创造的产物。阿里巴巴的“双十一”购物节就是典型的被构建的商业机会。该观点下，机会出现的原因是企业家或创业者对商业实践的思考与想象，而不是环境的外生性。构建的机会往往是基于企业在长期的经营过程中，对实践的深入理解和对资源、能力等随机组合的结果，也是创业者创造性想法与实践结合的产物。企业家或创业者在构建机会的同时，可能已经拥有了与机会相关的具体产品或产品构思。此时，商业模式设计应该着重考虑企业自身的知识能力、资源状况，关注机会的产品特征，使设计的商业模式能够开发所创造的机会的潜在价值。

以上从发现观和创造观分别论述了商业模式设计与机会的关系。其中发现观强调商业模式设计应该与机会的外部环境和市场特征相匹配；而创造观认为，商业模式设计应该与机会的内部资源和产品特征相匹配。现实的商业实践是复杂的，不可预测的，机会既有可能被发现，也有可能被创造，两者不是替代的关系。但无论机会从何而来，只要采用机会与模式相匹配的方法，关注机会的市场特征和产品特征，最终设计的商业模式都是可以创造价值的。

二、战略与模式匹配方法

战略与商业模式之间存在着密切的联系，两者相互匹配、共同作用于企业绩效（Zott & Amit，2008）。商业模式是一个系统的架构，往往比企业战略更为普遍，但只有将两者结合起来，才能获得持续的竞争优势（Teece，2010）。因此，在设计商业模式时，就应该与企业战略相互关联，采用战略与模式匹配的方法。

从公司层面讲，一般有稳定型战略、增长型战略和收缩型战略，不同的战略类型对应的商业模式也不相同。稳定型战略的特点是缺乏重大变化，企业维持基本的市场份额，向目标顾客提供同样的产品或服务。在这种战略指导下，构成商业模式的各个要素也相对稳定，如企业可能会延续以往的价值主张，维持先前的价值创造机制。这是一种平稳的、渐进式的商业模式设计。增长战略意味着企业需要扩大市场份额，往往通过直接扩张、并购和多元化的经营方式实现。设计商业模式时，需要考虑增加哪些核心业务？向新的顾客群体传递什么样的价值主张？如何与供应商和代理商之间建立价值创造网络？实施多元化经营的成本结构及所需的资源是什么？总之，增长战略下的商业模式设计不是对已有商业模式的微调，而是变革性的全新设计。收缩战略是企业减少经营的范围或规模，对应到商业模式设计时，需要考虑：应该与哪些既有市场或目标客户断绝联系？缩减哪些核心业务？如何维护客户关系？是否需要改变价值主张？收缩战略是一种迫不得已、短期性的战略，往往意味着企业的经营环境发生了重大变故。正因为如此，需要有与之匹配的商业模式设计，保证战略的顺利执行。

从竞争层面讲，典型的竞争战略有成本领先战略、差异化战略和聚焦战略三种类型。竞争战略能否发挥作用，同样需要合适的、与之匹配的商业模式设计。成本领先战略的核心是努力降低成本，低成本可以带来低价格，从而维持企业竞争优势。要做到低成本，企业必须严格管控内部流程，提升效率。这种战略类型恰恰对应的是效率型商业模式设计，即关注企业如何降低交易成本，提升各环节的运营效率。差异化战略的目的是为顾客提供与竞争对手有差别的产品或服务，这类产品或服务能够满足顾客特殊的价值诉求。要想实现差异化，企业必须对产品、服务、流程等进行一系列创新活动。这种战略类型对应的是创新型商业模式设计，它强调运用全新的技术、管理办法、活动、交易机制等，实现价值的创造。聚焦战略是针对某一特定的市场或顾客群体而实施的，可进一步细分为聚焦成本领先战略和聚焦差异化战略。这种战略类型较为复杂，对企业的资源、能力、技术及商业模式也提出了较高的要求。聚焦战略下的商业模式设计是效率型和创新型的结合体，企业既要考虑如何降低交易成本并提高效率，也要考虑对新技术、新方法的使用，保证持续创造价值。

三、商业模式画布

商业模式画布是由 Osterwalder & Pigneur（2010）提出的，它被用于直观地描述、评估并改变一个商业模式，是当下主流的商业模式设计方法。该方法涵盖了一个商业体的客户、产品或服务、基础设施和金融能力 4 个方面，具体涉及 9 大要素，分别是：客户细分（customer segments）、价值主张（value propositions）、渠道通路（channels）、客户关系（customer relationships）、收入来源（revenue streams）、核心资源（key resources）、关键业务（key activities）、重要合作（key partnerships）和成本结构（cost structure）（见图 5-3）。下面对商业模式画布的构成要素进行详细说明。

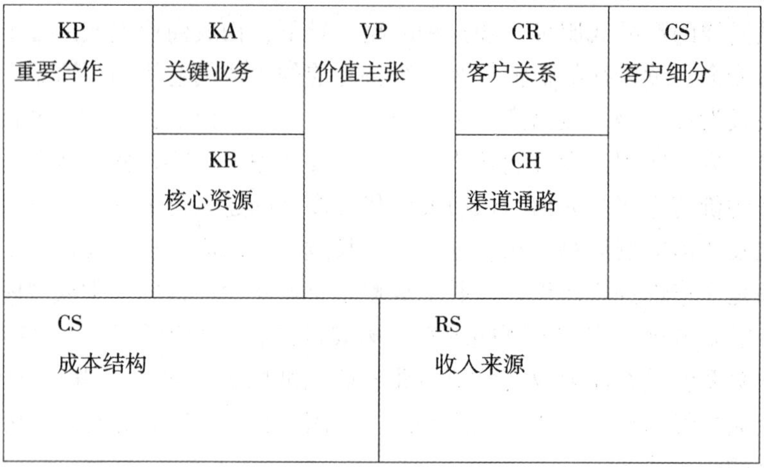

图 5-3　商业模式画布

资料来源：亚历山大·奥斯特瓦德，伊夫·皮尼厄．商业模式新生代．北京：机械工业出版社，2017.

（一）重要合作

重要合作描述的是商业模式顺利运行所需的供应商和合作伙伴网络。企业不可能拥有创造价值的所有资源，构建恰当的合作关系和合作网络对于企业成长至关重要。一般而言，企业可以通过多种途径建立合作网络，如同非竞争者构建战略联盟、与竞争者建立战略合作关系、为开发新业务与其他企业建立合资关系、为保证资源供应与供应商建立联系等。商业模式设计时，要明确：谁是我们的关键合作伙伴？谁是我们的关键供应商？我们从合作伙伴那里获得了哪项核心资源？我们的合作伙伴参与了哪些业务？通过对以上问题的深入分析，有助于企业优化自身的商业模式。

（二）关键业务

关键业务描述的是企业为保障商业模式正常运行，所需要进行的关键业务活动。一般而言，生产是商业模式中占支配地位的业务活动，生产涉及对产品的设计、制造等环节。生产能够创造价值，是财富分配的前提。当然，对于一些非制造业企业或公共事业单位，商业模式包含的关键业务是通过知识管理或持续培训，提供某一解决方案，如医院、咨询公司等。另外，对于一些平台型或网络型企业，商业模式的关键业务活动应该与平台/网络密切相关，如平台管理、平台升级等。设计商业模式时，需要明确：我们的价值主张需要哪些关键业务？我们的分销渠道需要哪些关键业务？客户关系的维系需要哪些业务？收入来源需要哪些关键业务？

（三）核心资源

核心资源描述的是企业为保障商业模式正常运行，所需要具备的资源、能力、技术等核心要素。资源是企业创造价值、分享价值的基础。企业的核心资源一般包括物质资源、人力资源、知识性资源以及金融资源，不同的商业模式对核心资源的需求有所不同。设计商业模式时，需要明确：我们的价值主张需要哪些核心资源？我们的分销渠道需要哪些资源？客户关系的维系需要哪些资源？收入来源需要哪些资源？

（四）价值主张

价值主张描述的是企业为特定顾客群体提供的，能够为顾客创造价值的产品和服务。这些产品或服务可能让顾客感受到了全新的体验，满足了定制化的需求，也可能设计精美、价格低廉、具有较强的实用性等。一般而言，有太多的产品或服务属性能够为顾客创造价值，企业需要深入挖掘这些价值因素，清晰地了解应该向顾客传递什么价值，帮助顾客解决什么问题，满足顾客什么需求，提供哪些产品和服务组合以满足不同的客户群体等。如小米公司最基本的愿景是："让每个人都能享受科技的乐趣"，它采用互联网模式代替了传统的中间环节，大大降低了产品的价格，满足了顾客对低价格的价值诉求。

（五）客户关系

客户关系描述的是企业与目标客户群体之间所建立的关系类型。如基于人际互动的私人服务关系、为顾客指定固定客户经理的专属私人服务关系、提供自助渠道的自助服务关系、将自助服务和自动化流程结合的自动化服务关系、以在线社区为媒介的社区关系，以及基于价值共创的客户协作关系。设计商业模式时，需要明确：我们的每一个客户群体期待与我们建立并保持何种类型的关系？我们已经建立了哪些类型的关系？这些关系类型的成本如何？这些客户关系类型与我们商业模式中其他的模块是如何整合的？

（六）渠道通路

渠道通路描述的是企业与顾客群体建立沟通与联系、传递价值主张的路径。一个完善的渠道通路有助于顾客了解并购买企业的产品和服务，评估企业的价值主张，同样也帮助企业向顾客传递价值主张并为顾客提供售后支持。设计商业模式时，需要明确：我们的客户希望以何种渠道与我们建立联系？如何建立这种联系？我们的渠道是如何构成的？哪个渠道最有效？哪些渠道更节约成本？我们如何将这些渠道与日常客户工作整合到一起？

(七) 客户细分

客户细分描述的是企业希望获得的和服务的目标人群及组织。为了更好地服务客户，企业应当按照行为、特征和需求的差异，将客户细分为不同的群组，然后慎重地选择服务于哪些客户群体，以及忽略哪些客户群体。企业始终要清楚，到底为谁创造价值？谁才是企业最重要的客户？

(八) 成本结构

成本结构描述的是执行商业模式所涉及的全本成本，如固定成本、可变成本等。设计商业模式时，有成本导向和价值导向两种类型。成本导向的商业模式设计追求成本最小化，如提供低价的价值主张；价值导向的商业模式设计关注价值创造，如高度的个性化服务。大多数商业模式的成本结构是介于两者之间的。设计商业模式时，应当掌握：商业模式中最重要的固有成本是什么？最贵的核心资源是什么？最贵的关键业务是什么？

(九) 收入来源

收入来源描述的是企业从目标客户群体中获得的扣除成本的现金收益。商业模式中包含的收益来源一般有两种类型，其一是客户一次性支付产生的交易收入，其二是客户为价值主张和售后服务所支付的持续收入。收入的来源有很多，如资产销售、使用费、会员费、租赁费、许可使用费等，但企业需要明确：究竟何种价值是让我们的客户真正愿意为之买单的？客户目前正在为之买单的价值主张是哪些？客户目前使用的支付方式是什么？他们更愿意使用的支付方式是什么？每一个收益来源对于总体收益贡献的比例是多少？

四、商业模式设计的整合框架

商业模式设计是一项复杂的、系统的工程。复杂性体现在突破传统的设计思维和多种设计方法的协调上，用新思维替代旧思维、改变企业的本位主义并建立以顾客为中心的思维逻辑是复杂的；不同设计方法各有所长，如何整合和协调多种设计方法的优势使价值最大化同样是复杂的。系统性体现在商业模式设计是对所有构成要素的设计，不同要素之间紧密联系、环环相扣，设计过程中需要将不同构成要素看作一个系统。基于上文对商业模式构成要素、设计思维和设计方法的论述，本书提出了商业模式设计的整合框架，从系统层面阐释商业模式设计的具体过程（见图 5-4）。

整合框架中，价值主张、价值共创、价值分享和价值获取的构成要素是商业模式设计的对象，商业模式设计的本质是对各构成要素、要素间关系及要素主体进行系统性的构思、建构的过程。在商业模式构成要素中，价值共创、价值分享和价值获取的过程已经超越了企业边界，在跨企业的价值网络中进行。商业模式设计思维能够指导具体的设计过程，其中“效率或创新”的二元性思维决定了企业最终会设计出效率型还是创新型的商业模式；以顾客为中心的思维逻辑突破了企业本位主义，转变了商业模式设计的视角；新思维替代旧思维是商业模式设计的趋势，新思维有助于深度挖掘商业模式，聚焦价值和效

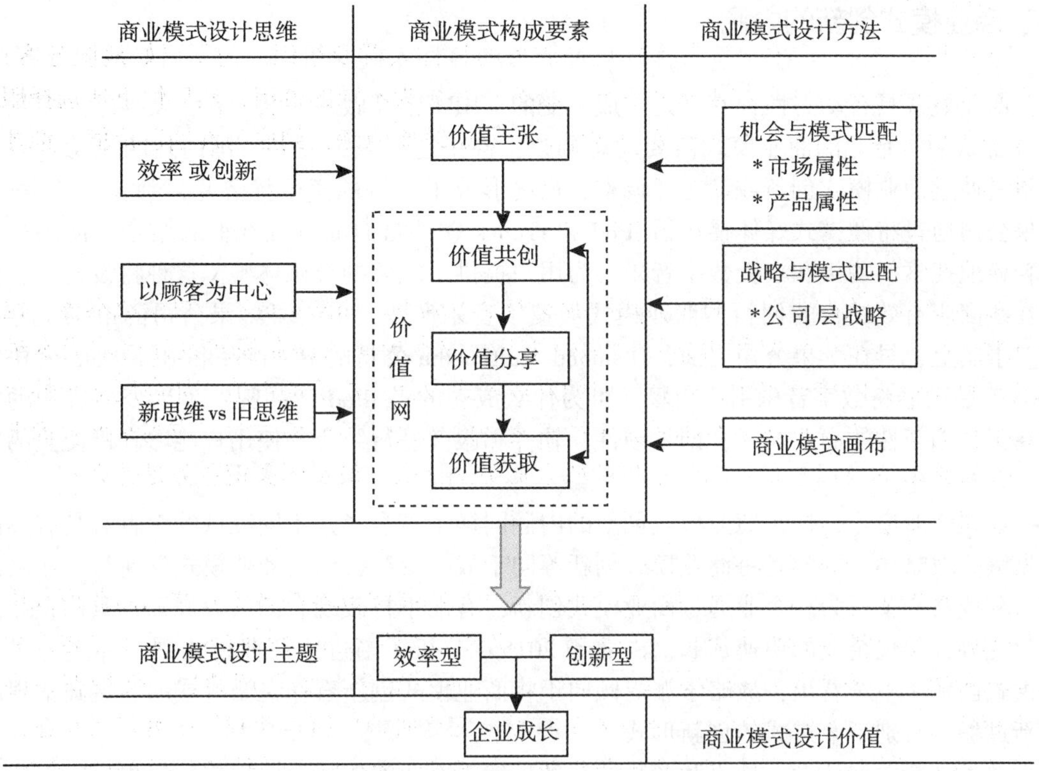

图 5-4　商业模式设计的整合框架

率。商业模式设计方法包括机会与模式匹配法、战略与模式匹配法和商业模式画布，不同方法的聚焦点各不相同，其中机会与模式匹配法关注商业模式与机会的市场属性和产品属性的匹配程度，战略与模式匹配法强调商业模式设计应遵循企业的公司战略或业务战略，商业模式画布依据九大要素，从成本-收益视角指导商业模式设计。综上所述，也可以将商业模式设计理解为：运用具体的设计思维和设计方法，对商业模式构成要素的系统性建构。建构的结果是形成了效率型和创新型的商业模式设计主题。无论是效率型商业模式还是创新型商业模式，最终都会促进企业成长，而这正是商业模式设计的价值所在。

第四节　商业模式创新

商业模式创新作为企业层面系统化的活动，其创新的效率和效果直接关乎企业的生死存亡，因此，商业模式创新是企业经营过程中非常重要的内容之一。本节首先基于不同的理论视角，阐释商业模式创新的内涵；然后结合企业管理实践分析商业模式创新的障碍；最后提出商业模式创新的具体步骤和绩效评估。

一、商业模式创新的内涵

商业模式具有动态性，它不是一成不变的。IBM 曾经做过一项调查，发现绝大多数的 CEO 都认为，企业的商业模式需要动态调整，甚至进行重大变革。国内外的成功企业无一不是通过商业模式创新或动态性调整，最终形成了独特的竞争优势并得到长足的发展。苹果公司通过将便携式媒体播放器 iPod 和 iTunes 软件与 iTunes 在线商店结合，使用户能够轻松地搜索、购买和享受数字音乐，为用户提供了完美的音乐体验。这种将设备、软件和在线商店有效结合的创新型商业模式颠覆了音乐产业，确立了苹果公司的市场主导地位。事实上，早在苹果公司之前，Diamond Multimedia 公司的 Rio 产品和 Best Data 公司的 Cabo 产品已经将数字音乐引入市场，可为什么成功的是 iPod 产品呢？苹果公司成功的关键在于其创新性的商业模式，即将硬件、软件和服务进行结合，使用户能够轻松便捷的下载、存储音乐。

如同商业模式一样，商业模式创新的内涵同样丰富多彩，不同领域的学者对其有不同的见解。战略学派的学者将商业模式创新等同于战略变革，认为商业模式创新是企业层面的一种战略变革行为。企业通过商业模式创新，有助于打破既有的行业规则，重构企业的竞争优势，实现企业的快速成长。Souto（2015）分析了渐进式商业模式创新和激进式商业模式创新，不难看出，战略学派更倾向于将商业模式创新看作是激进式的、突破常规的创新过程，有别于渐进式的创新形式。

技术创新学派认为，技术和产品的创新虽然对企业的成长至关重要，但想要实现技术和产品的潜在经济价值，必须依赖商业模式创新。因此，技术创新学派将商业模式创新看作是实现技术及产品所蕴含的潜在经济价值的过程，强调商业模式创新对技术创新的重要性及两者的匹配性。商业模式创新虽然并不一定要基于一项新的技术，但新技术往往会催生出商业模式创新（Velu，2015）。

营销学者主要基于顾客和消费者探讨商业模式创新的源头，其中主流的观点认为，商业模式创新是由主动性市场导向所驱动的。也就是说，企业通过主动地挖掘消费者的潜在需求，创造新的市场及顾客，以市场需求和消费者需求为导向，进行主动的商业模式创新。

研究商业模式的学者认为，商业模式创新是一种系统性创新，其本质是对商业构成要素的重新组合或变革，涉及对价值主张、运营模式及盈利模式等多个环节的重新设计，以此来构建企业系统层次的竞争优势（王雪冬，董大海，2013）。

综上所述，虽然不同学派对商业模式创新的关注点各不相同，但整合各个观点后不难发现，商业模式创新是一种组织层面的系统变革，将涉及原有商业模式的构成要素、内容以及要素之间的关系架构进行局部或者大范围的调整和更改（夏清华，2013）。

二、商业模式创新的障碍

虽然商业模式创新对企业而言很重要也很必要，但与技术创新和产品创新相比，商业模式创新往往难以实现。这是由于商业模式具有系统性的特征，是企业核心活动之间及外部利益相关者之间相互关联的架构，所以商业模式创新是一项“牵一发而动全身”的系统工程（夏清华，娄汇阳，2014）。受内外因素的影响，商业模式创新过程中存在着诸多障碍。

（一）认知惯性或认知锁定

企业领导者的认知惯性制约着商业模式创新。对于在位企业而言，领导者的认知惯性表现为对企业过去成功经验的高度认可，以及对新商业模式的价值认识不足。在这种情况下，领导者认为当前的商业模式是切实可行的，可以为企业带来价值，因而会沿用既有的商业模式，不会进行商业模式创新。对于新创企业而言，制约商业模式创新的认知惯性主要来源于企业创始人的教育背景、经验、知识等，创业者根据自己已有的思维方式设计具体的商业模式，但这种商业模式不一定具有创新性（Sosna，2010）。另外，很多新创企业都是由创业团队共同组建的，团队成员之间一方面很难形成一致性的共同认知，另一方面，为了维护团队关系，成员往往不会反对其他人的意见或观点，这会形成认知锁定效应，同样会约束商业模式创新。

（二）企业资源或能力的专用性

商业模式创新离不开企业资源和能力的支持，但主导商业模式与企业的核心资源和能力形成了锁定效应，使资源和能力具有专用性特征，导致商业模式创新缺乏必要的物质基础。部分企业虽然进行了商业模式创新，但新旧商业模式之间存在“互噬”现象，导致企业在资源配置过程中出现冲突，降低了商业模式创新的价值（Øiestad & Bugge，2014）。因此，企业在进行商业模式创新时，需要建立起必要的资源、技术和能力体系，或者解除现有资源的专用性特征，以保证商业模式创新成功的可能性。

（三）组织结构的紧密耦合

人们普遍认为，组织结构与战略密切相关，是影响战略成功与否的关键。同样，组织结构也会对商业模式创新产生巨大的作用。在现有商业模式的运作下，组织结构各构成要素之间形成了稳定的关系，彼此相互协调，具有较高的耦合性。组织结构的耦合性是一把“双刃剑”，它增加了商业模式的稳定性，同时也削弱了商业模式的适应性及创新性（夏清华、娄汇阳，2014）。无论是在位企业还是新创企业，在商业模式创新或设计时，都需要有灵活的组织结构安排，确保企业能够对环境变化做出迅速而有效的反应。

（四）市场情景因素

商业模式创新的结果必然要参与到市场竞争中，并在竞争中检验其有效性。市场中存在的诸多因素决定了企业能否持续进行商业模式创新。如市场复杂度、文化差距、制度缺失、设施不完善、市场动态性、市场不确定性等因素，都是商业模式创新进程中面临的挑战。企业如何克服市场情景因素所带来的风险与挑战，保证商业模式创新的顺利实施，是困扰企业领导者及创业者的一大难题。

（五）利益相关者抵触

在价值网络中，一家企业的商业模式创新最终会导致所有网络主体的价值发生改变。如果商业模式创新不但没有增加利益相关者的价值，反而削弱了他们的既得利益，那么企业往往会遭受利益相关者的抵触，使创新受阻。利益相关者虽然与企业同处于特定的价值网络中，但他们的选择更加丰富。当商业模式创新侵害了利益相关者的价值时，他们极有可能会转向企业的竞争对手，这同样会导致企业的商业模式创新以失败而告终。因此，企业在进行商业模式创新时，一定要参考价值网络中其他主体的商业模式变化，以及与利益相关者的关系变化，做出恰当的、及时的调整，保证商业模式创新能够与整个价值网络相匹配（吴晓波，赵子溢，2017）。

三、商业模式创新的执行与有效性评估

商业模式创新在具体的执行过程中，需要遵循一系列步骤与方法。本书基于商业模式“价值主张、价值创造与传递、价值获取”的核心要素分析框架，提出商业模式创新的五个步骤和方法。

1. 界定企业所处的行业环境及成长阶段，提出与战略目标一致的商业模式创新的目标。通常，商业模式的目标可以类似于产品市场目标。第一，满足市场：满足未被响应的市场需求，或应对显性商业模式中出现的危机；第二，投放市场：把新技术、新产品或服务推向市场或利用现有的知识产权，它需要调整、改进或稳固现有的商业模式；第三，改善市场：改善或颠覆现有市场，它需要推出新的技术、产品或服务；第四，创造市场：创造一种全新的业务，它要求企业具有主动性和探索性，为将来做好准备。

2. 企业自身价值与客户价值诉求假设：一个商业模式能否持续赢利，与该模式能否使客户价值最大化有必然联系。一个不能满足客户价值的商业模式，即使赢利也一定是暂时的、偶然的，是不具有持续性的。反之，一个能使客户价值最大化的商业模式，即使暂时不赢利，但终究也会赢利。

做到客户价值最大化要从满足客户需求开始。真实的客户需要具有以下特征：有购买力；目标群体或市场足够大；能够收回投资；具有竞争力；能实现组织目标；企业具备有效的资源和技能。只有满足这些条件，客户价值才能转化为企业价值。设计者或管理者应该思考以下问题：第一，你真的了解消费者的需要吗？第二，如何觉察未被满足的需要？第三，如何识别潜在的需要？第四，需求是如何不断变化的？如何跟上动态的变化？

3. 明确价值创造和获取机制，即如何进行价值创造？如何向顾客传递价值？企业怎样获取价值？Amit & Zott（2012）认为，商业模式创新可以通过多种方式实现：第一，增加新的活动；第二，用新的方式连接这些活动；第三，部分地改变执行这些活动的方式。最终价值的实现需要通过新颖性（体现在活动系统中）、锁定性（商业模式创造了转换成本，或强化激励商业模式参与者维持在活动系统中）、互补性（商业模式活动的相互依赖

性，达到价值强化的效果）和效率性（通过活动系统的相互关系达到成本节约）等四个因素来驱动。

4. 企业商业模式的权衡取舍。当企业面临多业务、多阶段的复杂业务形态时，是选择一种商业模式，还是分别采取不同的商业模式？不同的业务可以有不同的商业模式，不同的商业模式是互补的还是相互替代的？若使用相同的资源和能力，这种情况如何发生？若使用不同的资源和能力，不同的商业模式在业务方面是否相容？对这些问题的决策，需要企业在资源能力与战略目标、短期目标与长期目标之间进行权衡，做到商业模式与战略的完美匹配。

5. 企业商业模式有效性评估比较。首先，单个企业的商业模式的成败与行业的成长性相关，什么时候是检验商业模式的最好时机？是在增长的市场上还是下降的市场上？如何构建商业生态？是否考虑合作伙伴？其次，企业能否从新的商业模式中获益，需要考虑6个问题（Amit & Zott，2012）：（1）商业模式将针对什么样的消费者需要？（2）什么新的活动帮助满足这些需要？（3）这些活动如何用新的方式联系起来？（4）谁能执行这些活动？能发现什么样的新的治理结构？（5）如何为每个股东创造价值？（6）什么样的收入模式适合实施这种商业模式？最后，管理者必须采用系统观来看待这六个问题，针对所有活动之间、收入来源之间的相互依赖性从整体上设计商业模式，最优化每个细节，既能看到森林，又能看到树木（夏清华，2013）。

以上内容阐述了商业模式创新的具体步骤，各个步骤在实施的过程中依然会遇到一些困难，企业要想实现商业模式创新的潜在价值，还需要做好以下几点：

第一，主动管理潜在的障碍。创新的商业模式在实施的过程中，可能会遇到很多阻力，企业应当在动员、理解和设计阶段，主动的管理这部分阻力因素，如让更多的人员参与到商业模式的设计过程中，提前让他们了解新的商业模式可能带来的好处。

第二，获得企业高层的支持。企业领导的认可一定程度上会推动商业模式创新，领导的支持标志着商业模式创新的合法性和重要性。获得企业高层的支持有助于减少商业模式创新在执行过程中的困难。

第三，进行内部沟通活动。创新的商业模式在执行之前，应当在企业内部通过多渠道的、醒目的方式进行内部宣传与沟通，这一方面会打消部分人员的“恐新症”，另一方面，也能帮助企业人员深入地理解新商业模式的原理、机制，保证商业模式的执行效率。

第四，建立商业模式管理机制。新的商业模式可能依赖于既有的商业模式，也可能相对独立，新旧模式之间的关系如何治理，需要有专门的管理机制。管理人员要了解不同模式的范围、所需的资源等，探讨多种商业模式之间协同的可能性，防止不同模式之间出现冲突或对资源的“互噬”。

第五，循序渐进、稳步执行。无论新的商业模式拥有哪些优势，能够创造什么价值，但它毕竟是一个新的事物，需要一定的时间才能被市场、目标客户群体完全接受。新的商业模式需要有计划地、循序渐进地投入到企业的商业实践中，如果操之过急，可能会带来负面效应。

小 结

1. 在强调价值共创的商业实践中，商业模式包括价值主张、价值网络、价值共创、价值分享、价值获取和企业成长 6 个要素，其中价值网络是关键，价值共创、价值分享、价值获取是价值网络的核心环节。

2. 商业模式设计时，需要深入分析客户细分、价值主张、渠道通路、客户关系、收入来源、核心资源、关键业务、重要合作和成本结构 9 大要素，要素之间不同的组合结果会形成差异化的商业模式构型。

3. 商业模式的设计流程并不完全按照动员、理解、设计、实施和管理的线性结构进行，而是存在迭代反复的可能。

4. 商业模式不是设计人员臆想的结果，而是需要遵循基本的设计方法，如机会与模式匹配的方法、战略与模式匹配的方法，以及主流的基于商业模式画布的设计方法。

5. 商业模式不是一成不变的，需要根据外部环境、竞争对手的反应作出创新性的调整。但商业模式创新不是一件易事，往往会遇到诸多障碍。

思 考 题

1. 商业模式的内涵是什么？
2. 商业模式的构成要素有哪些？
3. 如何训练商业模式的设计思维？
4. 商业模式的设计方法有哪些？
5. 商业模式创新的步骤是什么？
6. 如何克服商业模式创新的障碍？

【参考文献】

[1] Chesbrough H, Rosenbloom R S. The Role of the Business Model in Capturing Value From Innovation: Evidence From Xerox Corporation's Technology Spin-off Companies. Industrial and Corporate Change, 2002, 11 (3): 529-555.

[2] 魏炜，朱武祥，林桂平. 基于利益相关者交易结构的商业模式理论. 管理世界，2012 (12): 125-131.

[3] Zott C, Amit R. The Fit Between Product Market Strategy and Business Model Implications for Firm Performance. Strategic Management Journal, 2008, 29 (1): 1-26.

[4] 夏清华. 商业模式的要素构成与创新. 学习与实践，2013 (11): 52-60.

[5] 魏江，刘洋，应瑛. 商业模式内涵与研究框架建构. 科研管理，2012 (5): 107-114.

[6] Coombes P H, Nicholson J D. Business Models and Their Relationship With Marketing: A

Systematic Literature Review. Industrial Marketing Management, 2013, 42 (5): 656-664.
[7] 张敬伟，王迎军. 基于价值三角形逻辑的商业模式概念模型研究. 外国经济与管理，2010，(06): 1-8.
[8] Zott C, Amit R. Business model design and the performance of entrepreneurial firms. Organization science, 2007, 18 (2): 181-199.
[9] Zott C, Amit R. Business model design an activity system perspective. Long range planning, 2010, 43 (2): 216-226.
[10] Morris M, Schindehutte M, Allen J. The Entrepreneur's Business Model: Toward a Unified Perspective. Journal of Business Research, 2005, 58 (6): 726-735.
[11] Martins L L, Rindova V P, Greenbaum B E. Unlocking the Hidden Value of Concepts: a Cognitive Approach to Business Model Innovation. Strategic Entrepreneurship Journal, 2015, 9 (1): 99-117.
[12] 亚历山大·奥斯特瓦德，伊夫·皮尼厄. 商业模式新生代. 北京：机械工业出版社，2017.
[13] Teece D J. Business Models, Business Strategy and Innovation. Long Range Planning, 2010, 43 (2): 172-194.
[14] 姚明明，吴晓波，石涌江，戎珂，雷李楠. 技术追赶视角下商业模式设计与技术创新战略的匹配——一个多案例研究. 管理世界，2014，(10): 149-162, 188.
[15] Osterwalder A, Pigneur Y. Business Model Generation: A Handbook for Visionaries, Game Changers, and Challengers. Hoboken: John Wiley & Sons, 2010.
[16] Souto J E. Business Model Innovation and Business Concept Innovation as the Context of Incremental Innovation and Radical Innovation. Tourism Management, 2015, 51: 142-155.
[17] Velu C. Business Model Innovation and Third-party Alliance on the Survival of New Firms. Technovation, 2015, 35: 1-11.
[18] 夏清华，娄汇阳. 商业模式刚性：组成结构及其演化机制. 中国工业经济，2014，(08): 148-160.
[19] Sosna M, Trevinyo-Rodríguez R N, Velamuri S R. Business Model Innovation Through Trial-and-error Learning: The Naturhouse Case. Long Range Planning, 2010, 43 (2): 383-407.
[20] 吴晓波，赵子溢. 商业模式创新的前因问题：研究综述与展望. 外国经济与管理，2017 (1): 114-127.
[21] Amit R, Zott C. Creating Value Through Business Model Innovation. MIT Sloan Management Review, 2012, 53 (3): 41-49.

第六章 创业融资

创业者面临的最大问题是什么？2016年搜狐财经中国创客联合国内数十家知名资本投资机构，在全国主要城市进行了数百份的创业者问卷调查，结果显示62.6%的创业者表示最缺资金，且融资困难。对于大多数创业者而言，创业中最痛苦的经历之一就是筹集资金的困难，正如中小企业融资难是一个世界性的难题一样，对于很多新企业而言，融资更是难上加难，有些人形象地称之为走过创业阶段的财务地狱。

第一节 创业融资的财务原理

为什么新企业融资难？从理论上来讲，创业融资难既与创业环境（金融制度、资本市场、融资渠道、政府政策等）有关，也与新企业的创业特征有关。由于新企业大多数是建立在具有不确定性的新的市场机会基础之上，投资者对新的市场机会的价值认识和对创业者的素质能力判断存在信息不对称，因此新企业从外部获得资金的困难。

所以，对于潜在创业者而言，制定与实施创业计划的一个重要工作是做好创业前的财务准备，这就是关于创业融资的策略问题。

一、创业融资的内容

创业融资通常需要确定和处理以下问题：

确定创业资金需求（多少）；

何时需要这些资金；

何处、向谁筹集资金；

资金维持多久；

资金使用过程安排与管理。

另外，融资是需要成本的，包括各种隐性成本与显性成本、会计成本与机会成本，这些会增加或减少未来的融资选择权。所以，创业者应该考虑各种融资成本以及完成融资所需要的时间。

二、创业融资的原则

创业者制定财务战略的意义还在于，财务管理贯穿创业的整个过程，从创业开始的创业计划、进行原始投资到最后的稳定发展、发行上市，无不伴随着财务管理。财务管理的对象虽然是资金，但其存在形式多种多样，企业在创业的不同阶段对于不同形态的资金有不同的需求。创业者如果没有事先的战略规划而临时筹措资金，会严重影响企业的发展进度，甚至错失商机。

创业融资必须遵循以下几个原则：

1. 及时性

企业的经营是有很强的时效性的，一个创业窗口，从打开到关闭，时间是很短暂的，企业如果没有及时地开展生产，抢抓市场，这个机会往往会被别人拖走。巧妇难为无米之炊，足够的资金是抢抓机会的基本保证。创业者在制定融资策略的时候必须预测到企业每个需要资金的阶段，提前做好准备，同时，也要准备一定数量的储备融资渠道，以保证随时可以融到资金以确保不错过不在计划之中的创业机会。

2. 低成本

融资是需要成本的，无论是利息费用还是股权转让，创业者需要付出一定的费用才能获得资金的使用权，在同等情况下，创业者在融资的时候应该首先选择那些所需成本较低的融资渠道。这里所说的融资成本，还应当考虑投资者所能带来的管理水平、营销网络、技术和社会资本，有些投资者的引入，可以使企业具有某种特殊的背景，也应当考虑在内。低成本的原则，不仅是指每单位融得资金的成本，也意味着准确、及时的融资。准确、及时的融资意味着把企业使用外部资金的时间缩到最短，避免因为闲置的资金导致的融资成本。

3. 低风险

企业融资也是有风险的，特别是在创业者制定创业计划的时候，对于融资渠道必须考虑到各种可能出现的不可融资的情况。例如，由于银企关系的恶化，银行可能取消对于企业的信用额度，由于相关政策的变化政府和各种公共机构可能取消对于企业的资金支持。企业在确定每一阶段的融资策略的时候，必须首先考虑较稳定、变数较小的融资来源，如有抵押的银行贷款等，而风险较大、不确定性较强的融资渠道，只能作为备用融资渠道。

每项筹资战略及其交易结构，会使公司的行动产生实际或实时成本，这些行动可能会增强或减小未来的融资选择权。每个融资源都有各自的特定要求和成本——显性成本和隐性成本——该成本对财务战略和财务要求都很有影响。成功的创业者必须对财务战略保持一定的谨慎性，尽量准备更多的融资来源以备未来可能意外出现的现金流短缺，例如宏观经济环境的变化、企业所在行业的相关产业的变化等。这决定了虽然我们可以制定一定的财务计划，但却不能完全按照财务计划实施，财务计划始终只是对于远景财务战略的勾画，具体每个时期如何筹资和投资，只有根据当时的环境决定。财务战略的作用在于理清融资的方向和顺序、预判企业可能出现的一些资金需求而提前做好准备、加强企业现金流的管理。财务战略的确立有利于企业在发展过程中的财务管理遵循企业整体经营战略，不至于出现资金管理失控而导致的财务状况恶化的现象。

总之，融资的黄金法则是：

（1）现金为王；

（2）早得现金比晚得现金好；

(3) 风险较小的现金比风险较大的现金好。

第二节 创业资金需求

尽管一些研究发现大多数新企业并不需要太多的创业资金，太穷和很富有的人自我创业的比例大大低于中产阶层（毕海德，2004）（这里用中产阶层并不是特别准确，一般是指有一定的收入水平的人，不至于一贫如洗、或者因为生存压力被迫创业）。但是，创业者必须要知道新企业需要多少资金？如何有效地使用这些资金，以保证你的投资从财务上是可行的，即能带来投资回报。

一、计算创业所需资金

为一个新企业筹资的时候，首先要确定资金需求。确定所需资金，应考虑三个方面的问题：开办企业所需资金、企业运营所需资金和创业者个人的相关支出。

（一）企业开办资金

要开办企业，创业者就必须明白：企业开办期间，在企业产生收入之前需用要一定数量资金用于各种支出。人们把这部分资金称作企业开办资金。企业开办资金用于两种用途：

运营前支出或称投资资本；

运营前期支出或称营运资本。

运营前支出是指企业开始运营（做贸易、生产或提供服务）以前必须支出的资金。这部分资金也叫投资资本。购买土地、建设厂房、购买机器、购置办公设备等支出都是运营前支出，另外，运营前支出还包括登记注册费、通水通电、开业前的广告宣传等费用。比如要开家餐馆，开办资金的用途包括桌椅板凳、炉台灶具、器皿餐具、各种饭菜所需的原料，还得购买或租赁餐馆用房、办理营业执照和许可证、印刷菜谱等。

企业开始运作的时候就要发生运营前期支出，直到销售收入能够弥补相应的开支。这一期间跨度依企业性质而有所不同。一般来说，贸易类企业可能短于1个月，而制造企业则包括从开始生产之日到销售收入到账这段时间，可能要持续几个月。这个时期的支出称作营运前期支出或营运资本。

两类支出的区别在于其发生的时间：是在企业开始营运之前还是在营运之后。

（二）营运资金

企业自开始营业到产生足够利润维持企业正常运转之前，都需要投入营运资金，包括库存商品、原材料、广告宣传、薪酬、税金、维修、保险、月租金、水电费等。

一旦餐馆开始营业，营运资金就派上用场了。不断采购食物原料、支付厨师和服务员工资、交营业税金、支付月度租金等。确定每月企业运营的资金需要量非常重要。

（三）个人支出

这部分包括创业者生活必需的各项支出，包括衣、食、住、行、保险、医疗及必要的社交、娱乐等支出。

许多新创企业都不能很快获利，有的甚至需要一两年时间才能盈利。因此，必须考虑这期间的个人生活费用问题。有的人在创办新企业的同时，仍然做着另外一份工作，或者是配偶能够获得稳定收入。这样有助于降低创业的资金需求。

二、充分估计创业所需资金

一般来说，企业开办者，特别是年轻人，都知道他们需要资金购买机器、设备和工具，但通常都不能认识到，除此之外，他们在开业前还需要许多其他开支。比如，机器设备的安装费用和员工培训费用，这在机器设备投资中要占很大一部分。证照费和保险费在所需总资金计算中也常被遗漏。

所需的运营资金也总是被低估。他们往往认为马上会收到货款，这在贸易业务中或许可能，但作为一个商店店主，必须保持一定的存货，否则就很难保证随时有货出售。有时大客户会要求先货后款，并且通常都很难按时付款。在制造业中，营运资金周转的时间很长，有时甚至要延续好几个月。

如果营运资金被低估，到时候很可能会出现这种情况：企业生意兴隆但却没钱支付员工工资、补充库存，糟糕的时候甚至到期不能偿还银行贷款。

因此，创业者在计算所需投资资金的时候，要按适当的比例计入一些未考虑到的支付项目并把营运资金的使用时间预算得长一些，不要计算得过紧过小。

三、创业资金需求预测方法

每个创业者在规划新企业时，都会面临相同的难题：如何确定开创企业需要多少资金？要精确地算出新企业最初几年每一时刻的资金需求是不可能的，但是做出符合现实的尽量准确的估计却是可能的。新企业的投资和费用所需资本有很大差别，高新技术企业和资金密集型企业通常需要至少上百万元的启动资金，而服务型企业则只需要少量的启动资金。

创业者可以使用两种方法来预测资本需求：（1）参考行业标准比率预测资本需求；（2）用保本分析和经验调查反复核算资本需求。很多银行和行业协会等组织都编写有行业报告，其中可以找到相关数据。通常，新企业可采用以下步骤和方法预测资金需求量，并对未来利润做出预测：第一，预编财务报表；第二，编制现金流量表；第三，盈亏平衡分析。

（一）预编财务报表

在分析创业成本和资金用途之后，新企业在财务方面下一个步骤就是编制新企业预编财务报表（包括创业者预计的盈亏状况）。创业者需要编制新企业的预编财务报表。预编财务报表在创业者所收集的有关市场、消费者、竞争对手、产品研发、运营以及企业其他方面信息的基础上，对新企业的财务进行预测（通常是3年）。预编损益表分析新企业的盈亏账目；预编资产负债表显示企业的财务结构，使投资者能够进行比率分析。

预编财务报表时，创业者应注意两个问题。首先，在损益表中列出的盈亏账目估计值极大地依赖于创业者对销量的估计。因此，准确的财务报表主要取决于准确的市场估计。这就要求创业者做充分的市场调查，尽管研究表明大多数创业者在创业起步之前仅做有限的市场调查，他们更多地依赖过去的经验和储备知识。其次，在损益表中列示的盈亏账目估计值也极大地依赖于准确的成本估计。由于人们天生倾向于低估成本，对问题和风险估计不足，所以大多数创业者陷入了困境。

（二）现金流量表

创业计划必须表明创业者对“利润并非现金、现金并非利润”的清楚理解。一个新企业在创造利润的情况下，若有足够的现金储备也能生存。但若没有现金，即使企业创造利润也难以生存。现金流量预测的目的是计算一个企业需要多少现金才能实现其目标，以及何时需要。现金流量表是在某个给定时点对新企业所拥有现金数量的计算。创业者需要使用现金流量表来管理新企业。如果一个企业的现金流量为负，那么将不能支付账单并可能破产。

由于损益表不能衡量一个企业的现金数量，所以对于现金流量的管理很困难。因此，很多企业在保持盈利的状况下却没有偿付能力。在损益表中有很多支出如折旧，影响企业的盈余但不涉及真正的现金流。企业通过资产折旧能够有盈余或亏损，但没有在真正的现金流中反映出来。此外，现金的流入和流出，比如收入和支出，在同一时间并不总是发生，尤其是销售发生很久之后消费者才为这些支付费用。在消费者通过信用方式购买或者延期付款的情况下经常发生这种事情。

现实中，现金流量预测与损益表预测是在同一数据基础上同时进行的工作。他们可以被看作是同一硬币的正反面。损益表说明在销售收入与成本同步发生的前提下企业的利润或亏损；而现金流量分析是考虑到现实中，销售的成本先发生，收入的实现大约在一周或数月以后才发生。这种收支之间的时滞所隐含的意义对企业而言是重要的，特别是在企业创业之初和快速成长时期。

现金流量预测假设企业从一开始就高效率运行。这是一个被简化的假设，因为新企业有一段时间仅有成本支出而无销售收入流进。这时，企业计划就要包含交易前的现金流量预测。

假定企业的现金流量分析发现新企业存在负的现金流，创业者应当做什么来避免企业破产呢？简单的回答是应当改善新企业的现金流。怎么做呢？首先，应当通过给消费者折扣的方式让他们快速支付，以便使应收账款尽可能少；限制授予消费者的信用额度；为了立即变现，将应收款项卖给以折价方式购买应收账款的企业。其次，应减少为了应对无法预期的消费者需求所保留的原材料和最终产品的存货。再次，通过避免没有必要的支出来控制企业的花费，如减少办公室的漂亮家具、通过租借代替购买设备、回收和再利用设备和物料，以及慢慢地增加雇员等。最后，可以将应付账款尽量延期，比如，放弃提前支付可获得的折扣，通过付出额外成本来获得供应商的信用。虽然这种方式会使企业的负担高一点，但能使企业在现金流出多于现金流入的情况下保持企业的偿付能力。

所以，从一定程度上讲，融资的最大问题不在于获得足够的资金以启动新企业，更困难的是能够在新企业早期阶段的恰当时候获得足够的资金，并确保新企业不将现金耗尽。初创企业增长需要大量的自由现金流，初创企业在最初几个月出现负现金流量属于正常现象，特别是对某些互联网项目来说，前期需要通过“烧钱”来推广产品，但长此以往并不可持续。负现金流意味着新企业在运营中所创造的现金量少于所使用的现金量，这可能使新企业倒闭，除非创业者能够及时获得追加投资。要避免负现金流，关键是在不需要现金的时候就去筹集，而且应该筹集到比实际所需要的还要多的资金。因此，新企业现金流管理就显得尤为重要。

自由现金流是企业增长和创值的财务资源，同时增长也构建了创造更大现金流的能力。增长的主要风险源于过快增长或毁损价值导致的现金流断流。因此，增长、防险、创值是企业战略现金流管理必须重点关注的三个方面，三者必须均衡（参见图 6-1）。应树立可持续增长理念，并坚定创值增长经营战略，引入新的投资理念，大力发展现金牛业务；最后，处理好投资现金流需求与目前业务所产生的自由现金流匹配是防范风险的关键（陈志斌，2006）。

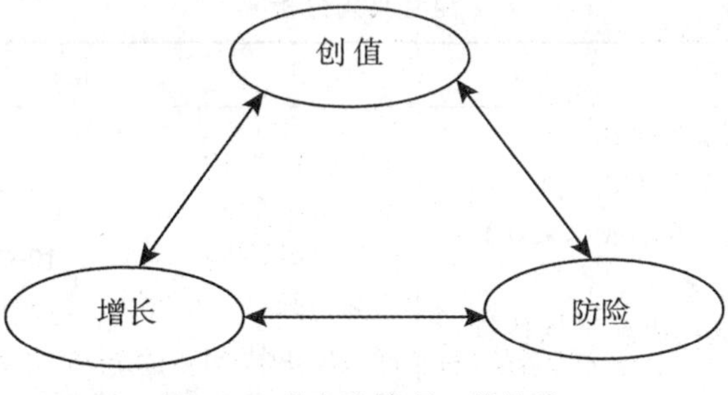

图 6-1　现金流管理三维均衡

资料来源：陈志斌．现代企业战略现金流管理的三维均衡．管理世界，2006（03）．

新创企业应对现金流危机的举措有：（1）控制运营环节。当实际情况与设想出现出入时，一定要从其他地方挽救，控制好每个环节。（2）战略性削减成本。削减成本时要检查每一项开支，不能一味削减，将影响利润的开支项目减掉。（3）推迟支付工资。如果可以请企业员工暂缓领 1 个月薪水共渡难关，就可能会使企业获得无比珍贵的现金流从而坚持下去。（4）检查运营方案。当现金流出现问题时，要立刻反思是否运营方案的问题，通过及时调整来提高收入，降低支出。

（三）盈亏平衡分析

创业者需要掌握的另外一个工具是盈亏平衡分析，是计算为了支付成本所需的销售数量，也包含如果想增加企业的固定成本需要增加的销售数量。

根据定义，盈亏平衡就是总利润（TR）= 总成本（TC）的状态：

$$TR=销售价格（SP）\times销售数量（Q）$$

而 $$TC=总固定成本（TFC）+总变动成本（TVC）$$

因此，$$SP\times Q=TFC+（VC/件）\times Q$$

$$SP\times Q-（VC/件\times Q）=TFC$$

$$Q（SP-VC/件）=TFC$$

$$Q=TFC/（SP-VC/件）$$

盈亏平衡水平的计算步骤如下：

（1）制定（每单位）产品和服务的价格。

（2）估算（每单位）产品和服务的变动成本（即上述公式中的VC）。

（3）从销售价格中减去每单位的变动成本来计算（每单位）边际贡献。

（4）用（每单位）销售价格去除（每单位）边际贡献率。

（5）估算企业的固定成本。

（6）用边际贡献率去除固定成本来计算盈亏平衡销售量。

表6-1提供了一个例子来阐释盈亏平衡销售量的计算。从计算结果可以看出，固定成本比例越高，盈亏平衡销售量就越高。所以，购买固定资产会使固定成本、盈亏平衡销售量和新企业的风险增加。

表6-1 **盈亏平衡分析**

步　　骤	信　　息
制定（每单位）产品和服务的价格 估算（每单位）产品和服务的变动成本 从销售价格中减去每单位的变动成本来计算（每单位）边际贡献 用销售价格去除（每单位）边际贡献估算边际 贡献率 估算企业的固定成本 用边际贡献率去除固定成本来计算盈亏平衡销售量	销售价格为10 变动成本是3 边际贡献是7：　　10-3=7 边际贡献率为0.70　　7/10=0.70 固定成本是50万 盈亏平衡销售量是714 286 说明：500 000/0.70=714 285.71 销售量超过714 286时，企业将盈利；而少于715 286时，企业将亏损

第三节 创业资金来源

从创业资金的来源上看，可以划分为三类：私人资本融资、股权融资与政府项目。

一、私人资本融资

由于创业企业自身的独特性，它难以通过银行贷款等传统的融资方式获取创业资金支持，所以私人资本融资成为创业初期创业融资的首要选择。

（一）个人资本积累

个人资本积累是指创业者在创业初期利用自己的积蓄支撑企业的发展。目前多数新创企业早期的资金投入比例中个人资本投入占绝大多数，且由于创业初期所需资金不多，一般个人资本能勉强或基本满足企业的运转需要。创业者将自有资本投入到新创企业之中具有以下两个优势：一是由于是自我投资、自我发展，股权集中，创业成功后将获取较高的创业回报；二是由于是自有资金，能最大化激发创业者的创业热情与主观能动性，提醒并激励创业者要对认定的创业事业具有信心和责任心，增加投资者投资的可能性。但个人资本融资最大的缺点在于资金少，且不可持续，不能满足企业的后续发展要求，最终还是要向外部需求资金支持。

（二）亲朋好友融资

向亲朋好友融资是创业者在创业初期最为常见的融资方式之一。许多成功的创业人士在创业初期都曾向家人、亲戚或朋友借用过资金，这是创业初期进行融资的第二种主要方式。由于创业初期企业的未来发展前景仍不明朗，专业投资机构往往不会关注并投资于初创起步期的企业，因此利用周边人群的资源来满足初创企业发展的资金需求是必然的选择。向亲朋好友融资的好处在于快速灵活，对创业者具有较大的激励作用。但创业者向亲朋好友融资面临的最大问题在于多数创业者自身的社会资源有限，筹措的资金难以满足创业企业快速发展的资金需求。

（三）天使投资

天使投资（angel investment）是指富有的个人出资协助具有专门技术或独特概念的原创项目或小型初创企业，进行一次性的前期投资。天使投资是风险投资的一种形式，在天使投资人自身的投资关注方向与被投资企业的发展前景以及未来回报率的综合考量上进行投资，属于一种自发而又分散的民间创新投资形态。天使投资一般偏好于初创种子期的创业企业，所需的投资额度较小，一旦成功将获得数十倍乃至数百倍的回报。

作为私人资本融资的天使投资一般可分为天使投资人、天使投资团体、天使投资基金的模式，但根本上看依旧是私人出资投资新创企业。近年来，美国约有超过 25 万天使投资人，每年天使投资的总额达 200 亿美元，每年获得天使投资的创业公司超过 6 万家。中国天使投资远不及美国规模，但处于上升期的中国天使投资规模不断扩大。2014 年发生 317 起天使投资案例，总投资金额 42. 26 亿元，接近 60%案例的投资金额在 300 万元以下，平均单笔投资规模 317 万元；而在 2015 年 8 月到 2016 年 8 月，中国就有 2 293 起天使投资案例，投资金额 109. 22 亿元，平均单笔投资规模 476 万元，增长极为快速，成为新创企业的主要融资阵地。

二、股权融资

股权融资是指创业者向投资方出让部分或全部企业产权获得资金的融资方式。其特点是引入的资本不需归还，也不用支付利息，股权投资者以对企业的股权投资比例来获取企业所得利润。股权投资者享有企业部分产权，承担着企业的经营风险，可能介入企业的日常经营管理活动。创业者选择股权融资获得的不仅仅是资金上的回报，更多时候是隐形获取相关投资者拥有创业领域内的各种资源，如关系网络、管理经验等，加强企业实力。创业者可以通过股权投资实现风险分散，降低经营风险。但同时应注意到股权融资可能会带来企业经营者采取利己而不利股东的投资政策等道德风险行为。

目前股权融资主要有正式股权融资——天使投资、风险资本与公司风险投资，非正式股权融资，如众筹等。但是，股权融资在中国的发展现状远不如世界成熟资本市场。从国际上看，发达国家直接融资占比在 2012 年已达 70%，其中美国 82%，日本、德国超过 70%；而 2012 年底我国直接融资占比只有 42. 3%，到 2016 年和 2017 年则进一步降低，维持在 13. 5%~15. 5%。数据表明，我国的股权融资市场还有很大的发展空间，且距企业的期望有较大的差距。

三、政府项目

政府和一些民间的非赢利组织也是创业资金的重要来源。政府根据相关法律政策，对于处于一定阶段的有很好发展前景、对相关领域有重大影响的创业项目提供直接资金支持，这些资金的使用成本通常较低，但数量不大，也只能在特定阶段使用。

（一）国家火炬计划

国家火炬计划于 1988 年 8 月经中国政府批准设立，由科技部组织实施，其宗旨是：实施科教兴国战略，贯彻执行改革开放的总方针，发挥我国科技力量的优势和潜力，以市场为导向，促进高新技术成果商品化、高新技术商品产业化和高新技术产业国际化。作为国家火炬计划的重要组成部分，火炬计划项目通过项目示范，引导实施火炬计划，加快技术攻关与技术转化，以发展高新技术产业为目标，择优评选并组织实施高科技产业化项目，扶持与发展高新技术企业。

据证监会披露，截至 2016 年 9 月 30 日，219 家创业板公司拥有国家火炬计划项目。同时山东、湖北、湖南、上海等地以火炬计划积极推动地方特色产业基地创新创业。

（二）创业板

创业板又称二板市场，即第二股票交易市场，是与主板市场不同的一类证券市场，是专门为暂时无法在主板市场上市的创业型企业、中小企业和高科技产业企业等需要融资和发展的企业提供资金融通和成长空间的证券交易市场。创业板的设立为高科技企业提供融资渠道，通过市场机制，有效评价创业资产价值，为风险投资基金提供“出口”，分散投资风险，并为风险资本营造一个正常的退出机制。

创业板为创业投资提供有效的退出渠道，吸引带动了大量的政府和社会资金流向科技创新型中小微企业，对支持创业企业发展、落实自主创新战略具有重大促进作用。截至2016年9月30日，创业板540家企业中有439家公司上市前获得创投的资金支持。

（三）政府引导基金

政府引导基金又称创业引导基金，是指由政府出资，并吸引有关地方政府、金融、投资机构和社会资本，不以营利为目的，以股权或债权等方式投资于创业风险投资机构或新设创业风险投资基金，以支持创业企业发展的专项资金。政府引导基金通过引导创业投资行为，支持初创期科技型中小企业的创业和技术创新。政府引导基金的宗旨是发挥财政资金杠杆放大效应，增加创业投资资本供给，克服单纯通过市场配置创业投资资本的市场失灵问题。特别是通过鼓励创业投资企业投资于种子期、起步期等创业早期的企业，弥补一般创业投资企业主要投资于成长期、成熟期和重建企业的不足。其运作原则是政府引导、市场运作和科学决策、防范风险。在创业风险投资中政府引导基金主要发挥扩充新创企业投资总量、支持跟进投资、进行风险补助以及提供投资保障的作用。

2016年全国政府引导基金延续了2015年的爆发性增长态势，在设立数量和披露的总目标规模上超过2013年至2015年全国引导基金的总和。截至2016年底，国内共成立901支政府引导基金，总规模达23 960.6亿元，平均单支基金规模约为26.6亿元。迅速发展的引导基金为创业企业提供了可靠的资金融通保障。

（四）科技型中小企业技术创新基金

针对我国科技型中小企业发展的特点和资本市场的现状，国务院于1999年批准，科技部、财政部联合建立并启动了政府支持为主的科技型中小企业技术创新基金（简称创新基金），以帮助中小企业解决融资困境。创新基金通过无偿资助、贷款贴息和资本金投入三种方式，支持科技型中小企业创新创业，已形成了资助种子期、初创期企业的技术创新项目，资助中小企业公共技术服务机构的补助资金项目和引导社会资本投向早期科技型中小企业的创业投资引导基金项目。现在创新基金已经越来越多地成为科技型中小企业融资可口的“营养餐”。

（五）地方政府创业扶持项目

除在国家层面出台相关的创业融资扶持项目，全国各地地方政府纷纷出台政策、项目为创业提供资金等资源扶持。2015年，北京市印发《关于开展2015年北京市留学人员回国创业启动支持计划申报工作的通知》，对回国、尚处创业初期的留学人员给予评估通过后的单个项目15万元的资金支持。2015年上海市设立了上海市大学生创业企业信用担保基金，提供单笔50万元一年期的流动资金贷款担保；同时上海市大学生科技创业基金会发布《科技型中小企业技术创新基金初创期小企业大学生创业项目（试点）工作指引》，以无偿的方式支持每个立项项目20万~40万元。2015年武汉市实施“青桐计划”提供创业项目与创业投资对接平台，在2014年吸引投资5.6亿元。

四、债权融资

债权融资是指创业者通过付出利息获得资金使用权的融资方式。企业的银行贷款就属于债权融资，债权融资不仅要求创业者偿还借到的全部本金，而且还要按照实现确定的利率支付利息，利息实际上就是融资的成本，债权融资有时候还附有资金的使用条件或使用的限制。债权融资的资金提供者不与创业者共担风险，也就是说利息是事先确定的，与企业的收入和利润无关，资金提供者也不享有企业经营的任何收益。采取债权融资，创业者享有较多的企业股份，但也承担了较大风险，典型的创业时期的债券融资需要某种资产（汽车、房产、地产、机器等）作为抵押，这些抵押物不能出售，以便在企业破产的时候用来偿还所欠债权人的债务。在利息率较低的情况下，债务融资能使创业者获得更大的企业产权比例，因而能获得较高比重的权益回报。但是，创业者也需要警惕，在决定债务量时要考虑利息支付能力。利息额太大会约束企业的发展，甚至会导致破产。

贷款机构（人）会通过分析企业的现金流动情况，确定企业是否会有足够的现金履行其还款义务。他们还要确信企业的流动资金贷款确实不会被用于其他领域，以保证企业资产的流动性。

概括而言，银行在评审企业贷款申请时，要考虑 6C，即：

借款人品质（character）：考察申请人对银行信用的态度，包括过去的信用记录。

偿还能力（capacity）：审查申请人的收入情况以确定其是否有能力偿还借款。

资本状况（capital）：审查申请人的个人财产，包括存款、不动产及其他个人财产。

经营条件（conditions）：地区、国家的经济状况对贷款的难易程度有很大影响。

担保物（collateral）：是否有担保或抵押财产以及这些财产的质量也是银行要考虑的重要方面。

事业的连续性（continuity）：借款企业持续经营的前景。银行要考虑借款人能否在日益加剧的竞争环境中生存与发展。

新企业偶尔也确实获得了债务融资。当新企业在它们的发展早期获得这类融资时，通常有三种形式。第一种是以创业者的个人资产或赚钱能力作为担保的债务。当创业者使用信用卡或房屋净值贷款为企业融资时就是这种情况。第二种是资产抵押融资。第三种是供应商信贷和设备。当一家餐厅的供应商向餐厅的创业者提供融资时就是这种情况，供应商提供厨房设备，在创业者不能支付本金和利息时将其收回。

五、众筹

众筹（crowdfunding），大众筹资或群众筹资，香港译作“群众集资”，台湾译作“群众募资”，是指一种向群（公）众募资，以支持发起的个人或组织的行为。

现代众筹指通过互联网，让小企业、艺术家或个人向公众展示他们的创意，争取大家的关注和支持，进而获得所需要的资金援助。相对于传统的融资方式，众筹更为开放。

众筹由发起人、跟投人、平台、公众构成，具有低门槛、多样性、依靠大众力量、注重创意的特征。

众筹分为投资模式和购买模式两种，投资模式分为债权和股权投资，购买模式分为回报和捐赠模式。

1. 债权众筹（lending-based crowd-funding）：投资者对项目或公司进行投资，获得其一定比例的债权，未来获取利息收益并收回本金。

2. 股权众筹（equity-based crowd-funding）：投资者对项目或公司进行投资，获得其一定比例的股权。

3. 回报众筹（reward-based crowd-funding）：投资者对项目或公司进行投资，获得产品或服务。

4. 捐赠众筹（donate-based crowd-funding）：投资者对项目或公司进行无偿捐赠。

众筹从某种意义而言，是一种 Web3.0，它使社交网络与“多数人资助少数人”的募资方式交叉相遇，通过 P2P 或 P2B 平台的协议机制来使不同个体之间融资筹款成为可能。构建众筹商业模式要有项目发起人（筹资人）、公众（出资人）和中介机构（众筹平台）这三个有机组成部分。

2014 年 12 月 18 日，中国证券业协会发布了《私募股权众筹融资管理办法（试行）（征求意见稿）》（简称《管理办法》），中国股权众筹终于迎来了规范化的监管。《私募股权众筹融资管理办法》明确规定股权众筹应当采取非公开发行方式，并通过一系列自律管理要求以满足《中华人民共和国证券法》（简称《证券法》）第 10 条对非公开发行的相关规定：一是投资者必须为特定对象，即经股权众筹平台核实的符合《管理办法》中规定条件的实名注册用户；二是投资者累计不得超过 200 人；三是股权众筹平台只能向实名注册用户推荐项目信息，股权众筹平台和融资者均不得进行公开宣传、推介或劝诱。2015 年 3 月发布的《国务院办公厅关于发展众创空间，推进大众创新创业的指导意见》中，开展互联网股权众筹融资试点，增强众筹对大众创新创业的服务能力，成为重要内容。目前，创业创新蔚然成风，互联网精神及技术所带来的新型投融资模式，将深刻地影响中国经济，主要体现在：一是众筹有利于缓解小微企业融资难的问题，鼓励创新创业；二是有利于丰富投融资渠道，刺激金融创新；三是有利于引导民间金融走向规范化，拓展和完善多层次资本市场；四是有利于分散融资风险，增强金融体系的弹性和稳定性；五是有利于创造就业机会，促进技术创新和经济增长。

目前，国内一些代表性的众筹平台有：天使汇、原始会、大家投、天使客 4 家股权众筹平台；众筹网、点名时间、追梦网、淘宝众筹、乐童音乐、觉 jue. so、京东众筹、中国梦网、淘梦网 9 家奖励众筹平台。

第四节　创业投资与私募基金

一、风险投资

风险投资（venture capital，VC），国内有学者也将其译为“创业投资”。其起源最早可以追溯至15世纪荷兰、英国、西班牙等西欧国家开展远洋贸易的地理大发现时期，到19世纪美国西部创业潮时期，“风险投资”一词开始在美国流行。从世界上第一家风险投资公司在美国于1946年成立以来，数次经济革命浪潮与生产力的大发展，加快了企业成长速度并催生创业风潮，风险投资伴随着市场需求也随之进入高速成长期，涌现出一大批世界级的风险投资企业（资本），如微软、谷歌、红杉资本、软银等。我国自20世纪80年代中期开始推进风险较大的高科技企业发展，并鼓励支持设立风险投资，历经近30年的时间，我国的风险投资体系和制度有了较大发展，成为全球风险投资中心之一。

（一）风险投资概念

广义的风险投资泛指一切具有高风险、高潜在收益的投资。因此，天使投资人、风险投资与私募股权都可以被视为风险投资；狭义的风险投资是指以高新技术为基础，生产与经营技术密集型产品的投资。根据美国全美风险投资协会（NCVA）的定义，风险投资是由职业金融家投入到新兴的、迅速发展的、具有巨大竞争潜力的企业中的一种权益资本。从更为全面的观点看，风险投资是由专业机构提供的投资于极具增长潜力的创业企业并参与其管理，从而在长远的未来获得高回报的权益资本。

风险资本具有四个特定的内涵：（1）以股权方式投资于具有高增长潜力的未上市创业企业，目的在于未来通过出售股权获取高额的投资回报。（2）作为投入的权益性资本，风险投资将持有部分企业股权，一般在30%左右。作为利益相关方，为降低未来风险，风险投资会参与企业的管理与运作，一方面发挥风险投资在创业管理上的经验优势，另一方面使得创业企业的高风险可控性得到提高。（3）风险投资不参与创业企业的具体产品运作，而从整体层面关注创业企业的发展，以“创建企业”到“出让企业”的逻辑参与企业整体经营，并在创业企业获得发展时转让股权实现退出，获取高额回报。（4）着眼于未来长远的高回报收益，而不过度关注当前创业企业的财务收支状况。

（二）风险投资形式

风险投资广泛活跃于全球市场之中，辨识高成长潜力企业、推动新创及中小企业成长、谋求市场高额回报。面对如此巨大的全球市场，风险投资由最初的单一市场化投资逐渐演变出不同类型：主流的风险投资是以投资回报为目的，主要是社会资本；也有政策性风险投资，其目的是支持新创及中小企业发展，主要是政府资本；为降低风险投资风险，以联合风险投资为主要形式。

1. 按风险投资背景分类

风险投资可分为政府背景风险投资与非政府背景风险投资。政府背景风险投资机构的资金多来自各级政府或国有企业，通常情况下其风险投资一次性提供，而提供风险投资的依据不是未来回报率的高低，而是为融资困难的创业企业提供资金融通，促进中小企业发展、新兴技术发展，进而推动国家整体科技的进步。非政府背景风险投资机构由社会资本参与，其目的是通过资本运作获取高额的资本回报。在辨识待选目标企业时，非政府背景风险投资机构会全面考察目标企业，综合评价与考量。但非政府背景风险投资机构通常是连续性投资，因此他们要积累行业声誉以进行下一轮投资，所以在对新创企业的孵化过程中投入的项目筛选和监管力度更大，市场化操作程度更强，对企业的认证作用也最强。

2. 按风险投资参与形式分类

联合风险投资是现在风险投资的主流模式，是由两个或多个风险投资机构同时或先后对同一家具有高成长性的新创企业提供股权资本，并为其提供管理咨询等增值服务。其目的是为降低投资风险、分散投资额度，使投资项目的风险与资金供给在可承担范围之内。联合风险投资模式是风险投资机构之间的战略联盟形态，对于新创企业而言可以从多家风险投资机构获取股权投资，并从不同类型与背景的风险投资中获取具有互补性的资源，如资金、管理经验等。国外学者的相关研究表明，接入联合风险投资的新创企业可以为企业与投资者产生互利。

（三）风险投资特点

作为一种成熟的融资工具，风险投资具有鲜明的特点，其特点也能形象地表明风险投资的实质。其特点主要表现在以下几个方面：

1. 投资偏向性

风险投资偏好是具有高成长性的新创企业。风险投资常投资于创建期或发展期且其商业模式已清晰可见、商业发展轨迹良好而需继续向外融资以获取发展资本的具有"高科技、高成长潜力、高风险"三个特征的企业（贾宁，李丹，2011），但也会选择种子期的创业企业进行投资。这类新创企业通常有较快增长速度、未来规模潜力巨大、创新能力强与持续的成长潜力，能以较高的回报率回馈风险投资。

2. 双向选择性

风险投资选择投资对象的同时，融资方也在评价风险投资。因此，风险投资最后能投资哪个企业是双方相互选择的综合作用的结果。风险投资机构评估意向目标企业时，目标企业也会综合考量风险投资机构是否会给出合理的投资条件、是否具有丰富的新创企业管理经验、有无丰富的网络资源、能否提供适当的人才资源等。该特点表明风险投资市场并非单向选择模式，对具有良好发展前景的新创企业来说，有选择风险投资机构的主导权。

3. 风险投资的地理亲近性

最初风险投资的地理亲近性现象被称为本国偏好之谜，意指投资者会将大部分风险投资投入本国的资本市场（French & Poterba，1991）。随着全球市场的开放、风险投资市场的放开，地理亲近现象更为明显，不仅将大部分风险投资锁定在国内市场，更将风险投资投资于地理区位临近的市场区域（李志伟，等，2014）。

（四）风险投资获取

1. 风险资本融资的过程

风险投资是典型的股权融资形式。通常来说，融资过程以创业者向风险投资者做首次介绍为开端。风险投资者通过快速浏览创业者提交的创业计划书，大致了解企业的未来发展前景、进入的市场状况、能够提供何种产品与服务以及是否具有可持续创新能力。在浏览创业计划书后一般会有95%的被淘汰，而风险投资者对剩下的5%的创业计划进行更加正式的调查，寻找那些值得作为投资对象的创业企业特征。这些企业要满足两个特征：一是优秀的创业团队，二是好的商业机会。优秀的创业团队是新创企业持续发展的关键因素之一，也是创业企业积极进取与充满激情的内在要求；在商业机会方面，投资者寻求能够证明企业机会价值和创业者获取这种价值的能力证据。好的商业机会包含了市场容量、产品接受度、企业战略规划、难以被模仿的知识产权与技术、精心设计的生产计划与具有吸引力的创新产品等。风险投资者重点关注具有明显外部竞争优势的新企业，如拥有多项核心专利技术、领先的商业模式架构等。

一旦风险投资者确定向新企业投资的意向，风险投资者将会尽职审查。它一般包括以下三个方面的调查：（1）新企业的市场、商业模式、知识资本；（2）企业的法律实体——组织形式、董事会、专利、商标；（3）融资记录——企业的财务报表。若新企业通过尽职审查，风险投资者将与创业者进行投资事宜谈判，谈判的核心内容是作为投资回报的风险投资者能获得多少股权数量。

2. 风险资本融资的条件

尽管风险投资机构支持很多新创企业，但是从投资风险与收益回报的角度看，其投资要求苛刻、投资标准较高、投资领域要新，只有少数的新创企业能够达到其融资标准，这些风险投资机构通常只对具有“高科技、高成长潜力、高风险”特征的企业感兴趣。为了获得风险投资的支持，新创企业通常需要在一个具有高成长性的行业中发展，拥有独特的竞争优势，提供具有非常清晰的市场需求产品，由经验丰富的管理团队管理，并具有公开上市的计划。

美国风险投资专家 Gerald A. Benjamin 和 Joel B. Maegulis 认为，考察一个创业企业或项目主要侧重于管理队伍、市场规模、市场成熟度、市场竞争力、技术产权、产品或服务能否正常运转、成本界定盈利的可能性、资本（结构）强度、定价与退出计划等几个方面。前美中风险投资协会主席米勒认为，风险投资机构筛选创业企业项目一般有 4 个原则：（1）在看重企业拥有高技术的同时，更重要的是企业未来的成长性；（2）企业一定要针对市场的需求开发新产品；（3）企业要明确在不同的发展阶段需要多少投资，是否每个发展阶段都能进一步吸引投资，企业要对未来两三年资金需求做估计；（4）企业要有合适的团队与领导者。

二、私募基金

私募基金又称为私募股权投资（private equity，简称 PE），其定义具有广义与狭义之分，广义的私募基金包括了企业 IPO（首次公开募股）之前在企业各个阶段所进行的所有权益投资，风险投资也包含在广义私募基金范围之内；狭义的私募基金是指对具有一定市场规模，具有成熟的产品、稳定的生产线和现金流的进入成熟期的企业所做的投资。从投资方式的角度看，私募基金通过对非上市企业进行权益性投资，在交易过程中通过上市、并购或者管理层回购等退出机制出售所持股份获利。

私募股权投资通常发展在创业企业成熟阶段，在这一阶段创业企业在市场中具有生存的基本条件与资源，短期内不会出现经营危机。在获得阶段性的成功后，创业企业将会寻找进一步的成长机遇：扩大业务范围、涉足新领域、寻找战略合作伙伴、进行上市融资等。这时期的创业企业资金融通上具有多样化的渠道选择，但其融资共性是融资规模大、资金使用周期长等，最终多通过私募股权融资的方式解决创新企业大规模资金需求问题。通过对赌、回购等合约可将投资风险控制在一定的范围之内，达到私募基金的风险控制目标。除了满足企业着眼于长期战略与产业整合上的融资需求外，私募基金能够帮助企业提升经营管理能力，拓展采购或销售渠道，融通企业与地方政府的关系，协调企业与行业内其他企业的关系。提供全方位的增值服务则是私募基金的亮点和竞争力所在。

私募股权投资以长期投资为主要投资策略，支持和鼓励企业管理层专注于长期价值创造，不仅可缓解企业融资困境，而且能有效改善企业管理水平，提高企业公司治理水平，增强企业核心竞争力，为创新企业提供价值增值服务，进而协助企业实现预期目标。

三、创业融资阶段与公司股权结构的变化

不同发展阶段企业对资金的需求各不相同，从企业创办初期到企业成熟稳定对融资需求都有差异化的要求。投资者对创业企业进行投资的过程通常也是阶段性的，把握创业企业发展的阶段性特征与创业企业阶段性的资金需求特征将促使投资机构减少投资风险，提高投资收益。从企业的创立、发展、成熟与衰落的成长生命周期看，不同阶段创业企业对资金需求具有不同要求，有小额短期、大额长期等，且不同投资机构对不同阶段的企业融资需求有不同的偏好。

（一）创业融资阶段

创业融资阶段可分为种子期融资、创建期融资、发展期融资与成熟期融资。创业企业应当在创业初期规划创业融资计划，从企业发展的长期战略出发建立企业融资阶段性需求模型，预估未来不同阶段资金需求的规模，提前做好融资规划，其中尤其以对种子期、创建期与发展期的把握最为关键。同时，明确创业企业在创业融资上的阶段性特点，有助于投资者确定在创业企业各阶段上的投资规模。

1. 种子期融资

种子期的新创企业还没有落地成为实体，创业依旧存在于创业者的想法以及形成的创业计划书中。该阶段创业者主攻的方向是如何评价商业机会来构建独具一格的商业模式，并寻找创业合作人，组建创业团队，招募核心技术人员等，累积企业早期的有形及无形资产。由于该时期商业模式仍处于概念阶段，技术或产品也停留在创意层面，企业并非严格意义上的实体，仅仅是几个人集合在一起形成早期的创业团队，进行企业商业模式的研究、技术开发与产品设计等准备活动。但一旦内外部条件成熟，创业者将正式创立企业，创业想法或机会正式落地，也标志着创业者成功度过种子期。该时期创业者需要将资金用于产品上的研发设计，或者对创意进行试验性的检验。总体来看，该阶段创业者所需资金可自我解决。

2. 创建期融资

创业者度过种子期后将进入创建期，企业向前迈进了一大步，正式进入市场领域。中小企业的创业者为了实现企业的发展，创建企业并积极向市场推出产品。但对于不同形式

的产品其运作有所差别，传统行业的初创企业会对产品进行产品直接生产并进行试验性市场投放，而互联网类的中小型创业企业将会对产品进行推广并在推广过程中优化产品开发与设计等。

创建期企业需要一定规模的“启动资金”，主要用于办公场地与工厂的租赁、机器设备的采购、相关物料等生产资料的准备、产品的研究与开发、产品的前期市场推广等。在这一时期企业所需的资金巨大，仅靠创业者或创业团队自身的资金存量往往难以满足资金需要，常常存在着巨大的资金缺口。由于新创企业的特殊性（无营业记录、市场经验与稳定的收入等）难以向银行获得贷款。因此，创业者或创业团队在该时期主要的资金来源渠道是通过风险投资机构或天使投资进行权益融资。由于创业者是以未成熟的产品内容和未来的市场预期来贴现投资者的收益，因此投资者面临的风险十分巨大，一般个人投资者难以承受如此高的风险，对风险容忍度高的投资机构却偏好于此类投资。对新创企业更为重要的是，风险投资机构投资与关注的项目数量与类型繁多，其通常不会干预企业的正常经营与决策，而是从长远眼光审视企业的发展，强调企业要严格按照现代企业制度进行管理与运作，并向企业提供经验指导。从上述论述看，在创建期投资机构与企业在权益上的界限要求十分明晰，确定了企业发展的基本格局，对企业未来长远发展具有积极的意义。

3. 发展期融资

从创建期走到发展期的创业者可以说在创业的路途上成功了一半。但是，如果创业者在这一阶段不能对企业的发展持续重视，危机仍然四伏，甚至会夭折。在发展期，企业的一大特征是摆脱了初创期时艰难生存的问题，企业运转进入常态化状态，并开始转亏为盈。该阶段企业在组织形态上将会出现大的变动，按照现代企业制度健全企业形态，企业逐步走向了规范化运作阶段。这一阶段的企业多为准备上市的中小企业或民营企业，在资金问题上已不像种子期与发展期存在巨大缺口，基本能满足企业的日常经营要求。与此同时，由于企业已经进入稳定的生产阶段，拥有稳定的顾客与供应商，以及较为良好的市场信用记录，在银行融资或信用贷款上已无多大障碍。但摆脱了基本生存问题后，创业者将着眼于企业发展的整体视角，从战略高度看待企业未来发展之路：要不要创新，如何创新，以及如何应对在位企业与不断涌现的新兴竞争者的竞争。创业者为寻求企业规模扩张、市场占有率提升，进行产品研发与市场开拓等，使企业进入快速发展阶段，原有资产便难以满足企业发展需求。为解决企业快速发展带来的资金缺口，企业必须增资扩股，注入新的资本金。此阶段的增资扩股通常有两个选择：原有股东注入资金；引进新股东注入资金。由于此阶段创业企业的融资是为上市作准备，通常情况下企业的选择是引入新的股东，拓展企业资本资源与社会资源，对企业上市查漏补缺。

4. 成熟期融资

从发展期进入成熟期意味着企业在激烈的市场竞争中已脱颖而出，成为创业企业的佼佼者。该阶段企业的销售状况稳定，稳步扩大市场占有率，同时考虑（实行）企业多元化发展策略，逐渐实现资源的转移与整合，适应企业的发展需要。由于企业已实现整体的平稳发展，现金流较为稳定，对外部资金需求明显减少，其重点工作是保持企业发展稳中求进，完成企业上市的所有准备工作。一旦企业成功上市，企业融资将不再成为长期困扰企业发展的难题。

综上所述，创业企业在不同阶段的融资需求与融资特征具有较大的差异。天使投资人、风险投资机构侧重于不同的发展阶段，创业企业对资金的需求也经历了一个从需求小、需求迫切且大再到需求逐渐减少的过程（见表6-2）。

表6-2 **创业企业融资阶段特征**

阶段	企业特征	融资需求	投资者类型
种子期	有创意与科研项目；未形成商业模式架构	融资需求小	自筹为主兼天使投资
创建期	企业成立；产品研发设计试生产；产品前期市场推广	融资需求最大	天使投资人与风险投资机构为主
发展期	企业稳定发展，转亏为盈，且企业信用良好；进行企业规模扩大并积极提升产品市场占有率；计划企业上市	融资需求大	天使投资人与风险投资机构为主
成熟期	准备上市或已成功上市	融资需求小	大型投资机构、中小股民等

（二）创业融资阶段与公司股权结构的变化

创业企业在种子期阶段的融资需求最少，因为该阶段创业者多数拥有的还只是创意等，不具有实际可用的产品或推广的模式。但是，如果创业者的创意或科研项目潜力巨大，天使投资人将关注该创意或项目的进展，提供少数启动资金以及提供创业初期的经验指导与建议。因此，种子期阶段的融资需求小，创业者基本持有创意或者项目100%的所有权，企业创始人按出资额度或贡献分配相应股权。

在创建期阶段，企业创始人为实现创意或科研项目的经济价值，注册并成立公司，进行试生产。该阶段由于要购置大量的硬件设备，进行产品研发与设计、前期市场推广等，企业需要大量的资金满足企业的日常运转。但由于新创企业的特性，企业创始人难以获取银行贷款，且依靠自身难以解决巨大的资金缺口，因此该阶段企业融资的重点是向天使投资人或风险投资机构寻求资金注入。该阶段企业股权结构从单一向多元化转变，企业股权由企业创始人把持，转向为获取企业发展资金、注入新的资本金，将股权结构分散。按投资协议企业创始人与引入的投资者或投资机构享有的股权有明确的划分。该阶段企业创始人拥有企业的绝对控股权。

在发展期阶段，企业渡过了最为艰难的生存期，逐步走上了稳定的发展道路，形成了“自给自足”的经营现状。但是企业积极向前发展，需求规模扩大，市场拓展等，现有的资本规模难以为继。同时，企业着手进行上市的准备，单单依靠自我发展，难以满足上市所需的资源要求。因此，企业将会优先考虑引进新的投资人，在获取企业发展资金外，还同时获取新合作伙伴的社会资源与经验资源等。引入新的合作者通常是企业创始人决定（此时企业创始人拥有企业的绝对控股权），这将进一步稀释企业创始人的现有股权，企业的股权结构将变得更加多样化。

在成熟期阶段，企业正在上市的途中，或者已经完成上市。天使投资人或风险投资机构将考虑通过出售手中持有的股权，获取投资回报；而管理层也可以通过管理层回购，对投资人持有的股权进行回购，强化对企业的控制权。由于上市后，股票可在市场上自由交易，企业股权的流动性大为增强，企业的股权结构将可能出现三种结果：一是投资人出售持有的股票，改变了企业股权结构，创业人继续成为第一大股东；二是投资人出售持有的股票，出售的股票被某一机构再持有，企业股权结构发生变化，新的股东入局，但基本不会改变企业股权持有比例；三是管理层通过对投资人持有股票的回购，加强对企业的控制权，形成一家独大的局面。

综上所述，创业融资阶段的融资需求与公司的股权结构从反向关系向具有一致性关系的趋势发展。

小　结

本章主要介绍了创业资源获取方面的内容。从创业资源的基本概念入手，循序渐进地分析了创业资源的类型、重要性以及创业资源的获取过程，明确了创业资源获取过程中融资阶段主要特点以及创业融资阶段与公司股权结构变化的关系。

1. 创业资金需求的估计方法主要有：（1）参考行业标准比率预测资本需求；（2）用保本分析和经验调查反复核算资本需求，并通过预编财务报表，编制现金流量表与盈亏平衡分析来预测资金需求。

2. 创业者面临的最大问题是缺资金且融资困难。目前创业资金来源可以分为私人资本融资、股权融资与政府项目。私人资本融资包括个人资本积累、亲朋好友融资与天使投资；股权融资包括天使投资人、风险资本与公司风险投资等；政府项目包括国家火炬项目、创业板、政府引导基金等。

3. 风险投资是目前创业投资中最为热门的领域，我国目前已发展成为全球风险投资中心之一。风险投资泛指一切具有高风险、高潜在收益的投资，按照大类可以划分政策性风险投资和非政策性风险投资。风险投资具有偏向性、双向选择性、地理亲近性等特点。

风险投资机构筛选创业企业项目一般有四个原则：（1）在看重企业拥有高技术的同时，更看重企业未来的成长性；（2）企业一定要针对市场的需求开发新产品；（3）企业要明确在不同的发展阶段需要多少投资，是否每个发展阶段都能进一步吸引投资，企业要对未来两三年资金需求作估计；（4）企业要有合适的团队与领导者。

4. 私募基金又称为私募股权投资，广义的私募基金包括了企业 IPO（首次公开募股）之前在企业各个阶段所进行的所有权益投资，风险投资也包含在广义私募基金范围之内；狭义的私募基金是指对具有一定市场规模，具有成熟的产品、稳定的生产线和现金流的进入成熟期的企业的投资。私募股权投资通常发展在创业企业成熟阶段，以长期投资为主要投资策略，支持和鼓励企业管理层专注于长期价值创造。

5. 创业融资阶段可分为种子期融资、创建期融资、发展期融资与成熟期融资。创业融资阶段与公司股权结构的变化存在着对应关系。

思考题

1. 如何预估创业资金的需求规模？又如何利用创业资金？
2. 创业资源的来源有哪几种途径？
3. 风险投资的概念、形式、特点与获取途径是什么？
4. 创业融资分为哪几个阶段？每个阶段的特点是什么？
5. 创业融资阶段与公司股权结构的变化有着怎样的趋势？

【参考文献】

[1] Gompers P A. Optimal investment, monitoring, and the staging of venture capital. Journal of Finance, 1995, 50 (14): 61 - 89.

[2] Grant R M. The Resource-Based Theory of Competitive Advantage: Implications for Strategy Formulation. California Management Review, 1999, 33 (3): 3-23.

[3] Greene P G, Brush C G, Hart M M. The corporate venture champion: A resource-based approach to role and process. Entrepreneurship Theory & Practice, 1999 (3): 103-122.

[4] Hellmann T, and Puri M. Venture capital and the professionalization of start-up firms: Empirical evidence. Journal of Finance, 2002, 57 (16): 9-97.

[5] U Celikyurt, Sevilir M, Shivdasani A. Venture Capitalists on Boards of Mature Public Firms. The Review of Financial Studies, 2014, 27 (1) : 56-101.

[6] Timmons J A, Spinelli S. New venture creation: entrepreneurship for the 21st century. 北京：人民邮电出版社，2014.

[7] 陈志斌. 现代企业战略现金流管理的三维均衡. 管理世界，2006 (03).

[8] 贾宁，李丹. 创业投资管理对企业绩效表现的影响. 南开管理评论，2011 (01).

[9] 李九斤，王福胜，徐畅. 私募股权投资特征对被投资企业价值的影响，2015 (03).

[10] 李志伟，罗国锋，龙丹，安然. 风险投资的地理亲近性：对中国风险投资的实证研究. 管理学报，2014 (03).

[11] 林嵩. 创业资源的获取与整合——创业过程的一个解读视角. 经济问题探索，2007 (06).

[12] 李时椿. 创业管理. 第三版. 北京：清华大学出版社，2015.

[13] 王艳茹，王兵. 创业资源. 北京：清华大学出版社，2014.

[14] 夏清华. 创业管理. 武汉：武汉大学出版社，2011.

[15] 约翰·贝赞特，乔蒂德. 创新与创业管理. 第二版. 牛芳，池军，田新，等，译. 北京：机械工业出版社，2013.

[16] 张玉利，薛志红，陈寒松. 创业管理. 第三版. 北京：机械工业出版社，2013.

第七章　企业创建

创业者在创立一家企业之前，了解一些有关企业的基础知识是至关重要的，比如为什么要成立企业、何时成立新企业、创立新企业有哪些途径与方式。

第一节　企业类型与新企业创建方式

截至2017年7月，我国企业数量已经有7 300多万家，而在3年前，这个数字是4 000多万家。为何短短3年，就增加了如此之多的企业呢？这一方面说明最近几年我国创业活跃指数提高，另一方面也说明企业有一些个体无法比拟的优势，能够使更多人通过创建企业来实现自己的目标。

一、企业的概念

（一）企业的定义

什么是企业？汉语字典是这样来解释的：从事生产、流通或服务性经营活动，实行独立核算的经济组织。教科书上则是这样来下定义的，“企业一般是指以盈利为目的，以实现投资人、客户、员工、社会大众的利益最大化为使命，运用劳动力、资本、土地、技术等各种生产要素向市场提供商品或服务，实行自主经营、自负盈亏、独立核算的具有法人资格的社会经济组织。”

从上述定义可以看出企业具有两个重要属性：

第一，企业是一种（社会经济）组织。所谓组织，则是对完成特定使命的人们的系统性安排。组织相比个体，能发挥出1+1>2的力量，实现个人无法实现的目标。

第二，企业具有法人资格。所谓法人，是指根据法律参加民事活动的组织。这说明企业要受到法律的约束，同时也会受到法律的保护，义务与权力并存。

（二）企业的种类

在我国，按照投资人的出资方式和责任形式企业主要存在三大类基本组织形式：独资企业、合伙企业和公司制企业，公司制企业是现代企业中最主要的最典型的组织形式。此外，企业也有其他的多种分类形式。例如，按所有制结构可分为：全民所有制企业、集体所有制企业、私营企业和外资企业；按规模可分为：特大型企业、大型企业、中型企业、小型企业和微型企业；按公司地位和隶属关系类型可分为：母公司、子公司；按经济部门可分为：农业企业、工业企业和服务企业等。

二、企业创建

按照法律要求，开展经营活动，一般需要事先获得法律认可的身份后才能开始。但事实上，有很多新企业往往开展经营活动在先，法律注册程序在后。这就引出一个学术问题，该如何定义新企业的存在。目前比较一致的观点是，从三个维度来衡量新企业的成立：存在雇用性质的员工关系、产生第一笔销售、注册登记成合法实体。

创业者可能较为关心的问题是什么时候注册登记成合法实体比较好，因为雇用员工、进行销售这些都可以在注册前开始。

创业者可以从两个视角来考虑注册的时机：

第一种，从成本收益的视角来看，综合考虑内外部条件。蒂蒙斯教授曾提出创业三要素模型，认为机会、团队和资源是创业获得成功的必备条件，因而从蒂蒙斯理论来看，有好的商业机会，具备有利的经济社会环境，有好的创业团队，以及帮助企业获取成功的资源，比如已经开发出了能够创造市场的产品等，就可以考虑创立企业。

第二种，从知识产权的角度来看。企业名称本身也是一种稀缺资源，有些创业者甚至把注册企业名称作为自己的创业机会，因而越早注册，时机越佳。

三、创建新企业的途径与方式

创业者可以通过三种方式建立新企业：创建一个新企业，收购现有企业，特许经营。每种选择都有利有弊。选择哪一种方式开始自己的事业，取决于创业者的创业目标与创业条件。

（一）创建新企业

创建一个新企业，意味着一切从零开始，好处是具有百分之百的自由发挥的空间，相当于在一张空白纸上作画。许多国家为了鼓励自主就业和创业，大幅度降低公司注册资金要求，减少企业注册费用，这给创业者带来福音。

尽管创建一个新企业门槛较低，但运营一个新企业的风险很大，因为企业是从零开始，会遇到各种各样的难题，比如发展自己的客户群、开发企业的管理和组织体系以及市场营销计划等。有时，这些会让创业者望而生畏。

（二）收购现有企业

如果从未创办过企业，那么购买并经营一个现成的企业就有许多好处。企业在建立客户关系、开发业务、训练员工、建立库存等方面，都有一定的基础，在市场上也有其相应的知名度和影响力。

收购现有企业的好处是：第一，减少新建企业必须面对的不确定性和难以预料的困难；第二，获得现有企业及其与客户、供应商已建立的关系；第三，以低于新建企业成本的价格购买现有企业。

不过，收购现有企业的挑战也不少。首先，创业者得有足够的资本；其次，创业者一开始就要有掌控一家成熟企业的能力，不像创建新企业，创业者的能力可以跟随企业发展进程而增长；最后，创业者需要有辨别资产价值的能力，否则收购一家企业带来的麻烦比创建新企业更多。

（三）特许经营

所谓特许经营（franchise business），是指特许人（franchisor）通过合约将某种特许权转让给受许人（franchisee）进行经营。许多知名的连锁大企业都采用了这种方式，比如肯德基、麦当劳、星巴克等。

特许经营为创业者提供了一条经营风险介于创建新企业和收购现有之间的创业之路。通常特许经营方已经形成了比较成熟的经营体系，也有一定的品牌商誉，同时提供经营培训，输出管理模式。从进入成本来看，要高于创建新企业，但经营风险相对来说就大大降低了。

不过特许经营的范围较少，大多在零售业和服务业，这些要么是已经过了快速发展的黄金时期，目前只是努力维持现况的成熟产业；要么是进入门槛低、竞争非常激烈、不断向完全竞争接近的行业，而且特许人对受许公司有相当广泛的控制权，例如特许经营店的店面、服务着装、销售设备、经营方式、营业时间，甚至供应商的选取往往也是由特许者做出的。因此，对于想拥有更高自由度的创业者来说，特许经营或许不是一种理想的选择。

第二节　创建新企业的流程

前文介绍了创建新企业的三种方法和路径，由于收购其他企业和特许经营都需要另一方的介入和配合，这里仅介绍创立一个全新企业的方法。第一步，选择新企业的法律组织形式；第二步，进行注册登记；第三步，设立组织结构，开展运营。

一、选择新企业的法律组织形式

企业法律组织形式是指企业存在的形态和类型，主要有独资企业、合伙企业和公司制企业三种形式。无论企业采用何种组织形式，都应具有两种基本的经济权利，即所有权和经营权，它们是企业从事经济运作和财务运作的基础。

企业创建需要遵循国家颁布的相关法律，到工商行政管理机构依法办理公司注册登记以获取合法的经营资格并履行相应的法律义务。目前与企业法律组织形式相关的主要有三部法律，分别是《中华人民共和国个人独资企业法》、《中华人民共和国公司法》和《中华人民共和国合伙企业法》，相应地我国企业可采用的法律组织形式也为这三种：个人独资企业、合伙企业、公司制企业（包括有限责任公司和股份有限公司）

1. 个人独资企业

个人独资企业是由一个自然人投资、全部资产为投资人所有的营利性经济组织。个人独资企业是一种很古老的企业形式，至今仍广泛运用于商业经营中，其典型特征是个人出资、个人经营、个人自负盈亏和自担风险。根据《中华人民共和国个人独资企业法》，只要满足以下5种条件：就可以申请个人独资企业：（1）投资人为一个自然人；（2）有合法的企业名称；（3）由投资人申报出资，国家对其注册资金实行申报制，没有最低限额；（4）有固定的生产经营场所和必要的生产经营条件；（5）有必要的从业人员。

2. 合伙企业

合伙企业是由两个或两个以上的自然人通过订立合伙协议，共同出资经营、共负盈亏、共担风险的企业组织形式 。我国合伙组织形式仅限于私营企业。合伙企业一般无法人资格，不缴纳所得税。合伙企业可以由部分合伙人经营，其他合伙人仅出资并共负盈亏，也可以由所有合伙人共同经营。根据《中华人民共和国合伙企业法》第二条“本法所称合伙企业，是指依照本法在中国境内设立的由各合伙人订立合伙协议，共同出资、合伙经营、共享收益、共担风险，并对合伙企业债务承担无限连带责任的营利性组织。”可见，合伙企业的合伙人不一定必须是自然人，也可以是企业。合伙企业名称中应当标明“普通合伙”字样。

3. 公司制企业

公司制企业是一种以法人财产制度为核心，以科学规范的法人治理结构为基础，从事大规模生产经营活动，具有法人资格并依法设立的经济组织。公司制企业具有两个主要特点。第一，公司就是法人。公司是一个法人团体，具有法人地位，具有与自然人相同的民事行为能力。这是现代公司制的根本特点。第二，公司实现了股东最终财产所有权与法人财产权的分离。我国法定公司形式有两种，即有限责任公司和股份有限公司。

有限责任公司，由50个以下股东出资设立。有限责任公司的股东，以其认缴的出资额为限对公司承担责任。只有一个自然人或一个法人股东的有限责任公司称为一人有限责任公司。一人有限责任公司的股东不能证明公司财产独立于股东自己财产的，应当对公司债务承担连带责任。

股份有限公司是全部资本分为等额股份，股东以其认购的股份为限对公司承担责任的企业法人。设立股份有限公司，需2人以上200人以下为发起人。股东应以其认购的股份为限对公司承担责任。

一人公司与个体工商户、个人独资企业等形式有一定的相似之处，容易混淆，三者之间的差异见表7-1。

表7-1　**一人公司、个体工商户、个人独资企业的比较**

	税收	责任承担	注册资本
个体工商户	由税务局根据经营地点、经营面积及经营规模等方面进行核定征收，即无论是否亏损均须交税	对外出现负债状况，则经营者应以个体户及其个人的全部财产对债务承担无限责任	无注册资本要求

续表

	税收	责任承担	注册资本
个人独资企业	根据收入按月交税，税种根据不同业务由税务局核定，没有收入无须交税	如个人独资企业对外出现负债情况，则投资人应以企业及其个人的全部财产对债务承担无限责任	有申报的出资额即可注册
一人公司	根据收入按月交税，税种根据不同业务由税务局核定，没有收入无须交税	股东以其出资额为限对公司债务承担有限责任，不涉及股东个人及家庭财产	无具体要求

一个新创企业可以选择不同的组织形式，各种法律组织形式没有绝对的优劣之分，只能说各有利弊，如何决策，关键看创业者如何选择（见表 7-2）。决策时要考虑如下因素：

表 7-2 **各种企业组织形式对于创业者的优劣比较**

	优　势	劣　势
个人独资企业	企业设立手续非常简便、费用低； 所有者拥有企业控制权； 可以迅速对市场变化做出反应； 只需缴纳个人所得税，无须双重课税； 在技术和经营方面易于保密	创业者承担无限责任； 企业的成功过多依赖创业者个人能力； 筹资困难； 企业随着创业者退出而消亡，寿命有限； 创业者投资的流动性低
合伙企业	创办比较简单、费用低； 经营上比较灵活； 企业拥有更多人的技能和能力； 资金来源较广，信用度较高	合伙创业人承担无限责任； 企业绩效依赖合伙人的能力，企业规模受限； 企业往往因关键合伙人死亡或退出而解散； 合伙人的投资流动性低，产权转让困难
有限责任公司	创业股东只承担有限责任，风险小； 公司具有独立寿命，易于存续； 可以吸纳多个投资人，促进资本集中； 多元化产权结构有利于决策科学化	创立的程序相对复杂； 存在双重纳税问题，税收负担较重； 不能公开发行股票，筹集资金的规模受限； 产权不能充分流动，资产运作受限
一人公司	设立比较便捷，管理成本比较低； 鼓励个人创业以及技术型创业； 风险承担责任小，经营机制灵活	缺乏信用体系，筹资能力受阻，财务审计条件严格，运营较难
股份有限公司	创业股东只承担有限责任，风险小； 筹资能力强； 公司具有独立寿命，易于存续； 职业经理人进行管理，管理水平较高； 产权可以股票形式充分流动	创立的程序复杂； 存在双重纳税问题，税收负担较重； 股份有限公司要定期报告公司的财务状况，公开自己的财务数据，不便严格保密； 政府限制较多，法规的要求比较严格

1. 投资者的资本和规模
2. 创业者的经验

3. 企业税负
4. 行业特点
5. 企业设立条件与程序

二、新企业名称

除了特许经营之外，收购一个旧企业或者创建一个新企业，需要创建一个新的企业名称。企业的名称好比产品的商标一样，具有市场识别作用，因此，企业名称的设计需要讲究策略。

（一）企业名称的作用

选择的企业名称应该表明企业的身份，能在商界显得与众不同，能被公众所认知。企业名称一旦选定就应该相对固定，在以后相当长的时间内会成为企业身份的标志。改变企业名称是有代价的，除了建立起来的市场知名度和识别功能发生混乱或退化之外，原来印有企业名称的办公用品、营销材料、标志图形、姓名地址录和成员资格都需要随之进行改变。

（二）企业名称设计考虑的因素

在确定企业名称之前要考虑以下因素：

选择一个能影响目标市场的名称。一个好的企业名称通常能凸显企业个性和好的品质特征，激发消费者积极的联想，如亲切友好、富于创新，这些往往是生产者吸引消费者的重要因素。比如“东湖”高科技企业，中关村“创维”实验室，都包含了空间想象的作用。

企业名称需要一个说明性的名词，并且要与企业经营的产品或服务的品质相吻合，消费者可以从企业名称联想到企业提供的产品或服务，具有宣传色彩。比如“信达投资管理有限公司”就能让消费者明白它所提供的是投资管理服务，而“信达”则表明了企业的经营理念，具有宣传作用。

名称不要带有限制性。选择一个能展现企业未来产品和服务的名称，不要使用一个把产品局限在某个时间段的名称。最好取一个概括性强的企业名称，能适应未来产品的发展，然后再为具体产品分别选择一个恰当的名称。不要让企业名称过于专业化，以免在扩大业务范围时使其失去了说明性的特点。

要考虑名称的使用效果，便于给消费者留下深刻的印象。比如“苹果”牌电脑的标志就是一个被咬掉一口的苹果。

考虑企业名称的广泛用途。要考虑名称是否便于呼叫、是否便于缩写、是否利于翻译成其他语言等。

考虑到名册录上字母表的排列顺序。排在字母表前段靠近 A 要比靠近最后 Z 的利大于弊，因为一般情况下消费者的查找习惯往往是只翻看前面的一些名单就决定跟谁联络了。

用自己的姓名起名。如果创业者在本社区、地区或行业内备受尊重，有很好的知名度，那么用自己的姓名作为企业名称的一部分会使自己在工商界占有一定的优势。当然，能否用姓名作为企业名称的一部分，还需要符合有关法律规定，因为存在同名同姓的现象。

注册企业名称之前要查看本地电话簿的白页和黄页或通过工商行政管理部门查看选择的企业名称是否被其他企业在先使用了，或者研究自己选择的企业名称与其他企业的名称是否相似，而失去了名称的个性，不利于潜在消费者记忆。

选择企业名称是一个非常个性化的决策过程，其他人是很难贸然介入的。耐心地选择一个能展现你所希望的企业形象的名称，选择一个令人注目、有实用价值、具有时代感的名称。

三、新企业的注册登记

设立公司须依法向企业登记机关申请设立登记，公司凭营业执照刻制印章，开立银行账户，申请纳税登记。当前，我国企业登记机关是工商行政管理机关。自 2014 年 3 月 1 日起，注册成立公司的门槛将降低。十二届全国人大常委会第六次会议 2013 年 12 月 28 日决定，对《中华人民共和国公司法》作出修改，公司注册资本实缴登记制改为认缴登记制，并取消注册资本最低限额。

将公司注册资本实缴制改为注册资本认缴登记制是新修改的公司法最突出的亮点。新修改的公司法规定，除法律、行政法规以及国务院决定对公司注册资本实缴另有规定的以外，取消了关于公司股东（发起人）应当自公司成立之日起两年内缴足出资、投资公司可以在 5 年内缴足出资的规定；取消了一人有限责任公司股东应当一次足额缴纳出资的规定。公司股东（发起人）自主约定认缴出资额、出资方式、出资期限等，并记载于公司章程。这一改革有利于个体创业、可以促进我国建立信用体系，有利于推动资源配置方式转变。

（一）注册流程

第一步：核准名称

时间：1~3 个工作日。

操作：确定公司类型、名字、注册资本、股东及出资比例后，可以去工商局现场或线上提交核名申请。

第二步：提交资料

时间：5~15 个工作日。

核名通过后，确认地址信息、高管信息、经营范围，在线提交预申请。在线预审通过之后，按照预约时间去工商局递交申请材料。

第三步：领取执照

时间：预约当天。

操作：携带准予设立登记通知书、办理人身份证原件，到工商局领取营业执照正、副本。

第四步：刻章等事项

时间：1~2 个工作日。

操作：凭营业执照，到公安局指定刻章点办理：公司公章、财务章、合同章、法人代表章、发票章；至此，一个公司注册完成。

（二）所需材料

工商注册需准备以下几个方面的材料：

1. 公司法定代表人签署的《公司设立登记申请书》；
2. 全体股东签署的公司章程；
3. 法人股东资格证明或者自然人股东身份证及其复印件；
4. 董事、监事和经理的任职文件及身份证复印件；
5. 指定代表或委托代理人证明；
6. 代理人身份证及其复印件；
7. 住所使用证明。

（三）后续事项

1. 办理银行基本户

公司注册完成后，需要办理银行基本户开户。基本户是公司资金往来的主要账户，经营活动的日常资金收付以及工资、奖金和现金的支取都可以通过这个账户来办理。每个公司只能开一个基本户。

2. 记账报税

完成公司注册后，需先办理税务报到，报到时需提供一名会计的信息（包括姓名、身份证号、联系电话）。公司成立后 1 个月起，需要会计每月记账并向税务机关申报纳税。企业准备好资料到专管所报到后，税务局将核定企业缴纳税金的种类、税率、申报税金的时间，及企业的税务专管员。企业日后将根据税务部门核定的税金进行申报与缴纳。

3. 缴纳社保

公司注册完成后，需要在 30 天内到所在管辖区域的社保局开设公司社保账户，办理《社保登记证》及由电子商务认证授权机构（Certificate Authority，CA）签发的 CA 证书，并和社保、银行签订三方协议。之后，社保的相关费用会在缴纳社保时自动从银行基本户里扣除。

4. 申请税控及发票

如果企业要开发票，需要申办税控器，参加税控使用培训，核定申请发票。完成申请后，企业就可以自行开具发票了。

5. 企业年报

根据《企业信息公示暂行条例》，每年 1 月 1 日至 6 月 30 日，企业应当报送上一年度年度报告，内容包括公司基本情况简介、主要财务数据和指标、股本变动及股东情况等。

未按规定期限公示年度报告的企业，工商机关会将其载入经营异常名录，并处罚款。

超过3年未报年报的企业，将会纳入严重违法企业“黑名单”。纳入异常名录后，企业将无法变更、注销、转股，对外合作时，社会公众可随时查看到该公司的异常情况。同时，对法人、高管进行行政限制。

（四）编写新公司的章程

1. 公司章程的定义

公司章程，是指公司依法制定的，规定公司名称、住所、经营范围、经营管理制度等重大事项的基本文件，也是公司必备的规定公司组织及活动基本规则的书面文件。

公司章程是股东共同一致的意思表示，载明了公司组织和活动的基本准则，是公司的宪章。公司章程具有法定性、真实性、自治性和公开性的基本特征。公司章程与《中华人民共和国公司法》一样，共同肩负调整公司活动的责任。作为公司组织与行为的基本准则，公司章程对公司的成立及运营具有十分重要的意义，它既是公司成立的基础，也是公司赖以生存的灵魂。

2. 公司章程与股东协议

从某种意义上看，公司章程可以被认为是股东协议的一种，因为公司章程也要通过股东会或股东大会作决议，也可以理解成股东之间的协议。那么，公司章程与股东协议在性质上到底有什么区别?

其区别很重要的一点是修改上。股东协议是合同，如果合同需要修改，必须订立合同的全体当事人一致同意，这个合同才能修改，否则无法修改。但是，公司章程作为组织架构的一种设置，它在修改的方式上跟合同是有区别的，它不需要一致同意，只需要2/3以上表决权同意就可以修改。甚至在股份公司中，公司章程的修改不需要全体股东2/3以上表决权的通过，股份公司在修改章程时只需要出席股东大会的股东2/3以上表决权通过。从这个意义上来讲，公司章程的修改要比股东协议的修改宽松些，这是它们之间最核心的区别。在实务中，公司章程的效力仍然遵循《中华人民共和国合同法》的相应规定，尤其是认定公司章程条款的效力，往往需要根据《中华人民共和国合同法》第52条的规定进行评判。

3. 公司章程的效力

（1）公司章程对公司的效力。公司章程对公司的效力表现在，公司自身的行为要受公司章程的约束。具体而言：第一是公司应当依其章程规定的办法，产生权力机构、业务执行和经营意思决定机构、监督机构等公司组织机构，并按章程规定的权限范围行使职权；第二是公司应当使用公司章程上规定的名称，在公司章程确定的经营范围内从事经营活动；第三是公司依其章程对公司股东负有义务，股东的权利如果受到公司侵犯时，可对公司起诉。

（2）公司章程对股东的效力。公司章程系由公司股东制定，并对股东具有约束力。这种约束力不仅限于起草、制定公司章程的股东，而且对后来加入公司的股东是同样的，这是由公司章程的自治规则性质所决定的。公司章程对股东的效力主要表现为股东依章程规定享有权利和承担义务。

（3）公司章程对董事、监事和经理的效力。公司章程对董事、监事，经理的效力表现为，公司的董事、监事、经理应当遵守公司章程，依照法律和公司章程的规定行使职权。若董事、监事、经理之行为超出公司章程对其赋予的职权范围，其应就自己的行为对公司负责。

4. 公司章程的主要内容

依据我国公司法规定，有限责任公司章程应当载明下列事项：

（1）公司的名称和住所；

（2）公司的经营范围；

（3）公司注册资本；

（4）股东的姓名或者名称；

（5）股东的权利和义务；

（6）股东的出资方式和出资额；

（7）股东转让出资的条件；

（8）公司的机构及其产生办法、职权、议事规则；

（9）公司的法定代表人；

（10）公司的解散事由和清算办法等。

股份有限公司的章程应当记载的事项包括：

（1）公司名称和住所；

（2）公司经营范围；

（3）公司设立方式；

（4）公司股份总数；

（5）股东的权利和义务；

（6）董事会的组成、职权、任期和议事规则；

（7）公司法定代表人；

（8）监事会的组成、职权、任期和议事规则；

（9）公司利润分配办法；

（10）公司的解散事由和清算办法；

（11）公司的通知和公告办法。

5. 公司章程的其他注意事项

（1）制定

有限责任公司章程由股东共同制定，经全体股东一致同意，由股东在公司章程上签名盖章。修改公司章程，必须经代表 2/3 以上表决权的股东通过。有限责任公司的章程，必须载明下列事项：公司名称和住所；公司经营范围；公司注册资本；股东的姓名和名称；股东的权利和义务；股东的出资方式和出资额；股东转让出资的条件；公司机构的产生办法、职权、议事规则；公司的法定代表人；公司的解散事由与清算办法；股东认为需要规定的其他事项。

股份有限公司章程中应载明下列主要事项：公司名称和住所；公司经营范围；公司设立方式；公司股份总数，每股金额和注册资本；发起人和姓名或者名称、认购的股份数；股东的权利和义务；董事会的组成、职权、任期和议事规则；公司的法定代表人；监事会的组成、职权、任期和议事规则；公司利润分配方法；公司的解散事由与清算办法；公司的通知和公告办法；股东大会认为需要规定的其他事项。

股份有限公司章程由发起人制定，经出席创立大会的认股人所持表决权的半数以上通过；修改公司章程，必须经出席股东大会的股东所持表决权的2/3以上通过。

公司章程缺少上述必备事项或章程内容违背国家法律法规规定的，公司登记机关应要求申请人进行修改；申请人拒绝修改的，应驳回公司登记申请。

（2）修改

有下列情形之一的，公司应当修改章程：

①《中华人民共和国公司法》或有关法律、行政法规修改后，章程规定的事项与修改后的法律、行政法规的规定相抵触；

②公司的情况发生变化，与章程记载的事项不一致；

③股东大会决定修改章程。

（3）变更

根据我国《中华人民共和国公司法》的规定，公司章程的修改应依照以下程序进行：

①由公司董事会作出修改公司章程的决议，并提出章程修改草案。

②股东会对章程修改条款进行表决。有限责任公司修改公司章程，须经代表2/3以上表决权的股东通过；股份有限公司修改章程，须经出席股东大会的股东所持表决权的2/3以上通过。

③公司章程的修改涉及需要审批的事项时，报政府主管机关批准。股份有限公司为募集注册资本而发行新股时，必须向国务院授权的部门或者省级人民政府申请批准；属于向社会公开募集的，须经国务院证券管理部门批准。

④公司章程的修改涉及需要登记事项的，报公司登记机关核准，办理变更登记；未涉及登记事项，送公司登记机关备案。

⑤公司章程的修改涉及需要公告事项的，应依法进行公告。公司发行新股募足股款后，必须依法定或公司章程规定的方式进行公告。

⑥修改章程需向公司登记机关提交《股东会决议》及《章程修正案》，若涉及登记事项，须有公司法人签章方可完成变更。

（五）建立企业组织结构

随着企业股权结构的确定，企业的组织结构也要随之确定。传统可供选择的组织结构类型主要包括直线制、职能制、事业部制、矩阵制等。另外还有一些新兴的组织结构也在兴起，比如团队型组织、虚拟型组织等。

1. 新企业的组织结构特征

新企业初期大多以简单职能为多，组织结构模式呈现以下特征：

（1）结构扁平化，大多只有1~2个层级。

（2）高度适应性和灵活性。

（3）结构呈连环状而非阶梯状。

（4）以客户和关键任务为中心，类似于项目管理。

（5）以学习能力、贡献和影响力而非职位权力去影响和管理人。

（6）初期的管理风格是以工作为中心的领导，以任务为导向的行为。这种领导风格的行为特征体现在：确认目标；计划与分配资源；决策；控制进度；审查与评估。

2. 新企业的组织结构选择

企业组织结构的概念有广义和狭义之分。狭义的组织结构，是指为了实现组织的目标，在组织理论指导下，经过组织设计形成的组织内部各个部门、各个层次之间固定的排列方式，即组织内部的构成方式。广义的组织结构，除了包含狭义的组织结构内容外，还包括组织之间的相互关系类型，如专业化协作、经济联合体、企业集团等。

在传统组织结构中，直线制和职能制较适合初创型组织，事业部制和矩阵制适合较大规模、已经正规化的组织。新创企业因为有新技术的采用，也适合用一些新兴的组织结构。

（1）直线制组织

直线制组织是最简单和最基础的组织结构形式，其最核心的特征就是组织中每一位主管人员对其直接下属拥有直接职权；组织中的每一个人只对他的直接上级负责或报告工作；主管人员在其管辖范围内，拥有绝对的职权或完全职权，即主管人员对所管辖的部门的所有业务活动行使决策权、指挥权和监督权。这种结构一般在初创企业人数较少时使用。

（2）职能制组织

职能制组织按照职能划分部门，比如公司划分为产品开发部、市场营销部等。其优势在于可以充分发挥各个职能专家的特长，劣势在于横向沟通较为困难，比较适合初创企业有了一定市场规模时使用。

（3）团队型组织

新企业大多是以客户和关键任务为中心来开展业务活动，类似于项目管理团队。由组织结构决定的新企业初期的工作关系，体现为角色分工一专多能，一人负责多个任务，专业化分工不是很细，部门化程度不高。

《创业者手册》的作者史蒂夫·布兰克建议互联网型的公司初创期建立两个团队，一个是产品开发团队，另一个是客户开发团队。

（4）虚拟型组织

虚拟组织结构是指临时把人员召集起来，以利用特定的机遇，待目标完成后即行解散的一种临时组织。虚拟组织结构，也称为网络型组织，是一种只有很精干的核心机构，以契约关系的建立和维持为基础，依靠外部机构进行制造、销售或其他重要业务经营活动的组织结构形式。

新创企业是否采用这种结构，主要取决于新创企业团队组建和产品开发的需要。因为某些原因，团队人员或产品开发人员并不能和其他人一起面对面工作时，可以采用这种结构。当然这种结构不稳定性比较大，沟通和协商是解决矛盾和冲突的关键。

四、开展新企业运营

（一）选址

新企业开始运转后，第一件事就是选择办公地址。对于大多数以零售、服务类为主的企业，地理位置是企业获得成功的关键因素之一，这类企业主要考虑的选址因素是经济因素、人口因素、竞争因素、个人因素、地理因素、劳动力供给、交通条件等。

选址好比看“风水”，关系到企业的兴旺发达。位置好能招徕生意，积聚人气，门庭若市。位置不好，可能门可罗雀，走车不走人。因此，店址的选择是创业者的一项长期投资，关系着创业者未来的经济效益和发展前景，两个同行业同规模的商店，即使商品构成、服务水平、管理水平、促销手段等方面大致相同，但仅仅由于所处的地址不同，经营效益就可能有较大区别。

对于某些类型的企业来说，位置选择非常重要，像零售商店和服务类企业，如服装店、干洗店等都要靠一定量的客流来生存。这类企业要想成功必须靠近它的顾客。而对另外一些零售和服务类商店以及多数的批发类企业，地理位置在吸引客户方面却没有那么重要。如果出售的商品成本较高（如家具等），则可用产品招揽顾客。某些服务类企业，如会计公司、税务咨询公司等，即便是位于很偏僻的地方，仍然可以实现很高的营业额，因为消费者愿意花费时间去寻找这些企业的产品和服务。

制造企业、建筑公司及其他一些服务类企业，一般能通过销售人员或广告寻找客户，不太在意用位置吸引消费者。这类企业在选址的时候，主要考虑的是成本、环境，以及原材料供应等问题。

企业除了考虑传统的写字楼外，还可以考虑孵化器、共享办公空间等新型的工作场所，这些新型的工作场所往往会提供比较优惠的条件吸引企业入驻。

当然，选址考虑的众多因素中，便利客户到达与房租成本是两个主要的因素，但有时又是鱼和熊掌不可兼得，客户到达多，变成闹市繁华地带，租金就必然高。所以，国外一些大型超市通过把店开到郊区，租金便宜，又便于停车。但沃尔玛、麦德龙到中国后却改变策略，把店开到市中心，这是考虑到中国人经常购物的习惯和交通的便利性。

（二）开发和销售产品/服务

无论企业是否注册，开发和销售产品/服务都是最为核心的工作，因为这是新企业存活的关键。至于如何开发和销售，后面的第 8 章和第 9 章会给出比较详细的说明和介绍，这里就不再赘述了。

（三）招聘员工

对于初创企业，能否招聘到优秀的员工将直接决定企业的生死。新创企业与成熟企业相比，自身业务存在很大的不确定性，薪资福利也往往很缺乏，在招聘市场上处于不利地位，但其远大的发展前景以及可观的公司期权，抵消了大部分的劣势，但仍然存在招聘的巨大困难。这极大考验初创团队的沟通能力和管理能力。

1. 招聘前的准备

一开始做公司的时候，公司需要的首先不是几个员工、职员，而是合伙人。合伙人招募之后是核心员工。对于这些人员的招聘需要创始人和团队花很多心血，创业初期招人既是一件考验智力的事情，又是一件考验体力的事情。考验智力体现在创始人要知道自己到底需要什么人并且能快速找到他；考验体力体现在，与一位候选人聊天动辄就是3个小时以上。比如小米创始人雷军，为了说服一位候选人加入，曾连续打了90多个电话。

2. 招聘过程

创业公司应当把招聘看作“融智”的过程，和“融资”过程很类似，找合适的人沟通，向他展示公司的前景和目标，以及公司的竞争优势。下面是风险资本经纬中国认为招聘时需要向应聘者讲清楚的内容：

- **会讲公司的故事**

给你的公司或产品线起一个让人印象深刻又没有IP风险的名字
公司的故事（scenario）
主要产品线
公司简单架构
重要的卖点（selling point）
业务会面临的挑战是什么

- **会讲市场的故事**

市场规模有多大？
目前处于怎样的发展阶段？
市场增长是否够快？
市场可以容纳几个玩家？对竞争产品的横向比较和对自己产品的展望
是否能一句话清晰描述明确的用户群？
是否能一句话清晰描述产品核心需求和核心功能？

- **会讲技术的故事**

我们的产品的技术是怎样形成的？
这个技术有趣的点在哪里，和竞争产品比较我们的技术优势在哪里？

- **会讲人和团队的故事**

创始团队的个人品牌，强有力的投资公司的品牌背书

这个团队是如何走到一起去的？

包装一个核心创始人作为意见领袖

- **会讲这个职位的故事**

汇报关系

团队的结构（技术组成，市场销售团队架构的展望）

部门的发展故事，因为创业从0到1的故事本身是会引发对方共鸣、激发对方一起荣辱与共的想法的

这个职位入职半年到一年内亟待解决的Top3的问题

职位本身的selling point

3. 招聘后的管理

人员招聘后，要对招进来的人员进行良好的管理，这样才能真正留住人。留住人的核心主要是薪酬机制和人才的培养和开发。薪酬机制主要是针对合伙人和核心员工的股权和期权机制设计。

按照通常的惯例，新员工到来的第一天应该带他们参观企业。在这期间，应该把新员工介绍给在职的其他员工，让新员工了解企业的整体运行情况，明确地要求新员工适应企业的经营环境并融入企业当中。这项工作并不需要花很多精力，但却十分有用。从长远来看，这项工作省时省钱。

最重要的是，要让新员工从进入企业的第一天开始就能找到自己的恰当位置，即员工定岗。正确定岗常有助于提高员工的工作效率，并且有助于把优秀员工长期留住。

员工定岗的4个基本原则

（1）定人：确定需要定岗员工；

（2）定事：明确必须完成的工作任务；

（3）试用：让员工在监督下进行尝试；

（4）转正：让合格者继续工作下去。

给新员工定岗准备工作的6个要素：

（1）落实工作：让新员工了解他们所要从事的工作；

（2）进行监督：让在职员工对新员工进行辅导和监督；

（3）设计障碍：设计一个简单的工作障碍；

（4）确定时间：制定一个新员工培训时间表；

（5）划定范围：划定工作范围；

（6）绩效评估：每天对新员工工作绩效进行评估。

第三节　新企业的企业文化建设

很多创始人对企业文化往往不以为然，认为这是公司做大以后才需要考虑的事情，事实上很多优秀的公司证明从企业创建时就考虑企业文化是更为明智的选择。

一、企业文化的内涵

企业文化就是指企业在长期的经营实践活动中所形成的并且为企业成员普遍认可和遵循的具有本企业特色的价值观念、团体意识、行为规范和思维模式的综合。广义的企业文化是指企业的物质文化、行为文化、精神文化以及制度文化的总和；狭义的企业文化是指以企业价值观为核心的企业意识形态。

企业文化由以下三个相互作用的层次组成：（1）物质层：可以观察到的组织结构和组织过程以及组织所提供的产品或服务等；（2）组织规制和惯例，比如选拔用人制度、奖惩制度、绩效考核标准与方法等；（3）共享价值观：团队主导成员所认同的信仰、知觉、思想、感觉，也包括战略、目标、质量意识等。

总之，企业文化可以通过多种有形或无形的方式表现出来，价值观可以内化到人们的信念中并通过具体的自觉行为表现出来。

二、新企业的文化特点

（一）具有创造力与创新精神

源于创始人对机会的洞察，新企业才得以创建。新创企业相比于成熟企业来说，无论是资源还是技能和知识都不完善，也不能像成熟企业围绕已有的资源来经营，因此，为了捕捉商业机会，多数情况下需要依靠创新，通过建立适合自己的商业模式来形成竞争优势。

（二）资源约束力强

新创企业自我资源不足，很大程度上要依赖利益相关者提供的资源，这对新创企业的发展提供了很强的约束力。

（三）高风险性

新创企业本身存在资源、实力、市场等众多方面的先天不足，抗风险能力相对较弱，外部环境的不确定性和内部条件的不成熟都给企业带来了巨大的经营风险。与成熟企业相比，新创企业的主要管理目标是保证企业的生存，并在此基础上积累、整合资源，发展企业的关键职能，形成产业基础。

三、新企业的企业文化创建与发展

（一）企业文化创建的一般途径

创始人对企业早期文化影响巨大，创始人要对企业文化积极倡导并坚持。企业文化伴随企业的产生而产生，创始人在企业文化的产生中起到关键作用，左右着企业文化的发展方向。

1. 文化创建

文化形成主要有三种途径：

（1）创始人仅仅聘用和留住与自己的想法和感受一致的人员。

（2）他们对于员工的思维方式和感受方式进行灌输和社会化。

（3）创始人把自己的行为作为榜样，鼓励员工认同这些信念和价值观，并进一步内化为自己的想法和感受。当组织成功时，创始人的愿景被认为是成功的主要决定因素，因此创始人的整个人格特点会植根于组织文化之中。

2. 文化形成过程

文化一旦建立，组织内部就会采取一些措施来维系文化。组织的甄选过程、绩效评估标准晋升程序，进一步确保了组织雇用的是适应这种文化的员工，奖励的是支持和拥护这种文化的员工。

在维系组织文化的过程中，有三个因素起了举足轻重的作用。

（1）甄选。识别并雇用哪些有知识、技巧、能力，能做好工作的人，还要保证所聘员工的价值观和组织价值观的基本一致。

（2）高层管理者通过自己的言行举止建立起规范，并将其渗透到组织当中。如公司是否鼓励冒险；管理者应该给自己的下属多大自由度；什么样的着装是得体的；什么样的活动可以得到加薪、晋升或其他奖励等。

（3）社会化。不管组织的人员甄选工作做得有多好，新员工都不可能完全适应组织文化的要求，因为他们对组织文化不太熟悉，因此，组织需要帮助新员工适应组织文化，这种适应过程称为社会化过程。社会化过程贯穿于员工在组织中的整个职业生涯，它进一步起到了维系组织文化的作用。

（二）新创企业建设企业文化的时机

1. 从雇用第一位员工开始

如果公司准备开始招聘第一位员工了，就可以思考企业文化的问题。以 Airbnb 为例，公司创始人 Brian 决定在雇员工 1 号之前就要把企业文化基调定下来，然后把这个文化标准放到用人标准中。Brian 的第一个工程师招聘用了整整 6 个月，他去面试了不下 1 000 人。别人都不解，问为什么 AirBnb 的第一个工程师招聘需要那么久的时间。Brian 解释这是一个长线的问题：第一个工程师被雇用过来不仅仅只是为了开发某些功能。第一个工程师在团队很小的时候其实是会注入他自己的性格、品行和行为方式的。一旦公司做大了，就将会有 1 000 个工程师和工程师 1 号差不多。你想想自己是不是愿意和 1 000 个这样的人一起共事。Brian 强调，用人的多元化应该在于他们的背景技能等，但是永远不要在核心品格上有任何的多元化。

2. 及早设定核心价值观

马云在创立阿里巴巴开始的时候，就给阿里巴巴设立了愿景、使命和核心价值观。阿里巴巴的使命是“让天下没有难做的生意”，愿景是成为一家生存 102 年的企业，世界十大网站之一，核心价值观是六脉神剑：“客户第一”“团队合作”“拥抱合作”“诚信”“激情”与“敬业”。显然这些愿景、使命和核心价值观在阿里巴巴成长过程中起到了奠基石的作用。

3. 在企业决策中坚持核心价值观

雇人时一定要看是否和企业文化契合。

任何企业发展一段时间后都会形成自己独特的文化，区别在于有的企业非常重视文化的总结、提炼，使之系统化，而有的企业领导人始终认为文化很虚。不可否认的是，每家企业其实都有自己的文化，且体现在公司所有员工的具体行为中，如员工对待客户和同事的方式、态度等。每个人也有其自身的特点，有些人富于激情、有进取心、积极向上，有些人比较淡定、低调、务实、善良等。人的这些特点与价值取向无所谓好坏，关键是企业在招聘员工时应考虑此人的性格特点是否与公司文化契合、与岗位要求匹配。

4. 企业战略决策坚持核心价值观

核心价值观在企业价值判断中起主体作用，它对企业的动机和行为所产生的结果有着巨大的影响作用。从成功企业的实践来看，它们之所以能持续生存发展，一个共同特点是在企业战略决策时信守核心价值观。以阿里巴巴为例，其核心价值观是诚信，所以对平台上出现的造假行为决不能姑息，其前 CEO 卫哲就是因为对于造假事件处理不力而被迫辞职的。

5. 将企业文化契合度引入员工绩效考察标准

研究表明，文化契合度越高，公司绩效越好。把企业文化契合度引入员工绩效考察标准，渐渐成为很多公司管理的基本内容。这就需要公司在制定考核标准时，首先要考虑企业文化，基于企业文化来制定绩效标准，其次是在考察中真正用企业化文化来衡量员工绩效，最后是对绩效好但文化不符的员工要谨慎对待。

附录：工商局公司章程模板

章　　程

第一章　总　　则

第一条　依据《中华人民共和国公司法》（以下简称《公司法》）及有关法律、法规的规定，由______出资，设立______________（以下简称公司），特制定本章程。

第二条　本章程中的各项条款与法律、法规、规章不符的，以法律、法规、规章的规定为准。

第二章　公司名称和住所

第三条　公司名称：______________________。

第四条　住所：______________________。

第三章　公司经营范围

第五条　公司经营范围：

第四章　公司注册资本及股东的姓名（名称）、出资方式、出资额、出资时间

第六条　公司注册资本：______万元人民币。

第七条　股东的姓名（名称）、出资方式、认缴额、出资时间如下：

股东姓名或名称	证件号码	出资方式	认缴额（万元）	出资期限
合　计				

第五章　公司的机构及其产生办法、职权、议事规则

第八条　公司不设股东会，公司高级管理人员由执行董事、监事、经理组成。公司股东行使下列职权：

（一）决定公司的经营方针和投资计划；

（二）任命执行董事、监事，决定有关执行董事、监事的报酬事项；

（三）审议批准执行董事的报告；

（四）审议批准监事的报告；

（五）审议批准公司的年度财务预算方案、决算方案；

（六）审议批准公司的利润分配方案和弥补亏损方案；

（七）对公司增加或者减少注册资本作出决议；

（八）对发行公司债券作出决议；

（九）对公司合并、分立、解散、清算或者变更公司形式作出决议；

（十）修改公司章程；

（十一）聘任或解聘公司经理。

第九条　公司不设董事会，设执行董事一人，执行董事为公司法定代表人，对公司负

责。执行董事任期 3 年，任期届满，可连选连任。

第十条 执行董事行使下列职权：

（一）决定公司的经营计划和投资方案；

（二）制订公司的年度财务预算方案、决算方案；

（三）制订公司的利润分配方案和弥补亏损方案；

（四）制订公司增加或者减少注册资本以及发行公司债券的方案；

（五）制订公司合并、分立、解散或者变更公司形式的方案；

（六）决定公司内部管理机构的设置；

（七）提名公司经理人选，根据经理的提名，聘任或者解聘公司副经理、财务负责人，决定其报酬事项；

（八）制定公司的基本管理制度。

第十一条 公司设经理，由股东聘任或解聘。经理对公司股东负责，行使下列职权：

（一）主持公司的生产经营管理工作，组织实施股东会决议；

（二）组织实施公司年度经营计划和投资方案；

（三）拟订公司内部管理机构设置方案；

（四）拟订公司的基本管理制度；

（五）制定公司的具体规章；

（六）提请聘任或者解聘公司副经理、财务负责人；

（七）决定聘任或者解聘除应由执行董事决定聘任或者解聘以外的管理人员。

第十二条 公司设监事一人，由公司股东任命产生。监事对公司股东负责，监事任期每届 3 年，任期届满，可连选连任。监事行使下列职权：

（一）检查公司财务；

（二）对执行董事、高级管理人员执行公司职务的行为进行监督，对违反法律、行政法规、公司章程或者股东会决议的执行董事、高级管理人员提出罢免的建议；

（三）当执行董事、高级管理人员的行为损害公司的利益时，要求执行董事、高级管理人员予以纠正；

（四）提议召开临时股东会会议，在执行董事不履行本法规定的召集和主持股东会会议职责时召集和主持股东会会议；

（五）向股东会会议提出提案；

（六）依照《公司法》第一百五十二条的规定，对执行董事、高级管理人员提起诉讼。

第六章 公司的法定代表人

第十三条 公司不设董事会，设执行董事一人，执行董事为公司法定代表人，对公司股东负责，由股东任命产生。执行董事任期 3 年，任期届满，可连选连任。执行董事在任期届满前，股东不得无故解除其职务，本公司法定代表人为______。

第七章 股东会会议认为需要规定的其他事项

第十四条 公司登记事项以公司登记机关核定的为准。

第十五条 本章程自公司设立之日起生效。

第十六条 本章程一式三份，股东留存一份，公司留存一份，并报公司登记机关备案一份。

第十七条 公司的营业期限______年，自营业执照签发之日起计算。

股东签字、盖章：

年 月 日

小 结

创业者可以通过三种方式建立新企业：创建一个新企业，收购现有企业，特许经营。每种选择都有利有弊。选择哪一种方式开始自己的事业，取决于创业者的创业目标与创业条件。新企业创建需要到工商行政管理机关办理公司注册登记以获得合法的经营资格并开展正式的经营活动。登记注册需要核准经营范围，确定公司名称和法律形式，履行相应的法律责任，依法纳税。企业创建的主要经营管理包括选择经营场所，招聘人员，确立组织结构，开发产品、服务和市场，形成公司文化。

思 考 题

1. 新企业创建的法律形式选择主要考虑哪些因素？
2. 企业组织结构的选择应该考虑哪些因素？
3. 企业经营场所的选择主要考虑哪些因素？
4. 新企业人员招聘如何与企业文化建设结合起来？其意义表现在哪些方面？

【参考文献】

[1] 李占英. 公司章程制定实务与条款设计指引. 北京：法律出版社，2014.
[2] 李建利. 完美的章程：公司章程的快速起草与完美设计公司章程起草的完美工具. 北京：北京大学出版社，2016.
[3] 乔路. 公司章程制定指南. 北京：法律出版社，2016.
[4] 夏清华. 创业管理. 武汉：武汉大学出版社，2011.

第八章　新产品开发

对于大多数创业项目而言，新产品开发是其中的重中之重。如果说创业机会是一个创业项目的心灵，那么产品则是开启心灵的那扇窗户。创业者通过识别市场需求而发现机会，通过新产品开发来满足市场的需求。可以形象地将“新产品开发”称为创业者打开市场宝藏的那把钥匙。

在本章中，我们将围绕产品的概念、产品层次与产品生命周期，重点关注实体类与服务类两类产品，分析新产品开发的流程。

第一节　产品的概念及层次

一、产品的含义

产品是指能够提供给市场，引起人们的注意，供人使用或消费，并能够满足某种欲望或需要的任何东西。从广义上说，产品包括有形物品、服务、人员、地方、组织、构思，或者它们的组合。

二、产品的层次

产品层次（product level）的概念最早起源于市场营销学家菲利普·科特勒的观点（Kotler et al.，1991）。科特勒认为，产品设计者需要从三个层次来研究产品和服务，即：核心产品（core benefit）、实际产品（form product）、外延产品（extra product）。

1. 核心产品。核心产品是指消费者在购买产品或服务时所寻找的能够解决问题的核心利益。核心产品对应于消费者的核心利益。

2. 实际产品。创业者接下来要做的是围绕核心产品制造出实际产品，实际产品是创业者满足消费者核心利益的载体。实际产品的特征通常表现为：质量水平，特色，包装，设计，品牌名称等。

3. 外延产品。最后，创业者必须围绕核心产品和实际产品，通过附加的消费者服务和利益，建立起外延产品，来更好地满足消费者的需要。外延产品的特征是附加的消费者服务和利益，它通常包括提供信贷、免费送货、质量保证、安装、售后服务等。

关于外延产品，美国学者西奥多·莱维特曾经指出：“新的竞争不是发生在各个公司的工厂生产什么产品上，而是发生在其产品能提供何种附加利益（如包装、服务、广告、顾客咨询、融资、送货、仓储及其他价值形式）上”（Levitt，1960）。

产品的三层次结构观点反映了消费者需求的多层面特点，将消费者的需求动机与企业的实体产品有效性结合起来，有助于管理人员对企业产品的理解，已经得到理论界与企业界的广泛认同。值得一提的是，产品三层次观点仍然主要站在生产者的角度来看待产品利益和价值创造。

随着全球生产力的进一步提高和市场营销的发展，为进一步调动消费者购买的积极性，科特勒又进一步将产品层次细分为核心产品层（core benefit）、基础产品层（generic product）、期望产品层（expected product）、附加产品层（augmented product）和潜在产品层（potential product）等五个层次（Kotler，1994）。与产品三层次观点相比，产品五层次的划分更多地立足于消费者选购和消费产品的视角。在五层次模型中，核心产品层是指消费者在购买和消费产品时所满足的自身需求的核心利益；基础产品层与三层次模型中的实际产品概念相似，是指核心产品借以实现的实体形式，换而言之，满足消费者核心利益的实物形态；期望产品是指消费者购买产品时所期望得到的一整套属性和条件，即消费者对产品属性和功能的认知型心理需求，比如餐饮行业中消费者对干净、卫生、快速的期望；附加产品层是指购买者在购买形式和期望产品时，附带获取的各种利益，比如说明书、保修、安装等；潜在产品是指消费者在消费产品时对未来产品的构想，代表了现有产品的可能发展趋势。

从产品的三层次观点到产品的五层次观点，反映了从以生产为中心向以消费者为中心经营理念的转变（Kotler，1994），如图 8-1 所示。

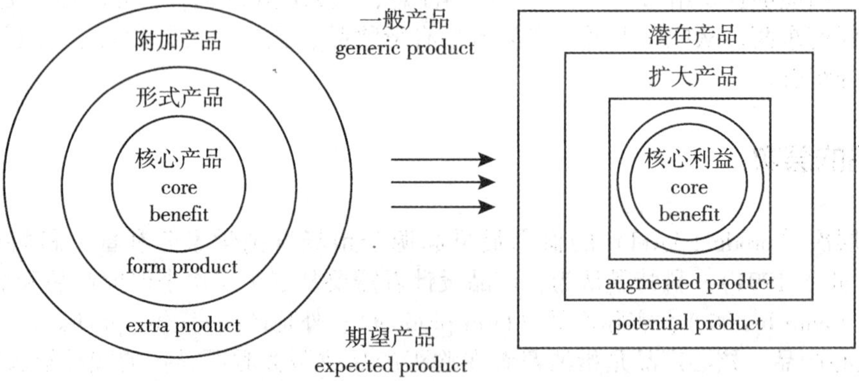

图 8-1　科特勒产品的三层次结构与五层次结构

资料来源：Kotler P. Marketing management，analysis，planning，implementation，and control，London：Prentice-Hall International，1994.

案例一：一个杯子能卖多少钱？——产品层次的重要性

一家红酒公司做产品策划，在做定价策略策划时，与企业主发生了激烈争论，原因是产品策划方的定价太高了，每款产品都比原来高了将近一倍，企业主感觉高得离谱，肯定没法卖了。这时产品策划方对企业主说："如果你只想卖原来的价格，那就用不着请我们来策划，我们策划人最大的本事就是将好产品卖出好价钱。"最终产品策划方以"一个杯子到底能卖多少钱"的例子说服了企业主，充分证明了产品层次策划对产品价值创新的意义。

第一类策划：仅关注产品的核心层次

如果你将它仅仅当一个用来饮水的普通杯子，放在普通的商店，用普通的销售方法，也许它最多只能卖3元钱，还可能遭遇邻家小店老板娘的降价招客暗招，这就是停留在产品的使用价值、不注重产品层次的悲惨结局。

第二类策划：关注产品的实际层次

(1) 设计价值 如果你将它设计成今年最流行款式的杯子，可以卖5元钱。隔壁小店老板娘降价招客的暗招估计也使不上了，因为你的杯子有文化，冲着这文化，消费者是愿意多掏钱的，这就是产品的文化价值。

(2) 品牌价值 如果你将它贴上著名品牌的标签，它就能卖10元、20元钱。隔壁店3元/个叫得再响也没用，因为你的杯子是有品牌的东西，几乎所有人都愿意为品牌付钱，这就是产品的品牌价值。

第三类策划：关注产品的期望层次、外延层次、潜在层次

(1) 附加价值 如果你猛然发现这只杯子的材料竟然是磁性材料做的，那我帮你挖掘出它的磁疗、保健功能，卖80元/个绝对可以。这个时候隔壁老板娘估计都不好意思叫3元/个了，因为谁也不信3元/个的杯子会有磁疗和保健功能。这就是产品的附加价值。

(2) 潜在价值 如果你发现这只杯子出自名家之手，经特殊工艺烧制、上釉而成，这只杯子就具有了一定的收藏、纪念价值，价格可以成千上万。例如，台湾蔡晓芳烧制的仿汝窑杯子价格基本在2万元以上。这就是产品的收藏价值。

案例解读：

1. 消费者购买产品时，往往除了关注产品本身的核心价值和实际产品外，更多地是购买一种感觉、文化、期望、面子、圈子、尊严、尊重、理解、地位等象征性意义，这属于产品的期望层次、外延层次和潜在层次。

2. 同样一个产品，杯子的实际产品——它的功能、结构、作用等依然如故，但随着产品外面的世界变化，产品不同层次在市场中的重要性却在不断发生变化。

3. 同样的杯子，采用不同的产品策略，就会产生不同的策划结果，如果能够深悟策划的含义，你还会陷入"杯子是用来喝水的"而出不来吗?

第二节 产品生命周期

产品生命周期（product life cycle，PLC），最早由美国哈佛大学教授雷蒙德

（Raymond Vernon）于1966年在《产品周期中的国际投资与国际贸易》一文中提出，又称之为产品市场生命周期或产品经济生命周期，指新产品从投入市场直至被市场淘汰的整个销售历程。

一、产品生命周期的基本概念

当一种产品进入市场后，它的销售量和利润都会随时间推移而改变，呈现一个由少到多、由多到少的过程，就如同生物的生命一样，由诞生、成长到成熟，最终走向衰亡，这就是产品的生命周期现象。产品生命周期可以划分为四个阶段：（1）进入期（投入期）、（2）成长期（增长期）、（3）成熟期（饱和期）、（4）衰退期。

产品生命周期的实质是顾客需求和实现需求的技术两者相互斗争的结果。按照唯物主义的观点，在产品的生命周期中最主要的矛盾就是广大消费者日益增长的物质文化需求和滞后的技术生产力之间的矛盾。顾客未被满足的需求、实现顾客需求的技术能力共同构成了主要矛盾的两个方面。消费者需求和技术均存在自身的生命周期，从而决定产品生命周期的变化。

思考：产品使用寿命和产品生命周期的区别

*产品使用寿命是指从产品投入使用到损坏报废所经历的时间，是产品的自然寿命；产品生命周期是市场寿命。

*产品使用寿命是具体的，产品生命周期是抽象的。

二、产品生命周期和利润

产品生命周期的不同阶段对企业经营活动的影响至关重要，集中表现在对企业销售额和利润的影响，如图8-2所示。

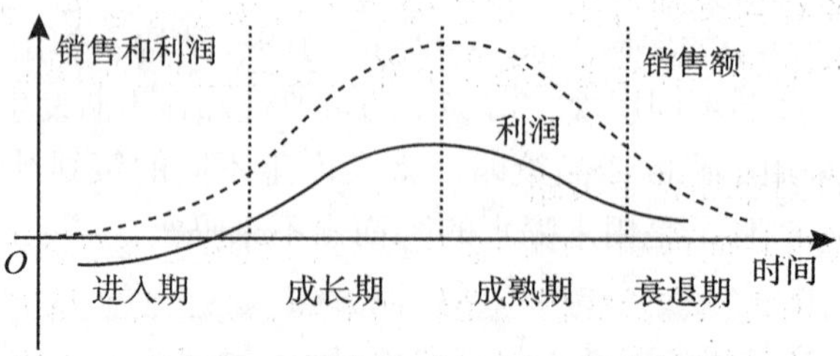

图8-2 产品生命周期对企业销售额和利润的影响

（一）产品生命周期和市场营销

1. 产品投入期特点与市场营销策略

新产品投入市场，便进入投入期。此时，顾客对产品还不了解，只有少数追求新奇的顾客可能购买，销售量很低。为了扩展销路，需要大量的促销费用，对产品进行宣传。在这一阶段，由于技术方面的原因，产品不能大批量生产，因而成本高，销售额增长缓慢，企业不但得不到利润，反而可能亏损，产品也有待进一步完善。见图 8-3。

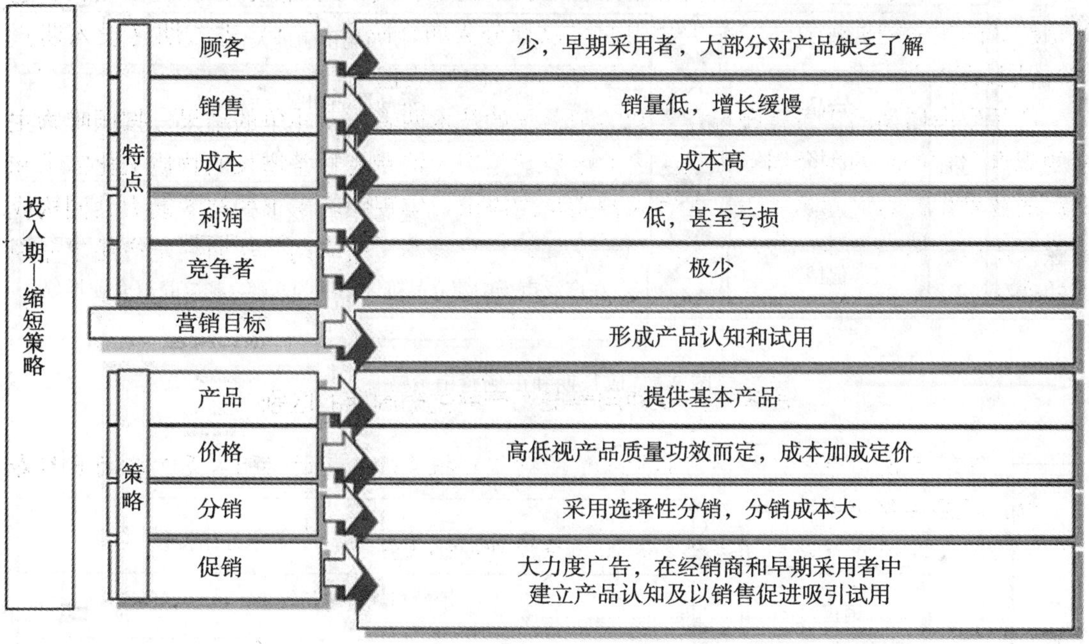

图 8-3　投入期和市场营销策略

2. 产品成长期特点与市场营销策略

产品进入成长期时，市场上的顾客对产品已经逐渐熟悉，越来越多的新顾客开始购买产品，市场逐步扩大。产品大批量生产，生产成本相对降低，企业的销售额迅速上升，利润也迅速增长。竞争者看到有利可图，将纷纷进入市场参与竞争，使同类产品供给量增加，价格随之下降，企业利润增长速度逐步下降，最后达到生命周期利润的最高点。见图 8-4。

3. 产品成熟期特点与市场营销策略

产品在市场上的需求趋向饱和，产品总供给量已经满足了市场上大部分顾客的需要，潜在的顾客已经很少，销售额增长缓慢直至转而下降，标志着产品进入了成熟期。在这一阶段，竞争逐渐加剧，产品售价降低，促销费用增加，企业利润下降。见图 8-5。

对成熟期的产品，企业宜采取主动出击的策略，使成熟期延长，或使产品生命周期出现再循环。为此，可以采取以下三种策略：

（1）改进市场。这种策略不是要调整产品本身，而是发现产品的新用途、寻求新的

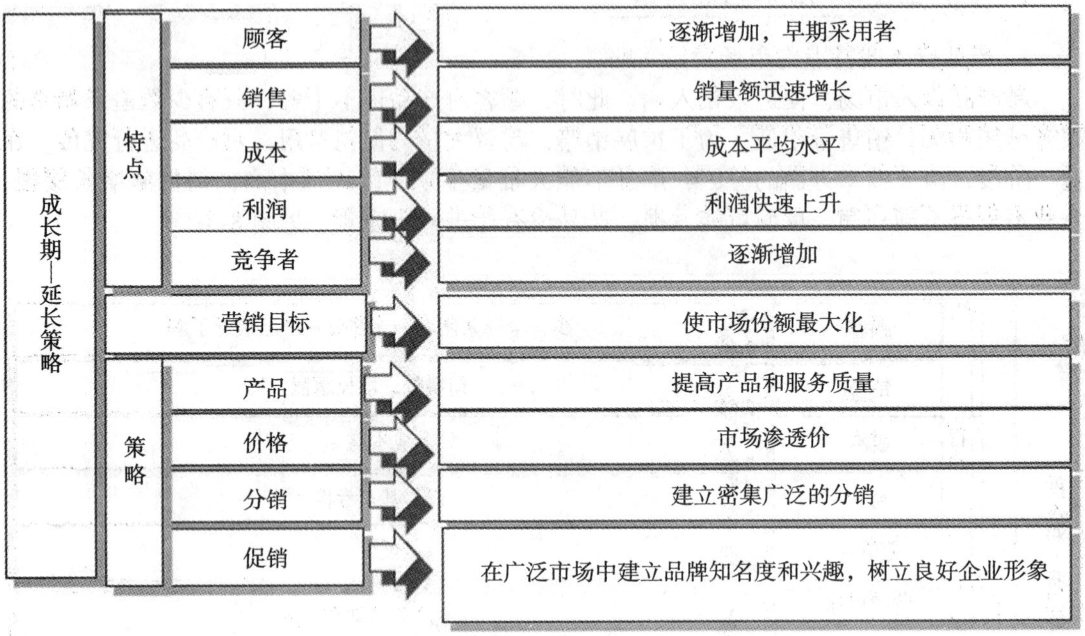

图 8-4 成长期和市场营销策略

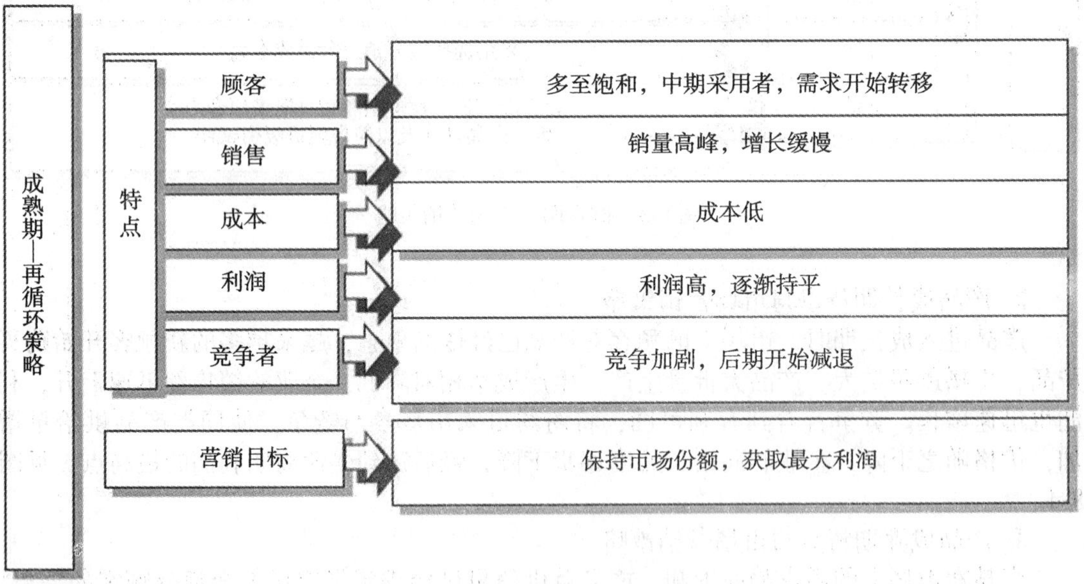

图 8-5 成熟期和市场营销策略

用户或改变推销方式等，使产品销售量得以扩大。

（2）改进产品。这种策略是通过产品自身的调整，如提高产品质量，改变产品特色、款式、外形，增加产品功能效用，提供更多更好服务等来满足顾客的不同需要，吸引有不同需求的顾客。整体产品概念的任何一层次的调整都可视为产品再推出。

（3）改进营销组合。即通过对产品、定价、渠道、促销四个市场营销组合因素加以综合调整，刺激销售量的回升。例如，调整价格、加强广告、改变促销方式或内容、调整销售渠道等。

（4）产品衰退期特点与市场营销策略

随着科学技术的发展，新产品或新的替代产品开始出现，市场上顾客的消费习惯开始发生巨大变化，消费者从当前产品转向其他产品，从而使原来产品的销售额和利润额迅速下降。最终，产品进入了衰退期。见图 8-6。

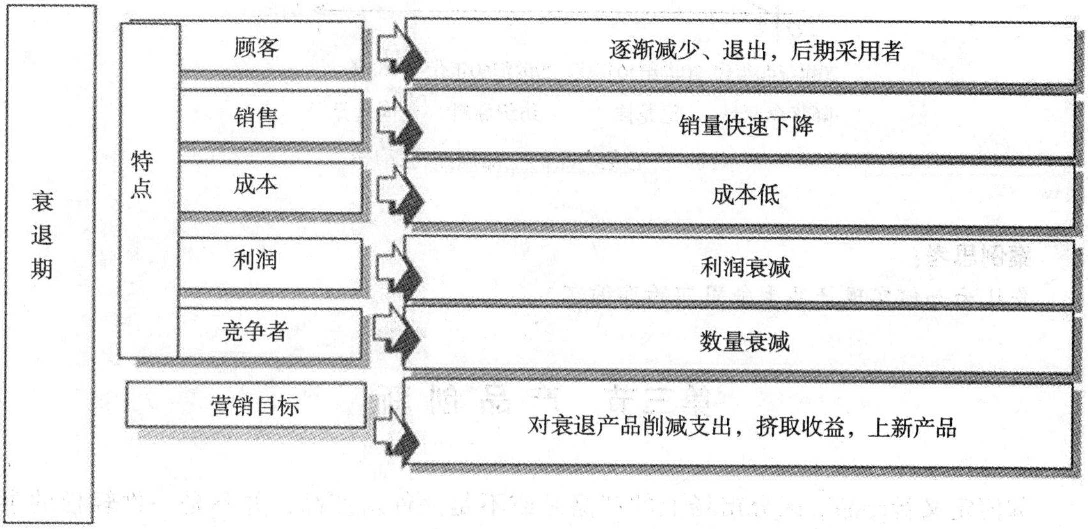

图 8-6　衰退期和市场营销策略

企业在产品衰退期经常采取的市场营销策略如下所示：

（1）连续策略。维持原有市场、按原有计划生产销售、促销，继续为仍愿意消费该产品的顾客服务，直至这种产品完全退出市场为止。

（2）集中策略。营销活动集中在盈利的细分市场，缩小经营范围，从小范围的经营中获取利润。

（3）榨取策略。企业继续生产销售，但极力减少推销费用，减少推销人员，最大限度地利用该产品，增加眼前利润。

（4）放弃策略。对于衰落比较迅速的产品，或维持衰退产品代价太大，影响企业声誉，损害企业形象，削弱企业未来竞争力，就当立即转让或停产，及时实现产品的更新换代。

案例：美国杜邦公司“尼龙”产品生命周期的再循环

美国杜邦公司生产的尼龙产品，最初只用于军用市场，如降落伞、绳索等。第二次世界大战后，产品转入民用市场，企业开发生产尼龙衣料、窗纱、蚊帐等日用消费品，以后又继续扩展到轮胎、地毯等市场。当美国国内市场达到饱和时又开始进入国际市场，使尼龙系列产品进入多循环周期，为企业赢得了长期稳定的利润。见图 8-7。

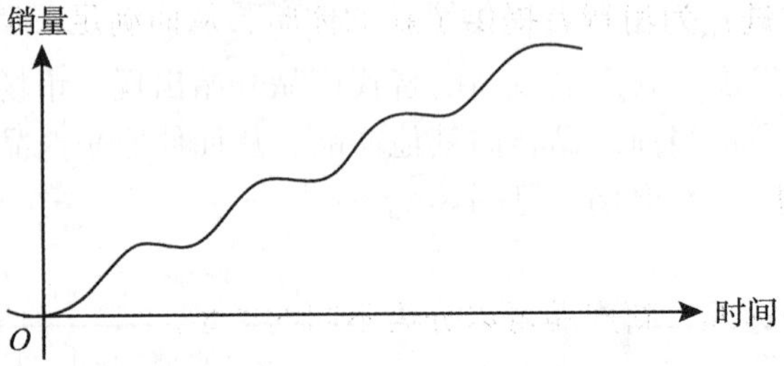

20世纪40年代　20世纪50年代　20世纪60年代　1968年
降落伞原料　尼龙袜　纺织原料　走向世界

图 8-7　尼龙产品的生命周期再循环

案例思考：

您认为如何实现产品生命周期的再循环？

第三节　产品创新

如何定义新产品、区分市场上的产品是或不是一件新产品，并不是一件轻松的事情。例如，共享单车究竟是真正意义上的新产品，还是不过是对已往公共自行车的重新包装应用？公共自行车（共享单车）的产品在中国市场出现已有很多年，各地政府为了推动绿色出行、缓解交通拥堵，纷纷推出了公共使用的自行车交通工具，但需要定点归还，普及度并不是很广，相对于大多数城市居民而言并不熟悉。共享单车在大量投放与解锁方式改变以后，基本实现了随用随停，从而广为人知。因此，虽然这种产品并不是绝对的新产品，从市场营销的角度来看，这对广大消费者而言，又确确实实是一种有价值的创新。

一、新产品的含义

事实上，产品是一个多维的概念。在第一节，我们将产品的层次由内到外分为三个层次：核心层次、实际层次、外延层次。在这些层次中，有些具有有形产品的特点，有些具有无形产品的特点。因此，广义上来讲，仅仅改变产品的其中一个方面，例如包装设计、使用方式等，即使改变非常小，也可以被认为是一种新产品（Johne & Snelson，1988）。市场营销学的观点认为新产品的“新”具有相对意义，即能给消费者带来新的利益、能满足消费者新的需求的产品。

此外，站在不同的视角，对新产品也有不同的定义。对企业而言，第一次生产销售的产品都可以被视为企业的新产品；对市场而言，第一次出现的产品才被称为新产品；从技术视角来看，在产品的原理、结构、功能和形式上有所改变的产品可以被称为新产品。在本书中，我们更偏重于市场营销的概念，综合考虑以上三种视角，认为：产品在任何一个方面做出了创新、改进，为消费者提供了新的体验，从而满足了消费者新的需求的，都可以被称为新产品。

二、新产品的类型

按照不同的划分标准，新产品可以分为不同的类型。

（一）按产品创新程度分类

1. 全新新产品。这是指利用全新的技术和原理生产出来的产品。这类产品是真正意义上的创新，但占新产品的比例仅为10%左右，它们具有极大的风险。

2. 换代新产品。这是采用新技术、新结构、新方法或新材料在原有技术基础上有较大突破的新产品。

3. 改进新产品。这是指在原有产品的技术和原理的基础上，采用相应的改进技术，使外观、性能有一定进步的新产品。

（二）按产品创新空间的特征分类

1. 国际新产品。这是指在世界范围内首次研制成功并投入生产和销售的产品。

2. 国内新产品。这是指在国外已经试制成功但国内尚属首次生产和销售的产品。

3. 地区或企业新产品。这是指在国内其他地区或企业已经生产但本地区或本企业初次生产和销售的产品。

（三）按新产品的开发方式分类

1. 技术引进新产品。这是直接引进市场上已有的成熟技术制造的产品，这样可以避开自身开发能力较弱的难点。

2. 混合开发的产品。这是指在新产品的开发过程中，既有直接引进的部分，又有独立开发的部分，将两者有机结合在一起而制造出的新产品。

3. 独立开发新产品。这是指从用户所需要的产品功能出发，探索能够满足功能需求的原理和结构，结合新技术、新材料的研究独立开发制造的产品。

此外，产品创新还有其他类型的划分标准。例如，按照新产品创新内容的特征划分：（1）改变产品的性能；（2）改变产品的售后服务；（3）改变产品的促销方式；（4）改变产品的销售方式；（5）改变产品的使用方式；（6）改变产品的包装。因此，对新产品创新的理解，应该跳出一维二维空间的范畴，从三维乃至多维的视角来理解。如图 8-8。

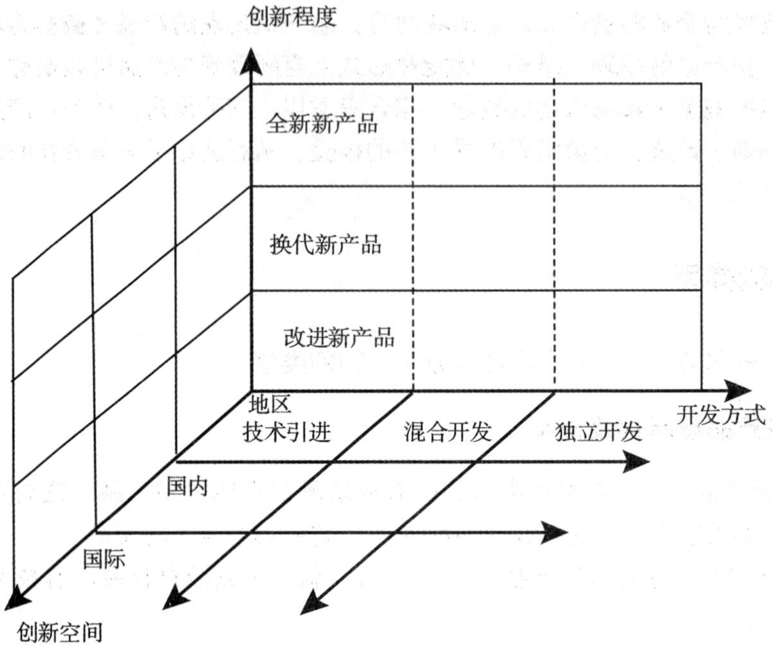

图 8-8　新产品多维概念图

第四节　服务创新

现代经济一个典型的特征是服务业发展迅速，在国民经济中扮演了越来越重要的角色。服务创新的概念来源于熊彼特的技术创新观点，两者有一定相似性，但因为服务业的独特性，新服务创新与新产品创新又存在较大不同。

一、服务产品的含义

服务有多重含义。其一，是指第三产业中的服务劳动，它与非物质生产劳动“大致相同，但有交叉”；其二，是指服务产品，即以非实物形态存在的劳动成果，主要包括第三产业部门中一切不表现为实物形态的劳动成果。

服务产品是指不具有实体，而以各种劳务形式表现出来的无形产品，如旅游服务、信息咨询、法律服务、金融服务等。菲利普·科特勒认为：服务是一方向另一方提供的基本上是无形的任何功效和利益，并且不导致任何所有权的发生。它的生产可能与某种有形产品密切联系在一起，也可能毫无联系。

二、服务产品的特点

与实体产品相比，服务产品具有无形性、生产与消费不可分离性、不可存储性、多变性、所有权缺失等特点。

（一）服务具有无形性

与有形的实体产品相比，服务是无形的，顾客在消费服务之前难以用感官感知其颜色、气味和功效等。服务作为一种活动，它可能与服务生产者的“真实活动”相分离，并以物质产品作为载体，如饭馆提供的菜单、歌唱家的唱片等；它也可能始终与服务生产者的“真实活动”相结合，如医生、教员以及客运、旅店等提供的服务都属于这种服务。

（二）服务具有生产与消费不可分离性

服务的生产过程同时也是消费过程，两者在时间上和空间上不可分割。而且，消费者必须直接参与到生产过程中来，与服务提供者发生联系。如理发师的理发活动，理发师（服务生产者）从接触顾客（服务消费者）头发那一刻开始提供理发服务，顾客也同时消费了他（她）的服务。虽然，有些服务的生产和消费在空间上可能局部分离，比如饮食业的服务，饭菜在厨房烹制，顾客在店堂里吃饭，但事实上，顾客从走进饭店和点菜开始就在消费服务，可见这类服务的生产和消费依然是同时发生的。

（三）服务具有不可储存性

这也称服务的易逝性，某些服务的价值只存在于服务的“真实瞬间”之中，对于某些批量生产出来的服务如不及时消费掉，就会造成损失（如交通工具的空位，酒店的空房间、空床位，剧院的空位等）。需要注意的是，服务的不可储存性是对“真实活动”的储存，真实活动只有与服务生产者或生产商同在。

（四）服务具有多变性

服务消费是以不同的顾客为中心，服务生产是不同服务人员为不同的顾客提供同一种服务。首先，由于不同顾客的感知不同，不同顾客感知的服务品质不同；其次，同一个服务人员在不同的生理和心理状态下提供的服务也会有所不同；最后，由于企业很难对服务进行标准化，所以同类型的服务，服务质量也会差别很大。

（五）服务产品所有权缺失

因为服务产品的无形发生、生产与消费不可分离性、不可存储性等特点，服务产品随着交易过程结束也就随之消失，顾客很难实质拥有服务产品。服务产品在交易过程中往往并不涉及所有权的转移。

三、服务创新的特点

除了第三产业对服务创新非常重视以外，服务产品在第一、第二产业中的价值构成比例也节节上升。生产性服务设计、服务创新也被认为是各行各业工作的一项重要任务。因为服务产品和服务业的独特性，服务产品创新与一般的实体产品创新存在明显不同，这主要体现在以下方面：

（一）渐进性创新为主要形式

服务创新通常是为了减少成本、提高顾客满意度、实现品牌差异化等目的，企业往往关注于对细节的改变、调整，因此服务创新多以渐进性创新为主，缺少类似实体产品的突破性创新。

（二）顾客导向为其根本

服务创新主要以顾客需求为导向，来源于对消费者行为与心理的理解，服务定制化成为服务创新的一大方向。

（三）研发非正式化

由于大部分企业并不会设立专门的服务产品研究与发展部门，服务创新的研发在企业内部呈现零散化、非正式化的特点，一线市场人员在其中扮演了重要的角色。

思考：如何区别产品服务与服务产品？

产品服务，也称为产品支持服务，是指以实物产品为基础的行业，为支持实物产品的销售而向消费者提供的附加服务，属于产品的附加层次。

服务产品，是相对于实体产品而言，是指不具有实体，而以各种劳务形式表现出来的无形产品。

第五节　新产品开发过程

新产品开发过程，是指企业从产品构思开始，经过构思筛选、商业可行性分析、新产品研制，最后投入市场实现盈利的一系列活动（Takeuchi & Nonaka，1986）。新产品开发这一主题过程复杂、内容广泛，在不同环节涉及各个学科知识的交叉运用，例如市场营销、经济学、生产管理、研发、工程设计等。这些学科已围绕新产品开发这一核心内容形成了不同的观点，在新产品开发实践中需要综合运用。例如，市场营销关注的是如何充分了解顾客的需求以及公司如何才能最好地满足这些需求；经济学关注的是在生产顾客需求的东西过程中，产出是否大于投入，以保证盈利；工程设计关注的是如何在研发环节中通过产品系统设计以产品为依托来实现顾客的需求；生产管理从生产角度分析，如何有效地制造研究中的产品等。这些不同的观点并不冲突，在内容上是相互补充的。

一般而言，企业的新产品开发流程包含了如图 8-9 所示的 6 个环节。

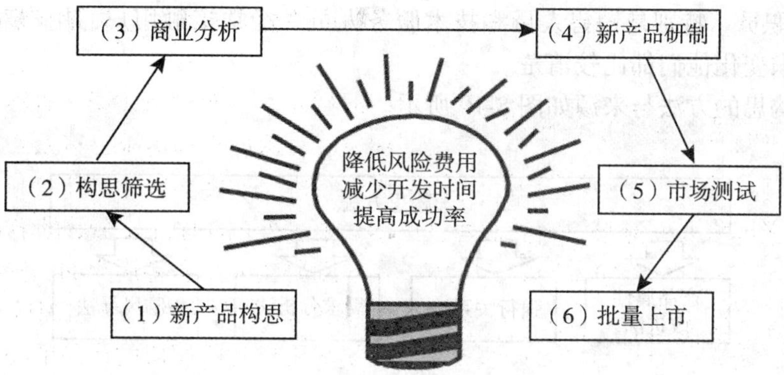

图 8-9　新产品开发流程示意图

一、新产品构思环节

新产品构思是为满足一种新的社会和用户需求而提出新的设想。市场的需要是新产品开发决策的重要依据，必须为此做好前期市场调查工作。

新产品开发构思的方法有四种常见的类型：

1. 产品属性改进法。将现有产品的属性一一排列出来，然后探讨改良某一种属性的方法。

2. 强行关系法。列举几种不同的产品，将它们联系起来，产生新的构思。

3. 需求分析法。分析顾客使用产品中出现的问题，寻求满足其需求的新构思。

4. 头脑风暴法。由一群人进行讨论，会上畅所欲言，彼此激励，相互启发，形成更多更好的构思。

新产品开发构思创意主要来自 5 个方面：

1. 顾客。企业着手开发新产品，首先要通过各种渠道掌握顾客的需求，了解顾客在使用老产品过程中有哪些改进意见和新的需求，并在此基础上形成新产品开发创意。

2. 竞争对手。竞争对手的活动是新产品构思创造者十分关心的，而竞争对手的新产品可能成为本企业跳跃式或附加型新产品的间接来源。为了更好地了解竞争对手，企业可以建立正式程序来获取有关竞争对手新产品的情况，这种程序既包括对即将上市新产品的了解，又包括对消费者反馈信息和销售状况信息的收集。通过了解竞争对手的开发方向，找出本企业的开发目标，构思出具体的产品创意。

3. 渠道成员。不同行业的渠道成员，例如，供应商、经纪人、推销员、分销商、批发商以及零售商等，都有可能是新产品构思的来源。这些渠道成员熟悉市场需求，清楚现有产品的缺陷，因此他们也是新产品构思的重要来源。事实上，一些商人有他们自己的新产品研发部门，而且邀请各制造商对其进行投标。

4. 专家。专家具有比较丰富的专业理论和技术知识，要鼓励他们发扬这方面的专长，为企业提供新产品开发的创意。

5. 企业职员。特别是销售人员和技术服务人员，经常接触用户，用户对老产品的改进意见与需求变化他们都比较清楚。

新产品构思的方法与来源如图 8-10 所示。

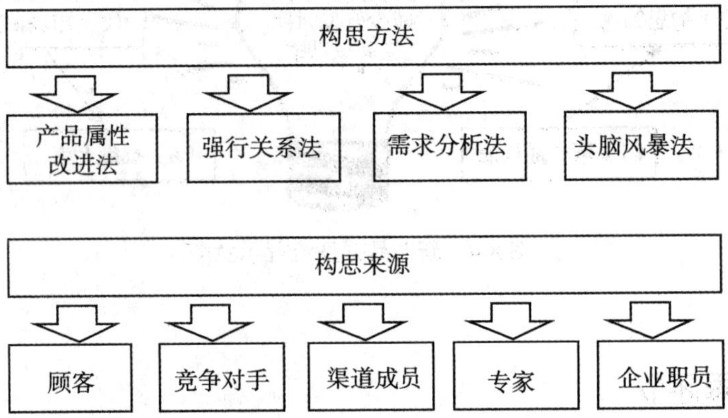

图 8-10　新产品的构思方法及来源

二、构思筛选环节

构思筛选是指筛选出符合本企业发展目标和长远利益，并与企业资源相协调的新产品构思。构思筛选的原则主要有：（1）可行性原则。这是新产品创意必须首先满足的标准，即新产品创意必须在技术上、经济上、政策法律上是可行的。（2）效益性原则。对新产品创意进行市场调研，根据市场调研结果，对市场潜力、资金收益率、赢利率等做出判断，看新的创意能否为企业带来经济效益。（3）适应性原则。新产品创意必须与企业现有的研究开发力量、生产力量、销售力量以及顾客需求相适应，与企业长期目标一致，适应性是新产品创意顺利实施的保障。构思筛选的主要标准是决定新产品开发能否成功的主要因素：（1）市场条件：市场潜力、竞争情况、分销渠道、产品价格等；（2）企业内部条件：企业策略与目标、营销技术与经验、财务状况、生产能力、科研与开发能力、供应能力等；（3）赢利水平：开发成本、获利水平等。

在明确了构思筛选的原则与标准以后，可以按照流程开展构思筛选工作。

1. 成立筛选小组。创意的筛选如果由一个人进行，则其主观失误的可能性很大。通过建立或临时成立筛选小组，可以有效地降低决策的失误。小组成员由营销、财务、技术、管理等方面的专家组成。在人选上，不仅要考虑各自所代表的部门，还要考虑其评分能力和性格特征，使筛选人员做到性格互补，这样有利于筛选的科学性。有些企业在考察评价人员的评分能力时，首先对评分人员进行筛选，即将所有应选人员的评分进行平均，去掉那些评分过低的人员。除非是小型企业，企业的高层领导者及提出构思的人员最好避免参与构思筛选，以免他们的发言左右其他人的思想。评分人员的选择须谨慎，这将直接关系到新产品开发的成败。

2. 经验筛选。由筛选人根据自己的经验来判断创意是否与企业的经营目标、生产技术、财务能力、销售能力相适应，去掉明显与企业实力不一致的创意，剩下的再进行下一步的筛选。

3. 精确筛选。这是指利用评分模型对初筛留下的构思进行评分筛选。评分模型筛选具有各种评分模式，但无论何种类型的评分模型都包括四个基本要素，即评分因素、权重、基础分数及评分人员。评分因素是指影响新产品开发成功的各主要因素；权重即评分因素的重要程度，对结果影响很大，但权重的确定却很难有科学的依据、普遍的标准，需要根据每个企业的实际情况确定；基础分数即对各评价因素进行量化，例如对市场规模的评价可采用等级分数来描述：1 分表示市场规模很小，10 分表示市场规模很大，2 分至 9 分界于市场规模很大到很小之间；评分人员需要对各影响因素的重要性进行客观、深入地研究。筛选人员依据评分模式对各构思加权计分，再依据其分值选出下一步开发的对象。一份常见的市场构思筛选评价表如表 8-1 所示。

表 8-1 **市场构思筛选评价表**

影响新产品开发成功的因素	因素重要程度（A）	基础分数（B）										分数（A×B）
		1	2	3	4	5	6	7	8	9	10	
1. 市场规模	0. 15								✓			1. 20
2. 竞争情况	0. 05				✓							0. 20
3. 人力资源	0. 10					✓						0. 50
4. 开发时间	0. 20						✓					1. 20
5. 开发成本	0. 05						✓					0. 30
6. 经营渠道	0. 15			✓								0. 45
7. 货源供应	0. 05			✓								0. 15
8. 技术特征	0. 05					✓						0. 25
9. 营销能力	0. 10							✓				0. 70
10. 收益水平	0. 10									✓		0. 90
合计	1. 00											5. 85

三、商业分析环节

商业分析是对经筛选确定的新产品概念进行经济效益分析，如测算预期销售量、开发成本、预期收益利润，以确定它们是否符合公司的目标。符合则进入新产品研制环节，不符合则淘汰该产品概念。

四、新产品研制环节

新产品研制环节主要包括两方面的任务：

第一，把产品概念转化成为产品模型或样品，并进行包装的研制和品牌的设计。

第二，新产品研制中的测试。

1. 功能测试。测试新产品是否安全可靠，质量是否达到规定标准，制造工艺是否先进合理等。

2. 消费者测试。请消费者参与试用，征集对产品的意见。

五、市场测试环节

新产品市场测试环节的目的是对新产品正式上市前所做的最后一次测试，且该次测试的评价者是手持货币的消费者。通过市场测试将新产品投放到有代表性地区的小范围的目标市场进行测试，企业才能真正了解该新产品的市场前景。市场测试是对新产品的全面检验，可为新产品是否全面上市提供全面、系统的决策依据，也为新产品的改进和市场营销策略的完善提供启示，有许多新产品是通过市场测试改进后才取得成功的。

新产品市场测试通常包括以下步骤：

第一步，确定是否测试。并非所有的新产品都要经过测试，可根据新产品的特点及市场测试对新产品的利弊分析来决定。

第二步，如果决定市场测试，接下来是对试销市场的选择。所选择的试销市场在广告、分销、竞争和产品使用等方面要尽可能地接近新产品最终要进入的目标市场。

第三步，对试销技术的选择。常用的消费品试销技术有：销售波测试、模拟测试、控制性试销及试验市场试销。工业品常用的试销方法是产品使用测试，或通过商业展览会介绍新产品。

第四步，对新产品试销过程进行控制。对促销宣传效果、试销成本、试销计划的目标和试销时间的控制是试销人员必须把握的重点。

最后，是对试销信息资料的收集和分析。例如，消费者的试用率，满意度与重购率，竞争者对新产品的反应，消费者对新产品性能、包装、价格、分销渠道、促销等的反应。

六、批量上市环节

在批量上市环节，企业不仅需要作好生产计划、劳动组织、物资供应、设备管理等一系列工作，还要考虑如何把新产品引入市场，如研究产品的促销宣传方式、价格策略、销售渠道和提供服务等方面的问题。新产品的市场开发既是新产品开发过程的终点，又是下一代新产品再开发的起点。通过市场开发，可确切地了解开发的产品是否适应需要以及适应的程度；分析与产品开发有关的市场情报，可为开发产品决策、为改进下一批（代）产品、为提高开发研制水平提供依据，同时还可取得有关潜在市场大小的数据资料。

案例：湖北省博物馆征集开发个性旅游新产品

来到湖北省博物馆参观，你最想买什么样的纪念品带回家？除了现有的小编钟、虎座鸟架鼓外，你认为哪些文物的造型可以开发成凸显楚文化的旅游产品？2011 年 8 月，湖北省博物馆向社会公开征集新一轮文化产品开发方案，请各界献计献策。

在个性旅游产品的开发上，故宫博物院的做法极具巧思——在淘宝网上开设故宫网店，专门售卖故宫文化艺术品。从宫廷娃娃、Q 版大兵、八旗娃娃，到御花园、皇城根，这些艺术品不仅创意很潮，连名字起得也够范儿。200 余款极具个性的纪念商品，成为“可带走的故宫”。

目前，湖北省博物馆每年游客超过 100 万人次。现有的纪念品不能满足广大游客更为丰富和细致的需求。此次，湖北省博物馆准备开发的新产品，强调和突出湖北省博物馆馆藏文物元素，尽量做到生活品艺术化、艺术品生活化。为集思广益，希望社会各界献计献策，进而不断丰富纪念品种类，推出满足游客需求的富有荆楚特色的纪念品。

案例来源：楚天金报

案例思考：

1. 湖北省博物馆如何开发自己的新产品？
2. 湖北省博物馆开发新产品的目的是什么？
3. 您认为湖北省博物馆还可以采用哪些方法开发新产品？

小　　结

本章主要介绍了创业中新产品开发的内容。从产品的基本概念入手，循序渐进地分析了产品定义、产品层次、产品生命周期、服务类产品、实体类产品、新产品开发流程等概念，明确了读者应该如何理解产品及产品层次，帮助读者理解新产品开发的类型、方法与过程。

1. 产品的层次由里至外，可以分为：核心产品层（core benefit）、基础产品层（generic product）、期望产品层（expected product）、附加产品层（augmented product）和潜在产品层（potential product）等5个层次。

2. 产品生命周期可以划分为四个阶段：（1）进入期（投入期）、（2）成长期（增长期）、（3）成熟期（饱和期）、（4）衰退期。

3. 市场营销学的观点认为新产品的“新”具有相对意义，即能给消费者带来新的利益、能满足消费者新的需求的产品。产品在任何一个方面做出了创新、改进，为消费者提供了新的体验，从而满足了消费者新的需求的，都可以被称为新产品。

4. 与实体产品相比，服务产品具有无形性、生产与消费不可分离性、不可存储性、多变性、所有权缺失等特点。

5. 新产品开发是一个动态、复杂的过程，它大概包含了5个环节：新产品构思、构思筛选、商业分析、新产品研制、市场测试、批量上市。在当前日益激烈的竞争环境中，这些不同环节出现了交叉融合的趋势。

思 考 题

1. 您认为在当前商业环境中，针对产品的不同层次，企业应该如何应对？

2. 什么样的产品可以被称为新产品？对于新创企业而言，企业应该如何进行新产品开发？

3. 产品生命周期如何影响企业的生产与销售？您认为，按照产品生命周期阶段的划分，企业应该在什么阶段进入到一个新行业中？

4. 服务产品、实体产品、产品服务的区别与联系是什么？

5. 新产品开发的不同环节是独立的么？相互之间如何联系？

6. 为什么像苹果这样的大企业在新产品开发过程中看起来很少选择市场测试？哪些类型的企业倾向于上市前进行市场测试？为什么？

7. 众筹模式在当前社会中越来越流行，它的新产品开发流程是如何进行的？

【参考文献】

[1] Kotler P, Saliba S, Wrenn B. Marketing Management: Analysis, Planning, and Control: Instructor's Manual. Prentice-Hall, 1991.

[2] Kotler P. Marketing Management: Analysis, Planning, Implementation, and Control. London: Prentice-Hall International, 1994.

[3] Levitt T. Marketing myopia. 1960.

[4] Johne A, Snelson P. Marketing's role in successful product development. Journal of Marketing Management, 1988, 3 (3): 256-268.

[5] Takeuchi H, Nonaka I. The new product development game. Harvard Business Review,

1986, 64 (1): 137-146.

[6] Vernon R. International investment and international trade in the product cycle// International Economic Policies and their Theoretical Foundations (Second Edition). 1992: 415-435.

[7] 卡尔·T. 犹里齐，斯蒂芬·D. 埃平格. 产品设计与开发. 杨德林，译. 大连：东北财经大学出版社，2009.

[8] P. 科特勒，凯文·莱恩·凯勒. 营销管理. 第14版·全球版. 北京：中国人民大学出版社，2014.

[9] 陈劲，郑刚. 创新管理：赢得持续竞争优势. 北京：北京大学出版社，2013.

第九章 客户开发

美国著名管理学家德鲁克曾说过：企业的唯一目的就是创造客户。所谓创造客户其实就是指企业如何提供产品和服务来满足顾客的需求。《四步创业法》的作者史蒂夫·布兰克最早提出了客户开发的概念，将之开发成为一整套完善的步骤和做法，其目的在于帮助创业者掌握创造顾客的秘诀。

第一节 客户开发的涵义和类型

一、客户开发的概念

（一）客户开发的定义

史蒂夫·布兰克在介绍客户开发时，指出之所以使用这个术语是为了体现它与产品开发的并行关系。虽然大家都有一套产品开发的方法论，但几乎没有人拥有客户开发的方法论。如果你不了解客户真正的需求，就极有可能开发出没人想买的产品。

客户开发即组织探索商业模式的流程，用于了解客户是谁；他们有什么样的问题和需求；他们目前在怎样行动；什么样的解决方案会让他们掏钱购买（即便这个产品尚未开发或完全成型）；如何根据客户的决定、行动、购买以及使用情况提出一个可行的解决方案。在客户开发中，创业者所做的一切都是以验证假设为中心的。

（二）客户开发与市场调研的异同

市场调研是针对已经开发完成的产品，为了提高产品的销售决策质量、解决存在于产品销售中的问题或寻找机会等而系统地、客观地识别、收集、分析和传播营销信息的工作；而客户开发是针对待开发和尚未开发完成的产品，寻找和验证市场机会的过程。具体来说，两者有如下不同（如表9-1所示）：

表9-1 市场调研和客户开发的差异

	市场调研	客户开发
理念	业务至上	用户至上

续表

	市场调研	客户开发
目的	精准营销	验证客户的需求
参与人员	市场部门	跨部门团队
适用对象	成熟产品	新产品

1. 理念不同。尽管市场调研和客户开发的理念都是用户至上；但市场调研真实的目的是不管市场需不需要，都尽可能地把产品推销出去，实质是业务至上；而客户开发的目的是真正了解到客户的真实需求，围绕客户的真实需求来开发产品，产品的实质性内容可以因客户的需要来进行改变。

2. 目的不同。尽管市场调研和开户开发都要了解客户的需求和偏好，但市场调研的目的是进行精准营销；而客户开发的目的是验证客户的需求。

3. 参与人员不同。市场调研主要由市场部门的员工来完成，而客户开发则是跨职能团队，包含了市场、工程、运营和客户服务等部门的人员，通力协作。

4. 适用对象不同。市场调研主要是针对成熟产品和已经开发完成的产品，而客户开发主要针对的是尚待开发的新产品。

（三）客户开发与产品开发

客户开发并不替代产品开发，当你在构建解决客户具体问题的产品或服务时，也在积累客户群。客户开发给产品管理提供信息，后者决定构建什么，并划定优先级。

二、客户开发的类型

（一）创新产品的客户类型

在具体阐述开发客户的类型之前，先介绍创新产品的扩散曲线以及客户类型。图 9-1 代表了一种创新产品的采用者类型，这个理论的提出者是美国学者埃弗雷特·罗杰斯（E. M. Rogers）。罗杰斯把创新产品的采用者分为五种，具体如下：

1. 创新者（innovators）。他们是勇敢的先行者，自觉推动创新。创新者在创新交流过程中，发挥着非常重要的作用。

2. 早期采用者（early adopters）。他们是受人尊敬的社会人士，是公众意见领袖，他们乐意引领时尚、尝试新鲜事物，但行为谨慎。

3. 早期采用人群（early majority）。他们是有思想的一群人，也比较谨慎，但他们较之普通人群更愿意、更早地接受变革。

4. 后期采用人群（late majority）。他们是持怀疑态度的一群人，只有当社会大众普遍接受了新鲜事物的时候，他们才会采用。

5. 迟缓者（laggards）。他们是保守传统的一群人，习惯于因循守旧，对新鲜事物吹毛求疵，只有当新的发展成为主流、成为传统时，他们才会被动接受。

罗杰斯的理论告诉我们，创业公司的客户很有可能是第一类创新者和早期采用者。

（二）待开发的客户类型

史蒂夫·布兰克将客户分为5大类：

1. 未意识到问题存在的客户
2. 意识到问题存在的客户
3. 主动寻找解决问题途径的客户
4. 自己动手制定解决方案的客户
5. 打算（或已经）申请预算购买产品的客户

上述5类客户中，对创业公司来说最重要的是第四种和第五种。这些客户常被称为“天使客户”，他们比较愿意尝试早期产品，并且有购买愿望和推广热情。

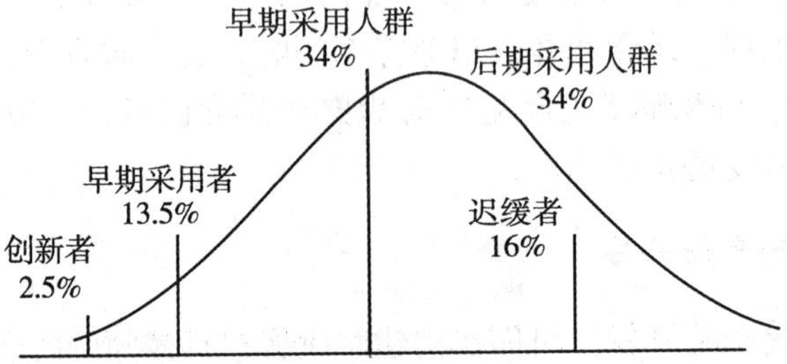

图 9-1 创新扩散曲线

资料来源：埃弗雷特·M. 罗杰斯，等. 创新的扩散. 北京：中央编译出版社，2002：135.

第二节 客户开发流程

一、客户开发流程概述

客户开发包含四个过程：客户探索、客户验证、客户生成与企业建设。

客户探索，把创始人的愿景转变成一系列商业模式假设，开发一套测试客户反应的方案，把上述假设转变成事实。客户验证，这个步骤测试的是前一步骤得出的商业模式是否具备可重复性和可升级性。如果不具备，则返回客户探索步骤。客户生成，这个步骤是执行阶段的起点，负责建立最终用户需求和导入销售渠道，实现企业扩张的目的。企业建设，这个步骤标志着从初创企业到以执行已验证模式为标志的成熟企业的过渡。

在客户开发模型中，每一个步骤都用单向循环箭头组成的圆圈表示，以表明每一个步骤都是可迭代的。传统产品导入模式根本不提供回头审视的机会，这样做会被认为是一种失败。正因为如此，很多创始人在走出办公室体验“学习—失败—再学习”过程时都会感到局促不安。一般的产品开发流程是以平坦的线形图解决客户的关键需求的，相比之下，客户开发模型采用的是初创企业真正适用的开发方式，它表明回顾问题是学习和探索过程中一个自然而富有价值的组成部分。对于初创企业来说，它们必须不断重复客户开发流程中每个步骤的循环，直到达到“逃逸速度”（即在确定商业模式过程中积累足够的可衡量改善之后）才能顺利进入下一个步骤。下面将逐一介绍这个过程。

二、客户探索

（一）客户探索的目标

客户探索的目标就是要回答以下四个问题：（1）是不是发现了一个客户亟待解决的问题？（2）产品能不能解决客户的问题？（3）商业模型是否切实可行、保证盈利？（4）准备好开始销售产品了吗？

（二）客户探索的步骤

1. 提出假设，撰写备忘录。就产品创意、市场需求、客户状况、竞争格局、定价策略等提出假设，待稍后检验。

2. 检验有关待解决问题的假设。寻找潜在客户，倾听客户意见，检验有关待解决问题的假设，目标是通过掌握客户的业务状况、工作流程、组织结果，理解客户需求和客户亟待解决的问题。汇总之后反馈给开发团队，一起修正假设。

3. 检验有关产品的假设。请客户检验修改后的产品功能和产品定位，确认产品可以解决客户的问题。同时，需要检验商业模式，有效的商业模式首先体现在我们拥有一批高度认可产品的用户，其实，还可以请客户检验定价策略、销售渠道、销售流程、销售周期。最后，留意谁有购买决定权。

4. 阶段性小结。检查是否完成了客户探索的目标、是否理解客户亟待解决的问题？能否解决客户的问题？客户是否愿意购买？商业模型能否盈利？据此，撰写解决问题备忘录、产品需求文档，更新商业计划。

三、客户验证

（一）客户验证的目标

客户验证的目标是制定可行的销售路线图，而不是组建销售团队。

销售路线图是销售策略和销售流程的总和。制定销售路线图的目标是回答下列问题：谁影响购买决策？谁能推荐产品？谁是出资人？谁是决策者？谁是作梗者？卖出一款产品要说服哪些人？要打通哪些关节？要打多少个电话？至少需要多少时间？若客户有特殊需求，必须满足哪些条件才能解决问题？理想的客户具有哪些典型特征？

（二）客户验证流程

1. 准备销售产品

（1）提出价值主张

（2）准备销售材料

（3）制定渠道策略

（4）制定销售路线图

（5）招聘订单处理员

（6）统一内部意见

（7）正式组建产品顾问委员会

2. 向潜在客户销售产品

向潜在客户销售尚未成型的产品的目的是为了检验有关商业模型的假设是否正确。尝试向潜在客户销售产品是检验商业模型的唯一途径，共有以下三项任务：物色天使客户，检验销售路线图，检验渠道策略。

3. 调整产品定位和公司定位

调整定位是为了帮助客户更好地理解产品的价值和公司的理念。主要有三个任务：（1）根据市场类型调整产品定位；（2）根据市场类型调整公司定位；（3）向行业分析师和有影响力的人展示产品。

4. 阶段小结

小结产品解决方案，小结销售路线图，小结销售渠道，小结商业模型，判断下一步走向。

四、客户生成

（一）客户生成的目标

客户生成是指一系列帮助潜在客户认识产品，并引发购买行为的活动。许多创业公司误以为客户生成就是单纯的市场推广，但后者和这里的客户生成有四点突出的区别：第一，客户生成意味着客户不是现成的，需要引导；第二，客户生成关注具体客户，而不是仅仅着眼于宏观的市场活动；第三，它是创造性的活动，不是机械地执行任务；第四，它与市场类型密切相关。从某种意义上来说，客户探索和客户验证的目标就是确定市场类型和市场定位；客户生成的目标是利用前两步收集到的信息培养更多的客户。

（二）客户生成的步骤

客户生成分四步：

1. 为发布产品做准备，包括确定市场类型（决定客户培养策略）和市场规模，设定首年客户培养目标和销售目标，制定客户培养预算。

2. 起草产品定位资料。

3. 发布产品，同时制定检验发布成果的标准。

4. 结合销售路线图，评测广告、公关创造的市场需求。

五、企业建设

（一）企业建设的目标

企业建设的理念：从学习、探索型的组织向编制完整、反应快速的企业过渡。创业公司应该从三个方面做好组建公司的准备：准备从天使客户向主流客户过渡；树立企业文化和建立职能部门；提高职能部门的反应速度。

（二）企业建设的步骤

1. 调整公司策略，根据市场类型准备从天使客户向主流客户过渡；

2. 评估现行的管理模式并判断是否做好了扩充团队的准备，公司要把更多的精力放到建立以目标为中心的企业文化上，这是扩大公司规模的关键；

3. 按业务职能对客户发展团队进行拆分，以此为基础组建各个职能部门，每个部门围绕企业目标设立部门目标；

4. 客户发展的尾声，公司应进一步提高各个职能的快速反应能力。

第三节　客户开发的方法

在上节，我们对客户开发流程进行了详细的介绍，在中间提到了客户开发使用的各种方法和工具，比如客户访谈、观察、焦点小组、问卷等，这里将选择常用的方法和工具进行重点介绍。

一、客户调研技巧

（一）访谈法

访谈法是通过目标和用户面对面地交谈来了解用户的心理需求和行为特征。通过招募访谈用户或者走访用户进行访谈，能够简单而直接地收集多方面的用户资料。访谈法具有较好的灵活性和适应性。访谈目标用户可根据需求的不同而灵活调整，既可进行事实的调查，也可进行意见的征询，还可对新功能进行目标用户内部测试。

1. 访谈准备工作

（1）撰写访谈提纲

用户背景：职业、教育、家庭、社会关系等。

相关的心理需求：喜恶、渴望。

现有产品使用环境：生活环境、工作环境。

其他使用者：他们的信息、使用情况等。

动机：希望达到的目标、选择某些产品的原因等。

现有产品使用评价：满意或不满意。

现有产品使用习惯：常规的和用户个性化的方式。

功能、期望：想要的功能，预期。

（2）访谈提纲的注意事项

以开放性问题为主。

注意问题的顺序，一般先问简单的问题，逐步深入，最后以简单的问题收尾。

考虑提问的逻辑性，引导访谈顺利进行。

（3）招募用户

确定访谈用户为符合产品目标的用户。

访谈对象性情温和，符合大众用户特质不偏激的特征。

能清晰地表达自己的想法和见解。

2. 执行访谈

（1）谨慎判断和投射，真诚坦率

一旦访谈开始，访谈者就要集中精力，用真诚友好的态度对待访谈者。

（2）适应用户，而不是让用户适应你

让用户处于熟悉放松的环境，而不是你觉得放松的环境，用户在熟悉和放松的环境能给出用户更真实的想法。例如访谈用户是城市白领，那么显然咖啡厅可能会是他熟悉而感到放松的环境；而如果你的目标访谈用户是农民工兄弟，那么显然咖啡厅可能不合适。

清楚用户与你交往的方式。与用户交往的渠道可能是多种多样的，可以面对面，可以是社交工具也可以是电话访问，你要清楚和用户不同交往方式对调研结果的影响。例如，通过社交工具接触用户时用户可能更随意自由，而面对面访问时用户容易产生顾忌而不是那么容易说出真心话。

要清楚知道不同访谈方式对访谈结果的影响，合理引导用户，让用户去表达真实的想法。

（3）如何引导用户说出他自己的体验

例如经常有用户说：

情景 1

用户：这对我来说还好，但是对一般人来说，可能有些难。

这时，访谈者需要进行重新确认。

访谈人：对你来说，还好？

用户：是的，因为……

情景 2

用户：对我母亲来说，这可能有点儿难。

解决办法：这就需要让用户重新陈述他自己的观点，而不是他认为的别人的感受。

我们可以这样：

访谈人：对你来说呢？你是怎么认为的呢？

（4）当用户修改他的意见时就要让用户说出自己真实的想法

当用户被询问对网站的整体印象：

用户：很复杂，但是当开始使用这个网站时，就还好啦。

主持人：你对这个网站的印象怎么样？

用户：嗯，太复杂了。但是我想对那些熟悉这个领域的来说，还好啦。是的，我认为还好。

主持人：你说它太复杂了。

用户：它太复杂了，因为……

（5）让用户说明问题所在，而不是解决方案

错误方式：

用户：这个标签不对。

主持人：你认为什么标签才是正确的呢？为什么不对呢？

用户：这个页面毫无生气，我不喜欢。

主持人：如何改进它呢？你为什么不喜欢它呢？

正确方式：

第一步：确认问题，而不是向用户询问解决方案。

第二步：一旦你理解了问题所在，你应该接着询问与情景配套的问题，例如"什么才是你希望的呢？"或者"你想到了什么呢？"

（6）进行客观而准确的观察

一名用户注视着屏幕的某个部位，没有做其他任何事情。

不应该说："你正在停顿"。

应该说："我注意到你注视屏幕的某个部位有一会儿的时间。"

用户看着网页时在笑，但是没有说什么，你可能想知道他为什么发笑。

你可以尝试这样：

主持人：你在笑。

用户：是的，因为我喜欢页面上的图片。

（7）允许用户自由发挥，并跟着他的进度

除非访谈内容有限制，否则不能让用户中断表达。同样地，如果需要思考，就让用户保持沉默或者暂停一会儿。

不管你在用户访谈中准备了怎样顺序的问题，永远与用户保持同一进度。

让用户以自发的形式进行谈话，而不是立刻要求他回答问题。

如果你不小心打断了用户，努力让其回到自由评论的状态。

3. 得出访谈结论

访谈过程中访谈对象会做出自己的描述和建议，在得出访谈结论时应该站在被访谈者的角度去思考其描述和建议背后的诉求，但也不能只是简单地按照用户的描述和建议去改进产品，还需要注意到以下几点：

被访谈者的诉求是否符合主要用户诉求；

被访谈用户建议是否符合公司切实利益；

被访谈用户需求建议是否有利于公司产品运营推广；

被访谈用户需求建议是否具备可实现的前提。

（二）观察法

观察法是有目的、有计划地通过对被试者言语和行为的观察、记录来判断其心理特点的心理学基本研究方法之一。

创业者一般通过人群分类调查典型用户，通过问卷、面对面访谈、观察行为，总结出用户的使用习惯、日常模式、常规需求、兴趣爱好、深层心理诉求，以及对产品风格外形的喜好。

大量实验证明，人与人之间的沟通，仅9%通过语言沟通，大多数的肢体语言、场景语言等需要研究人员去观察，同时，观察不仅帮助研究人员洞悉用户的当前状态，同时也是控制调研质量的重要手段。在用户研究所采取的许多方法中，例如深度访谈、焦点小组、问卷等，研究者会与用户面对面交流，以了解用户对所调研的产品的态度、评价及使用感受，但是很多情况下，用户很难给出真实的想法和真实的需求。在很多非自然真实的场景中，用户很难去预测自己的真实行为到底是什么样的，也会出现群体压力、道德约束、面子问题等等，导致用户会敷衍回答问题。

知名创业者罗振宇曾讲过一个例子，原来统计电视的收视率，用的是日记卡法，由样本户自己记录看了哪些电视栏目，后来改成在用户电视机上安装收视记录仪，可是这两种统计方法，得出的结论是截然相反的，两种调查方法前后切换的时候，很多名牌栏目的收视率一下子往下掉。人们“说的”和“做的”有差别，因而罗振宇建议“不要听他的嘴，要看他的腿”，这就说明市场调查可能得到不可靠的信息，对用户直接观察就成为一种非常重要的收集用户信息的方法。

1. 直接观察法

直接观察又叫非参与式观察，指观察者以第三者的姿态，置身于所观察的现象和群体之外，完全不参与观察对象的团体活动，甚至根本不与他们直接交往。这种方法可能会使观察者处于尴尬的境地，最好预先征得观察对象的领导者或活动场所的负责人同意。

2. 参与观察法

参与观察又称局内观察，又可分为半参与式与全参与式观察，这种观察法来自人类学中的民族志的方法。半参与式观察是指观察者并不一定参与观察对象的所有活动，而是在不妨碍对象生活等前提下保留自己的一些生活习惯，但通常在语言和生活习惯上与观察对象保持一致，使他们认为自己是受欢迎的客人或者自己人；观察对象知道自己正在被观察，知道观察者的身份，在把观察者参与他们的活动视为礼貌和友谊，但不会强求观察者按照他们的行为模式去做。

完全参与者观察是观察者不暴露自己的身份，在避免观察对象知道自己正在被观察的情况下，完全投入到被观察对象的活动中，并分享他们的喜怒哀乐，正是在这一过程中，观察被观察对象的行为。研究者在进行完全参与式观察时要不露声色，时刻牢记自己是团队的一个普通成员，在团体中只能多看、多听、少发言、少提问，以免被其他成员察觉。

（三）焦点小组

焦点小组（focus group）是结构化、专门有人主持的小组讨论，用来揭示目标用户的偏好、经历和优先级别。

1. 焦点小组的作用

焦点小组擅长发现人们的期望、动机、价值观和回忆。焦点小组给人们提供了一个恰当的环境，让他们自如表达感想。这样，他们能分享个人对问题的看法和对核心体验的假设，并将其与现实世界的情况联系起来。

产品开发的早期，应用焦点小组，可以回答如下问题：产品要解决什么问题？如何解决这些问题？为什么用户看重我们的解决方案胜过其他方案？同样，让用户在开发早期讨论竞争产品也能使我们了解为什么用户看重竞争产品。他们认为哪些是具有决定性的功能特征？哪些经常使他们觉得烦？他们认为竞争产品哪些地方做得失败？

在产品开发中后期，焦点小组能够帮助确定功能并排定优先级，将工作原型、视觉模型或者概念视频带入小组进行讨论，可以在投入过多时间和金钱之前迅速获得设计方向上的反馈。

2. 焦点小组的组织

（1）确定主题。平均来讲，焦点小组应该有3~5个研究主题，这些主题应该以整体的方式进行描述。

（2）选择和招募目标受众。焦点小组需要同一类型的受众，在招募时注意焦点小组的同类性。

（3）挑选主持人。拥有合格的受访者和一个优秀的主持人是焦点小组访谈法成功的关键因素。焦点小组对主持人的要求是：第一，主持人必须能恰当地组织一个小组。第二，主持人必须具有良好的商务技巧，以便有效地与委托商的员工进行互动。不仅对主持人的培训和主持人自身的准备是非常重要的，而且委托商的员工在观察小组之前也必须做好充分的准备。

（4）编写讨论指南。编制讨论指南一般采用团队协作法。讨论指南要保证按一定顺序逐一讨论所有突出的话题。讨论指南是一份关于小组会中所要涉及的话题概要。主持人编制的讨论指南一般包括三个阶段：首先，建立友好关系，解释小组中的规则，并提出讨论的个体。第二阶段是由主持人激发深入的讨论。第三阶段是总结重要的结论，衡量信任和承诺的限度。

（5）实施焦点小组。注意选择良好的物理环境，确保房间和环境让人感到舒适，能畅所欲言。主持人要积极调控小组动态，帮助人们表达自我。

（6）编写焦点小组报告。焦点小组活动结束后，要撰写正式的报告。开头通常解释调研目的，申明所调查的主要问题，描述小组参与者的个人情况，并说明征选参与者的过程。接着，总结调研发现，并提出建议，通常为2~3页的篇幅。如果小组成员的交谈内容经过了精心归类，那么组织报告的主体部分也就很容易了。先列出第一个主题，然后总结对这一主题的重要观点，最后使用小组成员的真实记录（逐字逐句的记录）进一步阐明这些主要观点。以同样的方式一一总结所有的主题。

（四）问卷

1. 问卷调查法的概念

问卷调查法是以书面提出问题的方式搜集资料的一种研究方法。创业者将所要研究的问题编制成问题表格，以邮寄方式、当面作答或者追踪访问方式填答，从而了解用户对某一现象或问题的看法和意见，所以又称问题表格法。问卷法的运用，关键在于编制问卷，选择被试和结果分析。

2. 问卷调查法的种类

问卷调查，按照问卷填答者的不同，可分为自填式问卷调查和代填式问卷调查。

（1）自填式问卷调查，按照问卷传递方式的不同，可分为报刊问卷调查、邮政问卷调查和送发问卷调查。

（2）代填式问卷调查，按照与被调查者交谈方式的不同，可分为访问问卷调查和电话问卷调查。

3. 问卷的结构

问卷通常由卷首语、指导语、主体等部分组成。

（1）卷首语包括以下内容：

自我介绍（让调查对象明白你的身份或主办调查的单位）；

调查的目的（让调查对象了解你想调查什么）；

回收问卷的时间、方式及其他事项（如告诉对方本次调查的匿名性和保密性原则，调查不会对被调查者产生不利的影响，真诚地感谢受调查者的合作，答卷的注意事项等）；

指导语旨在告诉被调查者如何填写问卷，包括对某种定义、标题的限定以及示范举例等内容。

（2）问卷的主体，即问题，一般有开放式和封闭式两种。

（3）其他，比如致谢、问卷回收方式、保密等。

4. 问卷编制步骤

（1）确定调研问题的目的和内容。首要的工作是要充分地了解本项调研的目的和内容，将问题具体化、条理化和操作化，即变成一系列可以测量的变量或指标。

（2）搜集相关资料。其一是帮助研究者加深对所调查研究问题的认识；其二是为问题设计提供丰富的素材；其三是形成对目标总体的清楚概念。

（3）确定调查方法。不同类型的调查方式对问卷设计是有影响的。在面访调查中，被调查者可以看到问题并可以与调查人员面对面地交谈，因此可以询问较长的、复杂的和各种类型的问题。在电话访问中，被调查者可以与调查员交谈，但是看不到问卷，这就决定了只能问一些短的和比较简单的问题。邮寄问卷是自己独自填写的，被调查者与调研者没有直接的交流，因此问题也应简单些并要给出详细的指导语。

（4）确定问答题的内容。一旦决定了访问方法的类型，下一步就是确定每个问答题的内容：每个问答题应包括什么，以及由此组成的问卷应该问什么，是否全面与切中要害。

（5）决定问答题的结构。一般有两种类型：封闭式问答题和开放式问答题。

开放式问题就是调查者不提供任何可供选择的答案，由被调查者自由答题，这类问题能自然地充分反映调查对象的观点，态度，因而所获得的材料比较丰富，生动，但统计和处理所获得的信息的难度较大。可分为填空式和回答式。

封闭式问题的后面同时提供调查者设计的几种不同的答案，这些答案既可能相互排斥，也可能彼此共存，让调查对象根据自己的实际情况在答案中选择。它是一种快速有效的调查问卷，便于统计分析，但提供选择答案本身限制了问题回答的范围和方式，这类问卷所获得的信息的价值很大程度上取决于问卷设计自身的科学性、全面性的程度。封闭式问题又可分为：

是否式（把问题的可能性答案列出两种相矛盾的情况，请被调查人员从“是”或“否”、“同意”或“不同意中选择其一）和选择式（每个问题后列出多个答案，请被调查人员从答案中选择自己认为最合适的一个或几个答案并作上记号）。

（6）决定问题的措词，让问卷容易答。

（7）安排问题的顺序，比如前面是背景性问题，后面是调研内容问题。

（8）确定格式和排版，让问卷清晰易懂。

（9）拟定问卷的初稿和预调查，评估问卷的信度和效度。

（10）最后将合格的问卷制成作正式问卷

二、常用客户开发工具

（一）用户画像

1. 用户画像（Persona）的概念

用户画像这个概念最早由交互设计之父库伯提出（Alan Cooper），是指真实用户的虚拟代表，即建立在一系列真实数据之上的目标用户模型。通过用户调研去了解用户，根据他们的目标、行为和观点的差异，将他们区分为不同的类型，然后从每种类型中抽取出典型特征，赋予名字、照片、一些人口统计学要素、场景等描述，就形成了一个人物原型。

构成用户画像的基本元素通常有：姓名、照片、个人信息、经济状况、工作信息、计算机互联网背景。用来丰富用户画像的元素有：居住地、工作地点、公司、爱好、家庭生活、朋友圈、性格、个人语录等。参见表 9-2。

表 9-2　**麦克斯（一款社交拍照应用的人物角色）画像**

基本信息 年龄：28 岁 技术经验：使用一台 MAC 电脑，有一部 iPhone 手机但不是高级用户 位置：洛杉矶，加利福尼亚州 家庭：已订婚，有一个不大却亲密的家庭 教育：读过多个本科专业课程 工作：中学教师及瑜伽教练	活动 每天上网 经常在脸谱网和 Instagram 上发帖 周末会和未婚妻去户外远足 会和学生一起参加实地考察旅行 每天早上遛狗 每年回一次位于佛罗里达的老家，并至少在他老家所在的州以外度一次假 经常邀请朋友来家里烤肉聚餐

续表

拍照者类型		苦恼/快乐
自拍	拍景	讨厌应用程序崩溃导致自己丢失正在处理的信息
不频繁	频繁	喜欢 Instagram 的滤镜，让自己拍的水流看起来很酷
私下分享	公开分享	讨厌必须将照片裁剪成正方形
		喜欢在照片拍摄很久以后自己被人在照片中圈出

资料来源：卢克·米勒．用户体验方法论．北京：中信出版社，2016：23.

2. 用户画像的作用

（1）统一认识

开发人员和利益相关的决策者在描述用户需要什么、用户想干什么和用户希望什么的时候，因为用户未经定义，概念空洞广泛，所以这些相关的设计和开发人员几乎都能说任何他们想说的，而在实际操作中并没有真正的办法来反对这些观点。所以“用户像要什么”，这类广泛而模糊的陈述应该能够被角色检验，以避免过去仅仅使用“用户”这个词来允许任何需求都可以被随便提出。

（2）防止“自我参考设计”，指的是创业者可能会在不知不觉中，把自己的心智模式映射到产品开发中。但是创业者和目标用户可能是截然不用的，角色在这里提供了实践中的检验，帮助排除通常不会出现的目标用户。

3. 构建用户画像的过程

从流程上可以分为 3 个步骤：获取和研究用户信息，细分用户群，建立和丰富用户画像。在这 3 大步骤中，最主要的是对用户信息的获取和分析，从这个维度上讲主要有以下三种方法，见表 9-3。

表 9-3　**用户画像的构建方法**

方法	步骤	优点	缺点
定性用户画像	1. 定性研究：访谈	省时省力、简单，需要专业人员少	缺少数据支持和验证
	2. 细分用户群		
	3. 建立细分群体的用户画像		
经定量验证的定性用户画像	1. 定性研究：访谈	有一定的定量验证工作，需要少量的专业人员	工作量较大，成本较高
	2. 细分用户群		
	3. 定量验证细分群体		
	4. 建立细分群体的用户画像		
定量用户画像	1. 定性研究	有充分的佐证，更加科学，需要大量的专业人员	工作量较大，成本高
	2. 多个细分假说		
	3. 定量收集细分数据		
	4. 基于统计的聚类分析来细分用户		
	5. 建立细分群体的用户画像		

简单来说，定性就是去了解和分析，而定量则是去验证。一般而言，定量分析的成本较高、相对更加专业，而定性研究则相对节省成本。因此，创建用户画像的方法并不是固定的，而是需要根据实际项目的需求和时间以及成本而定。

（二）用户体验地图

许多公司尽管怀着美好的愿景、掌握庞大的数据，却依然只能给他们的用户提供乏善可陈、平淡无奇的产品体验。

这归咎于他们以聚焦内部、脱离用户的方式做产品，缺乏对用户的关注。他们未意识到用户对其产品的每一次体验都会影响用户的体验满意度、品牌忠诚度和忍耐底线。如果使用用户体验地图（customer journey map），则能够很好地描绘出用户在体验产品时的情绪变化，并以此对产品进行优化。

1. 用户体验地图的定义

从用户角度出发，以叙述故事的方式描述用户与公司相关产品之间的互动，并以可视化图形将其展示，这一过程的产出物即为用户体验地图。

用户体验地图能够帮助公司从用户的角度去考虑他们的产品，以此与用户建立一种相互尊重、依赖、信任的长期关系。

同时，用户体验地图也被用于评估公司产品、服务的当前状态以及预测未来可能出现的情况，挖掘用户的痛点，寻找新的机遇去建立更好的用户体验。

2. 用户体验地图的作用

使用用户体验地图可以让团队成员就用户在整个体验过程中如何被对待的问题达成共识，在跨部门与其他团队进行讨论时用户体验地图也是十分好用的工具。

通过用户体验地图去描述用户在日常生活中与产品的互动，让所有利益相关者去了解用户日常生活中的所见、所想、所闻、所做，从而让他们够从用户角度去考虑产品、设计产品。

3. 组成用户体验地图的基本元素

（1）用户角色：对主要目标用户，需要描述其需求、期望、痛点。

（2）时间线：时间线可以时间为单位（例如周或者月），也可以按行为来进行划分（例如浏览、购买、复购）。

（3）情绪指数：描述用户在整个体验过程中的情感变化。

（4）关键节点：用户在体验过程中的关键性动作（以网购为例，在线支付即为一个关键性动作）。

（5）使用场景：用户产生“触点”的环境（例如网站、手机客户端）。

4. 绘制用户体验地图的步骤

（1）调研用户。在绘制用户体验地图前，查阅相关的用户调研资料，它们能够帮助你更加深刻地了解用户。如果调研资源有限，你可以试着自己尝试一些调研，推荐几种常用的调研方式：用户访谈 、查看用户投诉记录、询问客服、查看用户在社交媒体上的评价、调研相关竞争产品。

（2）创建用户画像。对产品的主要目标用户进行分类，并为每个用户创建角色模型

(包括用户的基本信息，需求，期望，痛点)，每个角色对应不同的用户体验地图。

(3) 罗列关键节点。罗列出用户在体验现有产品过程中的关键节点以及对应的用户感受；同时通过头脑风暴，挖掘新的关键节点，并使关键节点种类更加丰富。

(4) 归纳关键节点。在完成上述步骤后，你将得到一份关键节点清单，接下来需要对关键节点进行分类，以便在绘制用户体验地图时更加方便。比较常用的做法是将所有关键节点写在便笺中并粘在墙上，然后将同类别的关键节点集中在一起，并为每个类别贴上分类标签。分类完成后，对关键节点进行筛选，移除掉重复、没有价值的内容。

(5) 绘制用户体验地图。将时间线、情感指数、关键节点、使用场景组合在一起。下面完成一个最基本的用户体验地图。

步骤一：写好用户角色的基本信息，需求，期望，痛点。

步骤二：可以先画一条时间线。对于时间线的形状并没有强制要求，既可以画一条向左或向右的水平线，也可以画一个圆圈或者螺旋；时间线的单位也可以根据需要来定，既可以按照日期进行推进，也可以按照用户行为依次排列。要记住并没规定用户体验地图必须画成什么样，请尽情发挥你的想象力。

步骤三：加上关键节点。可以试着把自己想象成用户，然后将已经归纳好的关键节点按照顺序依次排列，然后为每个节点写上用户感受，同时注明每个关键动作的使用场景。

步骤四：画上情感指数。一般采用曲线图或折线图来描述用户的情感变化，每个节点是和关键动作一一对应的。

用户画像和用户体验地图的目的在于回答“我们正在解决的问题是什么?”“什么解决方案对公司有价值?”“什么对客户购买和接受产品有价值?”“有用的解决方案看起来是什么样的?”“在时间和资源有限的情况下，开发哪些是可行的?”

小　　结

本章主要介绍客户开发的方法和步骤。首先从客户开发的定义入手，比较客户开发与市场调研的区别，然后介绍了客户开发的四个步骤和具体程序，最后对客户开发中常用的工具进行了介绍。

1. 客户开发即组织探索商业模式的流程，用于了解客户是谁；他们有什么样的问题和需求；他们目前在怎样行动；什么样的解决方案会让他们掏钱购买；如何根据客户的决定、行动、购买以及使用情况提出一个可行的解决方案。在客户开发中，创业者所做的一切都是以验证假设为中心的。

2. 市场调研是针对已经开发完成的产品，为了提高产品的销售决策质量、解决存在于产品销售中的问题或寻找机会等而系统地、客观地识别、收集、分析和传播营销信息的工作；而客户开发是针对待开发和尚未开发完成的产品，寻找和验证市场机会的过程。具体来说，两者有如下不同：理念不同、目的不同、参与人员不同、适用对象不同。

3. 创新产品的使用者有五种类型：创新者、早期采用者、早期采用人群、晚期采用人群、迟缓者。

4. 客户开发包含四个过程：客户探索、客户验证、客户生成与企业建设。客户探索，把创始人的愿景转变成一系列商业模式假设，开发一套测试客户反应的方案，把上述假设转变成事实。客户验证，这个步骤测试的是前一步骤得出的商业模式是否具备可重复性和可升级性。如果不具备，则返回客户探索步骤。客户生成，这个步骤是执行阶段的起点，负责建立最终用户需求数据库和导入销售渠道，实现企业扩张的目的。企业建设，这个步骤标志着从初创企业到以执行已验证模式为标志的成熟企业的过渡。

5. 客户开发常用的调研工具包括客户访谈、观察、焦点小组、问卷等，常用的用户开发工具包括用户画像和用户体验地图。

思 考 题

1. 什么是客户开发？客户开发与市场调研有什么区别？
2. 客户开发包含哪几个过程？每个过程又是如何执行的？
3. 客户开发常用的调研工具有哪些？
4. 什么是用户画像，用户画像的作用是什么？
5. 什么是用户体验地图？如何绘制用户体验地图？
6. 以某个初创企业为例，谈谈客户开发的具体方法和步骤。

【参考文献】

[1] 史蒂夫·布兰克，鲍勃·多夫．创业者手册：教你如何构建伟大的企业．北京：机械工业出版社，2013.
[2] Alvarez C. 精益客户开发．雷钰，边蘘，译．北京：人民邮电出版社，2015.
[3] 王雅方．用户研究中的观察法与访谈法．武汉理工大学，2009.
[4] Jeff Patton. 用户故事地图．北京：清华大学出版社，2016.
[5] 余孟杰．产品研发中用户画像的数据模建——从具象到抽象．设计艺术研究，2014，4（6）：60-64.
[6] Grocki M. How to Creat A Customer Journey. https：//uxmastery. com/how-to-create-a-customer-journey-map/，2018-08-02.

第十章　企业估值

本章介绍企业估值的作用和企业估值的方法，并以制造业、服务业和互联网行业的典型企业为案例，分析不同估值方法在不同行业企业中的应用。

第一节　企业估值的作用

一、什么是企业估值

价值是日常社会生活或商业活动中的常用词汇，人们对它有各种各样的解释。一般来说，价值被视为一种度量或者是对一类资产或债务的大小排序。对于价值有诸多评价标准，比如“公允市场价值”（fair market value）是资产或债务的购买者和出售者在信息对称的条件下，自愿进行交易的价格；而“账面价值”（book value）指按照公认会计原则记录在公司资产负债表上的价值，表现为公司资产负债表的权益或净资产部分，也可以是公司的总资产减去总负债后的余额。

价值标准更多体现于“投资价值”（investment value）。投资价值是对于一个特殊的投资者或一群投资者而言建立在个别投资需求基础上的具体价值。它强调不同投资价值主体的不同目标性，也就是说，投资价值充分考虑了投资者的风险偏好、资本成本、预期的风险和其他一些特殊性质与要求。

估值是获得一个目标物价值的过程，其目的是力图把价值置于金融实体之上。公司估值（company valuation）又称企业估值或企业价值评估，是指着眼于上市或非上市公司，将其投资价值的预测转换成估计值的过程。公司估值是一种综合的价值分析，涉及公司内部的盈利水平、技术品牌、经营管理能力、资产（包括有形资产和无形资产）等多方面的因素，也与公司的外部环境息息相关，如产业政策、行业增速、资本市场等都会对公司的价值产生影响。在公司估值的过程中，既有客观的价值认定，也有主观的价值判断，同时还会受不确定性因素的影响。换句话说，企业估值是将一个企业作为一个有机整体，依据其拥有或占有的全部资产状况和整体获利能力，充分考虑影响企业获利能力和成长性的各种因素，结合企业所处的宏观经济环境及行业背景，对企业整体公允市场价值进行的综合性评估。

公司估值具有复杂性及综合性的特点，主要是由于影响公司价值的因素是多元的、动态的。多元性主要体现为组织的价值因素既有可能来源于公司内部，也有可能来源于公司外部，对价值因素的评估既有相对价值评估法，也有绝对价值评估法。动态性则表现为交易环境、价值主体、交易目的等因素会因时间的变化而改变。因此，公司估值是一种主观与客观、内部与外部、绝对与相对等多方面的交互过程。公司估值反映了估值对象在特定时点、特定目的与背景、特定条件与方法下的价值判断，反映的是一个长期的动态价值变化趋势与过程，包括对公司价值本身的理解以及公司价值对所有者的意义，最终的估值结果需要接受实践的检验。

二、企业估值的作用

企业估值是市场经济和现代企业制度相结合的产物，在西方发达国家经过长期发展，已形成多种模式，并日趋成熟。随着我国市场经济体制的建立和完善，资本市场在我国经济发展中发挥着日益重要的作用，同时中国经济与世界经济联系更加紧密，对外开放和国际经济合作进一步加强，这些经济活动对企业估值的需求也日益增多。

（一）企业估值是企业价值最大化管理的需要

企业财务管理的目标是企业价值最大化，企业的各项经营决策是否可行，必须看这一决策是否有利于增加企业价值。对公司的董事会、股东和管理者来说，知道自己公司的具体价值，并能清楚计算出价值的来龙去脉至关重要。

我国现阶段会计指标体系不能有效地衡量企业创造价值的能力，会计指标基础上的财务业绩并不等于公司的实际价值。企业通过账面价值的核算，常常无法对其自身经过长期开发研究、日积月累的宝贵财富——无形资产的价值进行确认。企业估值能帮助企业对这些现阶段会计信息无法反映的信息予以关注，并进行正确的处理，提高企业价值的准确性，从而了解企业的真实价值，作出科学的投资与融资决策，不断提高企业价值，增加所有者财富。

（二）企业估值是企业战略设计与实施的基础

企业在生存与发展的过程中，需要周期性地评估自身价值创造的能力及其大小，只有清晰地认识自身在行业中所处的竞争地位，了解现有战略的实施情况，才有可能对企业战略进行重新设计与调整，保证企业的持续发展。因此，这就需要进行企业估值。对企业的价值进行客观、公正、全面的评估，有助于明晰企业发展的优势及缺陷，识别出企业价值创造的因素，进而做到因地制宜地制定企业战略和目标，长期如此，能够实现企业的不断成长。

（三）企业价值评估是投资决策的重要前提

企业在市场经济中作为投资主体的地位是明确的，但要保证投资行为的合理性，必须对企业资产的现时价值有一个正确的评估。在风险投资等金融活动中，投资者希望的是从企业现有经营能力角度或同类市场比较的角度了解目标企业的价值。在这种情况下，要对整个企业的价值进行评估，以便确定投资的价格。决定企业价格大小的因素相当多，其中最基本的是企业利用自有的资产去获取利润能力的大小。所以，投资者需要对企业资产综合体的整体性、动态性价值进行评估，而不仅仅是对企业各项资产的局部和静态的评估。

（四）企业估值是市场交易的核心

企业估值是市场交易的核心。金融体系通过提供融通资金服务和提高资源配置效率等措施，直接促进了产业整合、产业结构升级和实体经济的增长。市场上各种有形和无形资源的流动高度依赖市场参与者对经济利润及资产价值的追求，对资产进行合理的评估或估价进一步保证了不同市场参与者之间交易行为的有效性。定价是市场供求关系的结果，也是调整市场供求关系的杠杆。实践中，企业估值可以满足资本市场证券投资的需要，鉴证公司内在价值并对价值进行管理，同时，为市场上各种交易活动提供定价的基础，如收购合并、公司重组及新股发行上市等交易活动。

三、谁来做企业估值

围绕经济学、金融学和财务理论的基本估值思想和学术成果，企业估值在实践层面沿着鉴定性和咨询性业务两个应用领域不断发展。

鉴定性公司估值业务又称为法定评估业务，在西方发达国家，主要是针对公司整体交易、公司的部分股权交易等目的发生的公司权益估价，服务于纳税、遗产分割、司法鉴定等活动，估值对象一般是非上市公司、合伙企业等。在国内，鉴定性公司估值以国家国有资产管理部门管理下的资产评估行业为代表，主要是为了满足公司股份制改造过程中的国有资产价值重估、中外合资或合作经营下的股权出资、上市公司发行定价、司法鉴定等行政审批或审核环节对公司权益估值的要求，是国内对外开放、资本市场改革和发展的产物。

咨询性公司估值业务实践主要活跃在与现代经济生活、资本市场交易和微观企业组织经营活动密切相关的四大领域：一是与证券资本市场投资密切相关的证券投资分析；二是与产业市场资源优化和配置相关的公司并购估值；三是与风险投资相关的私募基金管理机构估值体系；四是与公司绩效管理相关的管理咨询领域。从创业管理的角度来看，与初创企业息息相关的是私募股权投资机构对初创企业的估值。

私募股权投资（private equity investment），简称PE，泛指任何类型的对非公开市场交易的资产进行的投资。投资者一般将资金投向私募股权投资基金，该基金由专门的基金管理公司负责投向目标企业。私募股权投资包括杠杆收购、天使投资、风险投资、成长投资和夹层投资及其他。在交易实施过程中附带也考虑了未来的退出机制，即通过上市、并购或管理层回购等方式，出售持股获利。

在私募股权运作模式中，对于私募股权投资机构而言，企业价值评估在整个投资过程中非常关键，是投资的起点，直接关系到整个投资过程的成败与否。在投资过程中，在融资方商业计划书美好的盈利前景描述和投资方盲目追求利益等协同效应下，预投资企业的价值通常存在被高估的可能，从而导致投资的收益率下降。因此，私募机构面临的首要问题是建立一套切实可行的价值评估方法，对拟投资企业的盈利能力以及风险水平进行合理、正确评估，从而实现投资收益的最大化和尽可能地降低投资风险。

投资机构开始为初创企业估值时，通常会考虑以下几个因素：

（一）成长潜力

站在投资者的角度，成长潜力是创业公司是否值得投资最具决定性的因素。在融资阶段，一些公司只会给投资者提到诸如市场广阔等成长的潜力，但是一些创业公司已充分准备呈现自己的成长性，例如活跃用户或付费顾客数量正在逐月增长，而且增长速度很快。由于公司成长轨迹能够为投资者预测未来投资收入提供依据，因此在估值过程中，公司成长潜力展示是非常关键的因素。

（二）创始人和员工

一家成功的创业公司更有赖于创始人的执行力，而不是一个绝妙的点子。创始人过去的工作经历、承担过的项目等都是影响投资者对其创业项目估值的因素。除此之外，投资者也将价值分配到所有需要支付工资的专业员工身上，因为他们的技能、为业务技术进行的培训和知识是非常有价值的。

（三）行业

每个行业都有独特的估值逻辑和方法。相比于一家家庭餐馆或者一个普通的网络插件开发公司，投资者对一家创新生物技术公司的估值肯定相对较高。比如给一家餐馆的估值通常在它各种资产总和的 3 到 4 倍左右；而针对一家互联网视频公司，如果流量很可观，那么其估值极有可能在年营收额的 5 到 10 倍左右。

（四）市场规模和细分市场的增长预测

如果投资者分析得出目标公司市场规模较大、经济增长预测较高，那么应该给予公司较高估值。如果是轻资产公司，目标市场容量应该至少有数十亿元人民币的潜在销售额；如果是重资产公司，需要大量的物业、厂房及设备，那么潜在市场容量至少有数百亿元人民币。

（五）用户或早期客户

因为公司长久存在的关键是获得用户，所以投资者会重点关注公司获得客户的能力。比如在其他所有状况都对创业公司不利情形下，但该公司拥有数十万用户，投资方也会考虑为公司项目提供一定的投资额度。通常投资方认为创业公司吸引用户的速度越快，价值就越大。

（六）知识产权

天使投资人或风险投资机构经常使用的一个“经验法则”就是每一项专利可以为公司增加估值，专利的价值累加进公司价值中。公司在其专业领域的专利数量是获得投资者青睐的因素之一。

（七）直接竞争对手的数量和进入壁垒

市场的竞争力量对公司的估值也有很大的影响。如果公司能大比分领先竞争对手，往往能获得估值的主动权。这个溢价的因素就是所谓的“商誉”（也适用于优质的管理团队、竞争对手少、进入门槛高等）。商誉可以很容易地解释为对应的估值。

（八）有没有其他投资机构参与竞争

如果其他投资者对目标公司也产生了兴趣，那么投资者就会认为这项投资有利可图。关注目标创业公司投资机构的数量是影响估值的重要因素。这和经济学的基本原理是相关的：如果需求大于供给，价格就会上涨。投资者会赋予受欢迎的目标公司较高估值。

至于谁来负责估值，一般是专业人士、投资银行和私募机构里的专业估值团队，有些咨询公司可能也会提供估值服务。

第二节　企业估值的方法

企业价值具有二元性特征，即实体价值与虚拟价值并存，另外，资本市场环境、组织构成、未来不确定性及金融市场的非理性行为都为企业估值活动提出了挑战，最终导致对企业价值的评估交织着金融、经济、管理、直觉等多方面的因素。社会经济和资本市场的发展与进步促使人们广泛关注企业估值问题并进行深入研究，有很多领域都有企业估值的需要。实践中针对企业估值方法的探索形成了不同的估值路径和估值模型，不同模型代表了不同的估值思路和方法，其侧重点各不相同。

关于企业估值方法的分类方式有很多，其中一种简单的分类方法是基本面分析估值法（fundamental valuations）和相关比较估值法（relative valuations）。基本面分析估值法主要根据公司目前和未来发展趋势的基本信息来评估公司的价值；相关比较估值法则是根据被估值公司与其他类似公司或产业在某些财务或经营方面存在的数量关系来估算被评估公司的价值。

纽约大学斯特恩商学院教授阿斯沃思·达蒙德理（Aswath Damodaran）将现有的企业估值方法归纳为三类：第一种为折现现金流估值法，该方法把资产或权益与其对应的未来现金流的现值相联系，认为一项资产或权益的价值应等于该资产或权益预期在未来所产生的全部现金流的现值总和。第二种为相对估价法，即通过观察各种可比资产或权益相对于某些变量的定价，如盈利、现金流、账面价值或销售额等，对资产或权益的价值进行估计。第三种为相机索取权估价法，即运用期权定价模型对各种具有期权特征的资产或权益价值进行衡量。

阿斯沃思·达蒙德理教授的企业估值方法分类基本涵盖了现有的主流企业估值技术和方法。另外，经济增加值评估模型（economic value added，简称 EVA）和剩余收益模型的价值评估方法，是对传统估值方法的有效补充，实践中也得到了广泛的应用。综上所述，常用的公司估值方法可以归结为收益途径的折现估值法、市场途径的比较估值法和资产基础途径的期权估值法以及经济增加值模型和剩余收益模型。本书将这些估值方法分类为绝对估值法、相对估值法和综合估值法。

一、绝对估值法

（一）折现估值法

折现现金流（discounted Cash flow，简称 DCF）估值法简称折现估值法或收益法，该方法遵循“现值”规律，即任何资产或权益的价值等于其预期未来全部“收益”的现值之和。这里的收益常常被理解为现金流，如对股票而言，现金流是公司红利；对债权而言，现金流是利息和本金；对企业而言，现金流是税后净现金流入。折现估值法是理论上最健全、实践中使用最广泛的公司估值方法，也是所有其他估值方法建立的基础。

折现估值法在评估公司价值时有三个最基本的参数，分别是公司的经济收益、获得该收益的期限及反映预期收益风险的折现率。一般情况下，公司估值的前提是对公司做持续经营的假设，即公司能够持续经营下去，因此，折现估值法在实际应用中重点关注的是公司的经济收益和折现率的问题。对于未来经济收益的确定，主要有三种方式，即股利、自由现金流和净收益。

1. 股利折现模型

投资者投资股票是为了获得对公司未来股利的索取权，未来现金流就是投资者未来可以获得的股利。股利折现模型是对公司股本资本进行估价的基本模型，其原理是股票价值是预期红利的现值。股利是投资者持有股票期间的股息分配。由于持有股票期末的预期价格是由股票未来红利决定的，所以股票当前价值等于无限期红利的现值：

$$P_0 = \sum_{t=1}^{+\infty} \frac{D_t}{(1+r)^t}$$

P_0 是股票当前每股价值，D_t 是第 t 期每股预期红利，r 是股票的预期收益率或折现率。

该模型的理论基础是现值原理，即任何资产的价值都等于其预期未来全部现金流的现值总和。模型有两个基本输入变量：预期红利和投资者要求的预期收益率。为得到预期红利，可以对预期未来增长率和红利支付率做某些假设；而投资者要求的预期收益率是由现金流的风险所决定的。由于不可能对现金红利作出无限期的预测，所以根据对公司未来增长的不同假设，股利折现模型又构造为戈登增长模型（gordon growth dividend model）、两阶段折现模型和三阶段折现模型。

戈登增长模型如下：

$$P_0 = \frac{D_1}{r-g}$$

P_0 是股票当前每股价值，D_1 是下一期的预期红利，r 是股票的预期收益率，g 为永续的红利增长率。

戈登增长模型提供了一种简单方便的估值方法，但是它对选用的增长率特别敏感，当模型选用的增长率与贴现率比较接近时，计算出的价值会变得无穷大。所以，戈登增长模型适用的公司的特征表现为：公司以一个与名义经济增长率相当或稍低的速度增长；公司已经制定好了红利支付政策，并且这一政策将持续到将来。

由于在实际情况中，多数公司的增长率在成长期较高，而在成熟期趋于稳定，两阶段模型很好地解决了这个问题。该模型认为公司具有持续的超常增长期和随后的永续稳定增长期。

$$P_0 = \sum_{t=1}^{T} \frac{D_t}{(1+r)^t} + \frac{P_T}{(1+r)^T}$$
$$= \sum_{t=1}^{T} \frac{D_t}{(1+r)^t} + \frac{D_{T+1}}{(r^* - g)(1+r)^T}$$

P_0 是股票当前每股价值，D_t 是第 t 期每股预期红利，r 是超常增长阶段公司预期收益率，r^* 是稳定增长阶段公司预期收益率，g 是 T 期后永续的红利增长率。

两阶段模型比戈登增长模型更接近于公司的实际情况，因此具有更大的实用性。但是两阶段折现模型存在三个问题：第一个问题是如何确定超常增长阶段的时间长度。由于增长率在这个阶段结束之后预期将降到稳定水平，所以延长这一阶段的时间会导致计算出的价值增加。模型的第二个问题是它假设初始阶段的超常增长率很高，而在此阶段结束后的一瞬间就变成较低的稳定增长率。如果认为从超常增长阶段到稳定增长阶段的增长率变化是随时间逐步发生的，则更符合现实。第三个问题是由于在两阶段模型中最终计算出的价值的一个重要组分部分是稳定增长阶段的期末价格，而它又是根据戈登增长模型计算得出的，所以最终价值对稳定增长阶段的增长率十分敏感。对此阶段增长率的过高或过低预测将可能导致估价结果产生严重的误差。两阶段折现模型最适合具有下列特征的公司：公司当前处于高增长阶段，并预期在今后一段时期内仍将保持这一较高的增长率，在此之后，支持高增长率的因素消失。

三阶段模型假设公司前后经历三个阶段：保持高增长率的初始阶段、增长率下降的过渡阶段和永续低增长率的稳定增长阶段。公司股票的价值是高增长阶段、过渡阶段的预期红利的现值和最后稳定增长阶段开始时的最终价格的现值的总和。

$$P_0 = \sum_{t=1}^{T_1} \frac{EPS_0(1+g_{HC})^t \theta_{HC}}{(1+r)^t} + \sum_{t=T_1+1}^{T_2} \frac{DPS_t}{(1+r)^t} + \frac{EPS_{T_2}(1+g_{SG})\theta_{SG}}{(r_{SG} - g_{SG})(1+r)^t}$$

EPS_t 是第 T 期每股收益，DPS_t 是第 T 期每股红利，g_{HG} 是超常增长期的增长率(持续 T_1 期)，g_{SG} 是稳定增长期的增长率，θ_{HG} 是超常增长期的股息支付率，θ_{SG} 是稳定增长期的股息支付率，r 是超常增长期的股权成本预期收益率；r_{SG} 是稳定增长期的股权资本预期收益率。

三阶段模型的灵活性使它适用于任何一家增长率随时间改变的同时，其他指标，尤其是红利支付政策和风险也将发生改变的公司。该模型最适合的公司是：当前正以超常的速率增长，并预期在一段初始阶段内将保持这一增长率，之后公司拥有的竞争优势的消失导致增长率逐渐降低，直到稳定增长阶段的水平。从实际的角度讲，这一模型可能更适用于具有下列特征的公司：这些公司当前收益以很高的速度增长，这一增长速度预期将保持一段时间，但当公司的规模变得越来越大，并开始失去其竞争优势的时候，公司预期增长率开始下降，最后逐渐达到稳定增长阶段的增长率。

2. 股权自由现金流折现模型

股利折现模型的假设是：红利是股东所获得的唯一现金流。这与公司实际的现金流存在一定的差异。公司股权自由现金流（free cash flow to equity，简称 FCFE）拓宽了股权资本现金流的定义，其计算公式为：

FCFE = 净利润 - 再投资需求 - 负债现金流

= 净收益 - （资本性支出 - 折旧 + 营运资本追加额）-（债务本金偿还 - 新发行债务）

与股利折现模型相似，FCFE 估值模型也有稳定增长、两阶段和三阶段三种形式，只要用股权自由现金流去替换模型中的股利就可以得到结果。在稳定增长模型中，公式如下：

$$P_0 = \frac{\text{FCFE}_1}{r-g}$$

P_0 是股票当前的价值，FCFE_1 是第 1 期的 FCFE，r 是公司的股权资本成本（亦是投资者预期收益率），g 是 FCFE 的稳定增长率。

这个模型的前提假设与 Gordon 增长模型非常相似，因此它在应用方面也面临着同样的限制条件。模型中使用的增长率必须是合理的。它与公司所处的宏观经济环境的发展速度有关系。此模型适用于那些增长率等于或者稍低于名义经济增长率的公司。当然，它相对于股利增长模型有了很大改进，因为那些稳定增长的公司有时会支付比 FCFE 高得多的红利，有时支付的红利却远远小于 FCFE。

两阶段 FCFE 模型中，公司股票的价值包括超常增长期的每期 FCFE 的现值和超常增长期结束后期末价值的现值，公式如下：

$$P_0 = \sum_{t=1}^{T} \frac{\text{FCFE}_t}{(1+r)^t} + \frac{\text{FCFE}_{T+1}}{(r^* - g)(1+r)^T}$$

P_0 是股票当前每股价值，FCFE_t 是第 t 期的 FCFE，r 是超常增长阶段公司预期收益率，r^* 是稳定增长阶段公司预期收益率，g 是稳定增长阶段的增长率。

此模型的假设条件与两阶段股利折现模型一样。公司在前一时期以较高的速度增长，然后立即进入稳定增长阶段。此模型的不同点就是用 FCFE 代替了股利，但比股利贴现模型给出了更好的结果，特别是对于那些当前支付的股利并不能长久维持的公司。

同样，三阶段模型中将股利替换为 FCFE 就可以得到三阶段 FCFE 模型。公式如下：

$$P_0 = \sum_{t=1}^{T_1} \frac{\text{FCFE}_t}{(1+r)^t} + \sum_{t=T_1+1}^{T_2} \frac{\text{FCFE}_t}{(1+r)^t} + \frac{\text{FCFE}_{T_2+1}}{(r-g_{SG})(1+r)^t}$$

P_0 是当前的股票价值，FCFE_t 是第 t 期的 FCFE，r 是股权资本成本，T_1 是高速增长阶段的结束时间，T_2 是过渡阶段的结束时间，g_{SG} 是稳定增长期的增长率。

应用此模型可以保证那些红利支付额远远高于或低于其 FCFE 的公司的估价更为

准确。

3. 公司自由现金流折现模型

在实践中，划分公司未来现金流的归属存在一定难度，因而以公司产生的全部现金流量来评估公司价值更具有实际意义。美国学者拉巴波特（Alfred Rappaport）20 世纪 80 年代提出了自由现金流概念：自由现金流是企业产生的、在满足了再投资需求之后剩余的、不影响公司持续发展前提下的、可供企业资本供应者/各种利益要求人（股东、债权人）分配的现金。公司自由现金流（free cash flow for the firm，简称 FCFF）折现模型是公司估值的主流方法。用资本加权平均成本（weighted average cost of capital，简称 WACC）折现整个公司的现金流。加权平均资本成本 WACC，是指企业以各种资本在企业全部资本中所占的比重为权数，对各种长期资金的资本成本加权平均计算出来的资本总成本。加权平均资本成本可用来确定具有平均风险投资项目所要求收益率。计算税后 WACC 的基本公式如下：

$$\text{WACC} = (K_e \times W_e) + [K_d \times (1 - t) \times W_d]$$

K_e 是公司普通权益资本成本，K_d 是公司债务资本成本，W_e 是权益资本在资本结构中的百分比，W_d 是债务资本在资本结构中的百分比，t 是公司有效的所得税税率。

计算公司自由现金流一般采用息税前净收益（EBIT）为出发点进行计算：

$$\text{FCFF} = \text{EBIT} \times (1 - \text{税率}) + \text{折旧} - \text{资本性支出} - \text{营运资本追加}$$

在 FCFF 模型一般形式中，公司的价值可以表示为预期 FCFF 的现值：

$$V_0 = \sum_{t=1}^{+\infty} \frac{\text{FCFF}_t}{(1 + r_{\text{WACC}})^t}$$

V_0 是公司现在的价值，FCFF_t 是第 t 期的 FCFE，r_{WACC} 是资本加权平均成本。

上述模型假定公司处于永续经营状态，因此 t 趋近于无穷大。然而现实中，一般会使用类似股利折现模型的两阶段和三阶段模型。如果公司在 n 期后达到稳定增长状态，稳定增长率为 g_n，则该公司的价值可以表示为：

$$V_0 = \sum_{t=1}^{n} \frac{\text{FCFF}_t}{(1 + r_{\text{WACC}})^t} + \frac{\text{FCFF}_{n+1}}{(r_{\text{WACC}_n} - g_n)(1 + r_{\text{WACC}})^n}$$

其中，r_{WACC_n} 是稳定增长阶段的资本加权平均成本，FCFF_{n+1} 是第 $n + 1$ 期的 FCFF。

FCFF 模型适用于具有很高的财务杠杆比率或财务杠杆比率正在发生变化的公司。因为偿还债务导致的波动性，计算这些公司的股权自由现金流（FCFE）是非常困难的。而且，因为股权价值只是公司总价值的一部分，所以对增长率和风险的假设更为敏感。

使用股权自由现金流的一个最大问题是股权现金流经常出现负值，特别是那些具有周期性或很高财务杠杆比率的公司。由于 FCFF 是债务偿还前现金流，它一般情况下不是负值，从而最大程度地避免了现金流为负值的情况。

（二）经济增加值（economics value added，简称 EVA）分析法

经济增加值（EVA），是指税后净营运利润扣除包括股权和债务的全部投入资本的机会成本后所得，其本质是经济利润而不再是传统的会计利润，它能够表明一定时期为股东增加了多少价值。其核心理念在于资本获得的收益至少要能补偿投资者承担的风险。

1982 年，美国思腾思特公司（Stern Stewart & Co）提出了经济增加值的概念，《财

富》杂志每年刊登思腾思特公司计算的全美1 000家上市公司EVA，使得EVA的概念深入人心。思腾思特公司认为：评价企业经营业绩时通常采用的会计利润指标存在缺陷，难以正确反映企业的真实经营状况，因为它忽视了股东资本投入的机会成本，企业的盈利只有在高于其资本成本（包括股权资本成本和债务资本成本）时才为股东创造价值。

经济增加值的作用主要有三点。首先，通过引入资本成本率，不仅体现了债务的成本，还反映了股东投入的机会成本，综合考量资本的使用效率；其次，经济增加值可以纠正企业经营规模差异、经营风险、资本结构以及行业之间不同所造成的不可比性，可以更加全面地评价企业经营者“有效使用企业资本”和“为股东创造价值”的能力，体现企业最终的经营目标；最后，企业经济增加值持续增长意味着企业市场价值的不断增加和股东价值的增长，从而实现股东价值最大化的管理目标。

经济增加值（EVA）的计算公式如下：

$$\begin{aligned} EVA &= \text{税后净营业利润（NOPAT）}-\text{资本成本} \\ &= \text{税后净营业利润（NOPAT）}-\text{（投入资本}\times WACC\text{）} \end{aligned}$$

经济增加值估值法认为，公司的价值来源于公司资产市场价值加上投资所带来的预期经济利润的现值。那么，公司的价值为企业的账面价值与企业经济增加值的折现加总价值之和。

经济增加值综合了价值驱动因素、投资资本回报率和增长率。如果公司每一周期的利润刚好等于其加权平均资本成本，那么，预计自由现金流的折现值应等于其投资资本，即公司的价值恰恰等于其最初的投资。只有当公司的利润大于其加权平均资本成本时，公司的价值才大于其投资资本。

二、相对估值法

相对估值法，也称为比较估值法、比率或乘数估价法、市场法，是实践中比较常用且容易掌握的公司估值方法。该方法通过在市场上选取一个或多个与被评估公司相似的可比公司，利用可比公司的市场乘数或比率参数，分析、比较被评估公司及可适用的乘数，在此基础上，通过修正、调整可比公司的市场价值，最后确定被评估公司的内在价值。

比较估值法常用的乘数包括市盈率（price/earnings ratio，简称P/E）、市净率（price/book value ration，简称P/B）、市销率（price/sale，简称P/S），以及由市盈率衍生出来的市盈率与盈利增长之比（price/earnings to growth ratio，简称PEG）指标等，通过用乘数乘以目标公司的价值驱动因素（特定变量）来对公司进行估值。

（一）市盈率比较法

市盈率是某种股票每股市价与每股收益的比率，反映了在每股盈利不变的情况下，当派息率为100%且所得股息没有进行再投资的情况下，经过多少年投资者的投资可以通过股息全部收回。由于市盈率直观和易于计算的特性，得到了广泛的应用。其原因在于，市盈率是一个将股票价格与当前公司盈利状况直接联系在一起的一种直观统计比率，由于计算容易，使得股票之间的比较变得简单。同时，可作为公司成长性以及一些其他特征的代表，涵盖了风险补偿率、增长率、股利支付率等因素的影响。计算市盈率的两种算法如下：

市盈率＝每股股价／每股收益

市盈率＝股票总市值/净利润

市盈率又分为静态市盈率、动态市盈率和滚动市盈率等。静态市盈率也叫市盈率LYR（last year ratio），是以上一年度的净利润或者每股收益为基础来计算的。计算静态市盈率的两种算法如下：

静态市盈率＝当前股价／上一年度基本每股收益

静态市盈率＝当前市值／上一年度归属于公司股东的净利润

动态市盈率，是以本年度第一季度开始的每股收益或者净利润为基础，预测本年度的每股收益和净利润而计算出来的市盈率。用这类方法进行估值计算，同时结合行业、企业历年的增长情况，以现在的股价为基准，预估未来业绩增长，预测未来几年市盈率情况。计算动态市盈率的两种算法如下：

动态市盈率＝当前股价／动态预测的本年度基本每股收益

动态市盈率＝当前市值／动态预测的本年度归属于上市公司股东净利润

滚动市盈率也叫市盈率TTM（trailing twelve month），一般以最近报告四个季度的净利润或者每股收益为基础来计算。同样有两种计算方法：

滚动市盈率＝当前股价／最近4个季度基本每股收益之和

滚动市盈率＝当前市值／最近4个季度归属于上市公司股东的净利润

市盈率避免了在估价前对公司风险、增长率和红利支付率所做的一系列假设，因此对于某些分析者来说，使用市盈率可能是一种逃避对公司风险、增长率和红利支付率等作出明确假设的方法。另外，市盈率除了受公司本身的基本面因素影响外，还受到整个经济景气程度和阶段性市场情绪的影响。当被评估公司所在行业不景气或者过热的时候，该行业的平均市盈率就会偏低或偏高，采用行业平均市盈率进行估值就会出现偏差，投资者也就会失去对公司投资价值的判断。

（二）市净率比较法

市净率（P/B）是公司资产的市场价值与账面价值之比，反映了公司盈利能力与初始成本之比。计算市净率的两种算法如下：

市净率＝股价／每股净资产

市净率＝股票总市值／股东权益

市净率提供了一个合理的跨企业的比较标准，投资者可以通过比较同行业中不同公司的市净率来发现价值被低估或高估的企业。对于市盈率为负值而无法使用市盈率进行估值的企业，采用市净率进行估值比较可取。但是，也应注意到如果企业之间采用不同的会计制度导致净资产计算方式不一样，则不能使用市净率对不同企业进行比较。同样，也不能比较在不同国家背景和不同会计制度环境下的跨国企业。如果企业盈利持续多年为负，那么，企业权益的账面价值也可能为负，市净率估值方法将失去意义。

市净率主要适用于需要拥有大量资产，净资产为正值的企业。实践中一般应用于重资产企业，比如钢铁、水泥、造船、机械制造，房地产等行业估值较为合适。

（三）市销率比较法

市销率（P/S）将价格与销售收入之比作为公司比较估值法的价值参考指标，特别对初创期高新技术及网络公司而言，采用该指标具有较大的优势。因为它不会像市盈率和市净率因为可能出现负值而变得没有意义，由于公司只要还在经营，一般都会有销售收入，所以大多数情况下市销率都可适用。销售收入指标不受折旧、存货和非经常性支出等所采用的会计政策的影响，与利润不同，不会被人为地放大，因而对价值评估来说相对稳定可靠。计算市销率的两种算法如下：

市销率＝股价／每股收入

市销率＝股票总市值／总收入

采用市销率的好处之一是其稳定性，不受会计政策等短期因素的影响，然而这种稳定性在公司的成本控制出现问题或所处行业面临变革转型时，也会对公司估值造成偏差。譬如，当企业经营出现风险或主营产品市场萎缩或消失时，由于企业的利润显著下降，而销售收入可能不会显著下降，市销率模型显然会高估企业的价值。因此，当用市销率对企业进行估值时，可能会因为无法识别企业成本、毛利率等方面的差别而得出错误的评价。

虽然市销率估值模型在特定情况下存在偏差，但市销率估值模型一般可以适用于只要有收入的任何企业，特别是那些高速成长尚处于亏损阶段、从未发放过红利的企业，这是其估值模型的一个特点和优势。

（四）PEG（市盈率相对盈利增长比率）乘数

投资是面向未来的，无论是市盈率（P/E）、市净率（P/B）还是市销率（P/S）估值模型，都缺乏对公司成长性因素的考量。PEG 指标引入对企业成长性的衡量，采用企业市盈率与盈利增长率之比，反映的是企业成长性对企业价值的影响。其计算公式如下：

PEG＝市盈率／盈利增长比率 × 100%

用 PEG 进行企业估值的一个优点在于将市盈率与企业业绩成长性对比起来看。投资者普遍习惯使用市盈率来评估股票的内在价值，但市场上有许多远高于股票平均市盈率水平，甚至高达上百倍市盈率的股票，此时就无法用市盈率来评估和解释这类股票价值的合理性。但如果将市盈率与企业的业绩成长相对比，那些高市盈率的股票就有合理性了。

实践中，PEG 指标一般采用企业市盈率去除以企业未来 3 到 5 年的每股收益复合增长率。如果 PEG 大于 1，则这只股票的价值就可能被高估，或市场认为这家公司的业绩成长性会高于市场的预期。通常，那些成长型股票的 PEG 都会高于 1，甚至在 2 以上，投资者愿意给予其高估值，表明这家公司未来很有可能会保持业绩的快速增长，这样的股票就容易有超出想象的市盈率估值。当 PEG 小于 1 时，要么是市场低估了这只股票的价值，要么是市场认为其业绩成长性可能比预期的要差。通常价值型股票的 PEG 都会低于 1，以反映低业绩增长的预期。投资者需要注意的是，像其他财务指标一样，PEG 也不能单独使用，必须要和其他指标结合起来，这里最关键的还是对公司业绩的预期。

由于 PEG 需要对未来至少 3 年的业绩增长情况作出判断，而不能只用未来 12 个月的盈利预测，因此大大提高了准确判断的难度。事实上，只有当投资者有把握对未来 3 年以上的业绩表现作出比较准确的预测时，PEG 的使用效果才会体现出来，否则反而会起误导作用。此外，投资者不能仅看公司自身的 PEG 来确认它是高估还是低估，如果某公司股票的 PEG 为 1.2，而其他成长性类似的同行业公司股票的 PEG 都在 1.5 以上，则该公司的 PEG 虽然已经高于 1，但价值仍可能被低估。所以，PEG 本质上还是一个相对估值方法。必须要通过对比才有意义。

三、综合估值法

（一）剩余收益模型

在了解剩余收益模型之前，首先应清楚剩余收益的概念及公式表达。剩余收益（residual income）也叫非正常盈余，是指所有者或经营者按现行利率扣除其资本利息后所留下的经营或管理收益，即从会计收益中扣除所有权资本成本后的余额。其一般表达式为：

$$RI_t = CI_t - r \times BV_{t-1}$$

RI_t 为第 t 期的剩余收益；CI_t 为第 t 期的综合收益；r 为股权资本成本，即所要求的回报率；BV_{t-1} 为第 $t-1$ 期股东权益的账面价值。

进一步，剩余收益模型认为，公司价值是权益资本与未来创造的剩余收益的现值之和，其公式表达为：

$$V_0 = BV_0 + \sum_{t=1}^{+\infty}(1+r)^{-t}E(RI_t)$$

V_0 为基期企业的股权价值，即企业在 0 时刻的价值；BV_0 为基期股东权益的账面价值，即企业在 0 时刻权益资产的账面价值；r 为股权资本成本，即所要求的回报率；RI_t 为第 t 期的剩余收益；$E(RI_t)$ 为第 t 期的剩余收益的期望值。

从该模型可以清晰地看出，公司的价值取决于当前的权益资产价值以及未来预期的剩余收益，同时，还与所要求的回报率有关。

剩余收益模型提供了一个完整的框架来表示未来预期的盈余与账面价值及公司价值之间的关系，克服了传统价值评估模型无法充分利用财务信息的缺点，具有一般估值方法不可比拟的优势。但在实践中，其依然有可能受到会计准则差异、会计收益非客观性的影响，导致公司的价值评估偏离其真实的价值。

（二）期权估值模型

期权（option）是指持有人在规定时间内有权利但不负有义务按约定价格买卖某项财产或物品的权利。与金融期权概念相对应，公司估值中实用的是实物期权（real option）概念。公司本身所具有的弹性特征和未来战略扩张给投资人带来的机会等就是一种期权特性的典型表现。当公司拥有的通用性资产较多、资源具有较大的灵活性和调整空间时，能够在未来的发展过程中根据市场的需求状况灵活地调整生产规模和产品结构，进而增加公司的价值。期权理论证明了公司的组织能力、资源、资产等因素的战略价值，为公司估值提供了科学的决策方法和技术基础。

实物期权的兴起源于学术界和实务界对传统投资评价技术——净现值的置疑。实物期权估值法有别于主流的折现现金流估值法，后者将不确定性视为风险，忽视了公司可以通过把握各种投资机会所能带来的公司增值或机会价值，即公司不仅具有收益性特征，还具有期权性特征。公司在未来的发展过程中，很有可能会面临新的发展机遇或行业转型，这对于公司所有者来说是一种机会或选择权价值，具有期权性特征。因此，公司价值最终表现为未来预期收益的现金流折现价值和公司战略灵活性、管理适用性的选择权价值之和，其同时具有收益性特征和期权性特征。实物期权有多种分类，最为常见的分类是特里杰奥吉斯（Trigeogis）把实物期权分为七类：延迟投资期权、改变运营规模期权、转换期权、放弃期权、增长期权、分阶段投资期权和复合期权。

一个隐含期权公司的估值应该包括以下两个部分：

公司价值=折现现金流 + 隐含期权价值

期权估值法的基本思路是以传统意义下现金流时间价值为基础，综合考虑投资的时间价值、管理的柔性价值及减少不确定性信息所带来的价值，进而可以完整地对目标公司或投资项目进行科学合理的估值。从实践的角度出发，针对亏损企业及新经济下高科技企业的估值，传统的估值方法已经无法做出客观、准确的价值判断，期权估值法强调公司的机会价值或选择权价值，极大地拓宽了公司估值的思路和手段。

由于不同类型的实物期权的估值方法不尽相同，本书不再深入探讨此内容，感兴趣的读者可以参考金融类专业书籍。

第三节 典型企业的估值案例

一、制造企业的估值

海尔集团1984年创立于青岛。从一家资不抵债、濒临倒闭的集体小厂发展成为全球大型家电第一品牌。2008年6月，在《福布斯》“全球最具声望大企业600强”评选中，海尔集团排名13位，是排名最靠前的中国企业。下面将采用EVA模型正对青岛海尔股份有限公司（即海尔集团，以下简称海尔）2002年至2006年财务数据进行估值。

（一）计算税后净营业利润（见表10-1）

表10-1 海尔调整后的税后净营业利润 单位：元

年份	2002	2003	2004	2005	2006
利润总额	536 981 442	494 276 673	509 806 648	325 772 925	463 053 103
净利润	397 059 657	368 952 846	369 435 583	239 126 624	313 913 735

续表

年份	2002	2003	2004	2005	2006
所得税	107 524 104	99 624 432	112 806 765	76 031 666	106 574 863
利息费用	48 151 080	41 831 424	7 595 964	8 358 200	16 162 200
息税前利润	552 734 841	510 408 702	489 838 312	323 516 490	436 650 798
平均所得税	20. 02%	20. 16%	22. 13%	23. 34%	23. 02%
息前税后利润	442 056 308	407 532 762	381 450 013	248 011 450	336 152 608
少数股东损益	401 084 280	446 868 529	458 221 105	455 701 345	544 069 510
存货跌价准备增加	-687 294	1 414 179	-454 462	208 207	-4 234 287
坏账准备增加	1 182 479	-1 488 613	14 855 489	-1 749 306	16 958 757
税后净营业利润	843 635 774	854 326 857	854 072 145	702 171 696	892 946 588

（二）计算资本总额（见表 10-2）

表 10-2　**调整后的历史资本总额**　单位：元

年份	2002	2003	2004	2005	2006
普通股股权	5 259 307 516	5 388 965 877	5 718 519 047	5 598 703 944	5 785 942 642
少数股东权益	401 084 280	446 868 529	458 221 105	455 701 345	544 069 510
坏账准备金	45 446 555	43 957 943	58 813 432	57 064 125	74 022 882
存货跌价准备金	3 066 363	4 480 541	4 026 079	4 234 287	
固定资产减值准备	15 350 000	15 350 000	15 350 000	15 350 000	15 350 000
在建工程	536 686 268	37 741 805	22 936 073	29 773 730	135 409 611
短期借款	906 800 000	645 000 000		7 000 000	223 000 000
长期借款		138 360 000	138 360 000		39 800 000
一年内到期的长期借款				138 360 000	
金融资产	582 252 986	849 123 666	715 084 948	670 233 583	1 626 377 382
资本总额	5 512 115 461	5 796 117 419	5 655 269 641	5 576 406 387	4 920 398 041

（三）计算加权平均资本成本

1. 计算资本结构（见表 10-3）

表 10-3　　债务资本与权益资本比重　　单位：元

年份	2002	2003	2004	2005	2006
资本总额	5 512 115 461	5 796 117 419	5 655 269 641	5 576 406 387	4 920 398 041
债务资本	906 800 000	783 360 000	138 360 000	145 360 000	262 800 000
权益资本	4 605 315 461	5 012 757 419	5 516 909 641	5 431 046 387	4 657 598 041
债务资本比重	**16.45%**	**13.52%**	**2.45%**	**2.61%**	**5.34%**
权益资本比重	**83.55%**	**86.48%**	**97.55%**	**97.39%**	**94.66%**

债务资本 = 短期借款 + 长期借款 + 一年内到期的长期借款

权益资本 = 资本总额 − 债务资本

债务资本比重 = 债务资本 / 资本总额

权益资本比重 = 权益资本 / 资本总额

2. 计算实际债务资本成本（见表 10-4）

表 10-4　　税前与税后债务成本

年份	2002	2003	2004	2005	2006
1 年期短期贷款年利率	5.31%	5.31%	5.31%	5.58%	6.12%
1 年期短期贷款占总负债比重	100%	82.34%	0.00%	4.82%	84.86%
3 年期长期贷款年利率	5.49%	5.49%	5.49%	5.76%	6.30%
3 年期长期贷款占总负债比重	0.00%	17.66%	100%	95.18%	15.14%
税前债务成本	**5.31%**	**5.34%**	**5.49%**	**5.75%**	**6.15%**
平均所得税率	20.02%	20.16%	22.13%	23.34%	23.02%
税后债务成本	**4.25%**	**4.27%**	**4.28%**	**4.41%**	**4.73%**

采用央行 1 年期流动资金贷款利率和 3 年期的银行贷款利率的加权利率作为税前单位债务资本成本。

税后债务成本 = 税前债务成本 ×（1 − 所得税率）

3. 计算权益资本成本（见表 10-5）

表 10-5　　股权资本成本　　单位：元

年份	2002	2003	2004	2005	2006
息税前利润	552 734 841	510 408 702	489 838 312	323 516 490	436 650 798
利息费用	48 151 080	41 831 424	7 595 964	8 358 200	16 162 200
平均所得税率	20.02%	20.16%	22.13%	23.34%	23.02%

续表

年份	2002	2003	2004	2005	2006
普通股股权	5 259 307 516	5 388 965 877	5 718 519 047	5 598 703 944	5 785 942 642
股权资本成本	**7.67%**	**6.94%**	**6.57%**	**4.32%**	**5.59%**

股权资本成本=（息税前利润-利息费用）×（1-所得税率）/股票账面价值

4. 计算加权平均资本成本（见表10-6）

表10-6　**加权平均资本成本 WACC**

年份	2002	2003	2004	2005	2006
股权资本成本	7.67%	6.94%	6.57%	4.32%	5.59%
权益资本比重	83.55%	86.48%	97.55%	97.39%	94.66%
税后债务成本	4.25%	4.27%	4.28%	4.41%	4.73%
债务资本比重	16.45%	13.52%	2.45%	2.61%	5.34%
加权平均资本成本（WACC）	**7.11%**	**6.58%**	**6.51%**	**4.32%**	**5.54%**

（四）计算历史 EVA（见表10-7）

表10-7　**历史各年 EVA**　单位：元

年份	2002	2003	2004	2005	2006
调整后的税后营业利润	821 210 120	837 216 296	853 831 958	694 210 917	882 455 181
调整后的资本总额	5 512 115 461	5 796 117 419	5 655 269 641	5 576 406 387	4 920 398 041
加权平均资本成本（WACC）	7.11%	6.58%	6.51%	4.32%	5.54%
EVA	**429 298 711**	**455 831 770**	**485 673 904**	**453 310 161**	**609 865 130**

（五）预测未来 EVA

根据以上表格，分别算出2002年至2006年调整后的税后营业利润和调整后的资本总额的增长率和平均增长率，计算得出平均增长率为3.09%。用平均增长率估算2007年至2011年的调整后的税后营业利润和调整后的资本总额。加权平均资本成本（WACC）取2002年至2006年的平均值6.01%，预测2007年至2011年EVA。见表10-8。

表 10-8　　　　　　　　　　预测未来各年 EVA　　　　　　　　　　单位：元

年份	2007	2008	2009	2010	2011
调整后的税后营业利润	909 712 796	937 812 355	966 779 864	996 642 133	1 027 426 798
调整后的资本总额	4 792 022 130	4 666 995 617	4 545 231 115	4 426 643 517	4 311 149 935
加权平均资本成本（WACC）	6.01%	6.01%	6.01%	6.01%	6.01%
EVA	**621 616 426**	**657 232 579**	**693 520 569**	**730 512 324**	**768 240 464**

（六）计算海尔的企业价值

通过以上对未来 EVA 的计算，假设在今后的第五年也就是 2011 年，青岛海尔将进入永续增长阶段，公司的加权资本成本将保持 2011 年时的水平不变，永续增长率将保持在 2%的水平上，在此基础上对公司的价值进行评估。

企业价值=投资资本+超常增加阶段 EVA 现值+永续阶段 EVA 现值

$$= 4\ 920\ 398\ 041+\frac{621\ 616\ 426}{1+6.01\%}+\frac{657\ 232\ 579}{(1+6.01\%)^{2}}+\frac{693\ 520\ 569}{(1+6.01\%)^{2}}+\frac{730\ 512\ 324}{(1+6.01\%)^{4}}+\frac{768\ 240\ 464}{(6.01\%-2\%)\times(1+6.01\%)^{4}}$$

=22 412 623 629（元）

二、服务企业的估值

招商银行成立于 1987 年 4 月 8 日，由香港招商局集团有限公司创办，是中国内地规模第六大银行，也是中国第一家完全由企业法人持股的股份制商业银行。2002 年 4 月 9 日，招商银行 A 股在上海证券交易所挂牌上市。2006 年 9 月 8 日，招商银行开始在香港公开招股，发行约 22 亿股 H 股，集资 200 亿港元，并在 9 月 22 日于港交所上市。资本净额超过 2 900 亿元、资产总额超过 4.4 万亿元。2016 年 8 月，招商银行在“2016 中国企业 500 强”中排名第 39 位。本案例利用剩余收益模型在 2011 年的时间点上对招商银行进行估值，然后与真实的企业价值作对比，判断估值方法的准确性。

在估值之前，首先对剩余收益的计算公式做进一步说明。由于剩余收益具有不确定性，目前在公司价值评估过程中常常利用改进后的剩余收益模型进行计算，其中改进后的剩余收益表达式为：

$$\mathrm{RI}_t = S_t \times \frac{1}{\mathrm{ATO}_t} \times \frac{1}{\mathrm{EM}_t} \times (\mathrm{MOS}_t \times \mathrm{ATO}_t \times \mathrm{EM}_{t-1} - r)$$

RI_t 为第 t 期的剩余收益，S_t 为第 t 期的销售收入，ATO_t 为第 t 期的资产周转率，EM_t、EM_{t-1} 分别为第 t 期和第 $t-1$ 期的权益乘数，MOS_t 为第 t 期的销售利润率，r 为股权

资本成本，即所要求的回报率。

接下来分别对上式中需要计算的变量进行分析与预测。销售收入在企业生存与发展中占据着基础性地位，是公司价值的核心所在，根据招商银行历年年报可知，其2011年的主营业务收入为919.35亿元，增长率为25.5%。根据国泰君安的调研数据，预计未来3年招商银行的主营业务收入分别为：2012年10 636 879.5万元、2013年12 551 517.81万元、2014年15 061 821.37万元，增长率分别为15.7%、18%和20%。资产周转率是指一定资产能实现的收入额，招商银行的资产周转率相对比较稳定，这里取2003—2011年的算术平均数作为资产周转率的预测值，即2.5%。净利润率反映的是费用管理效率，其来源于主营业务利润。招商银行的净利润率与我国GDP增长率呈现几乎相同的趋势，鉴于稳健的会计原则，此处假定2011年以后的销售利润率为其历史平均净利润率，即33%。权益乘数可以说明银行的负债程度，资产负债率越低，该指标就越低，说明商业银行面临越低的经营风险。这里同样取其历史平均值22.14作为2011年以后的权益乘数。权益资本成本在综合分析无风险收益率、风险溢价等变量的基础上，确定为11.2%。综上，可以得出所要预测的数据如表10-9所示。

表10-9 **剩余收益模型所需要的预测数据** 单位：万元

会计年度	S	ATO	MOS	EM	r
2012	10 636 879.5	2.50%	33%	22.14	11.20%
2013	12 551 517.8	2.50%	33%	22.14	11.20%
2014	15 061 821.4	2.50%	33%	22.14	11.20%

根据改进后的剩余收益表达式，可计算出预测期的RI_t为：

$$RI_{2012}=695\ 449.61\text{万元}$$

$$RI_{2013}=1\ 602\ 217.69\text{万元}$$

$$RI_{2014}=1\ 922\ 661.23\text{万元}$$

考虑到会计稳健性原则和招商银行的实际情况，假定其在2014年以后进入稳定增长期，将2014年年末的剩余收益作为稳定增长期首年的RI值，假设4%为招商银行稳定增长期的永续增长率。因此，计算可得：

1. 根据2011年年末招商银行的年报可知其股东权益账面价值BV_{2011}为：

$$BV_{2011}=16\ 501\ 000\text{万元}$$

2. 未来RI现值=增长阶段折现+稳定期长期折现

$$=\frac{695\ 449.61}{1+11.2\%}+\frac{1\ 602\ 217.69}{(1+11.2\%)^2}+\frac{1\ 922\ 661.23}{(1+11.2\%)^3}+\frac{1\ 922\ 661.23}{(11.2\%-4\%)\times(1+11.2\%)^3}$$

$$=22\ 739\ 687.1\text{万元}$$

3. 招商银行2011年年末价值：

$$\text{企业价值}=BV_{2011}+\text{未来RI现值}$$

$$=39\ 240\ 687.1\text{万元}$$

4. 招商银行2011年末股本数为21 576 608 885股，因此每股价值为18.18元。

以上是利用剩余收益模型对招商银行2011年年末的价值进行的估值，事实上，2011年12月31日招商银行的收盘价为11.87元/股，因此，招商银行2011年年底市值为25 611 434.75万元，与本案例估值的结果39 240 687.1万元存在一定的差距，可见，招商银行的价值被低估了。但是，招商银行2011年的股价在10.83至15.53元之间波动，其年末收盘价为11.87元。利用剩余收益模型评估的股价为18.18元，略高于最高价，但根据股价的波动情况和招商银行的总体分析，采用该模型所评估的价值存在一定的合理性。随后招商银行的股价走势也反映了价值增长的过程。

三、互联网企业的估值

百度公司成立于2000年1月1日，是全球第二大独立搜索引擎和最大的中文搜索引擎互联网企业，是国内互联网企业的三大“巨头”之一。百度公司成立之初，是搜索技术提供商，主要为各大国内外门户网站提供搜索技术服务。2001年底百度发布Baidu搜索引擎，正式从后台技术服务提供商转变为面向公众的、独立的搜索服务公司。同时，在中国首创竞价排名商业模式。2005年8月5日，百度在美国纳斯达克上市，2009年百度提出了“转型媒体平台”战略，在垂直搜索和社交媒体争夺流量的时代，依然保持搜索巨头的地位。百度公司从2011年起先后收购去哪儿网、爱奇艺、PPS视频网以及91无线网络软件公司，成功转型为以搜索引擎为核心的全媒体平台。

本案例采用市盈率估值模型评估百度公司2016年股票价格区间。运用市盈率估值模型的关键在于确定可比公司。可比公司应与被评估企业同属一个行业，其核心产品或服务相同或相似。作为互联网企业，百度公司主要产品和服务已经从垂直搜索转向以搜索引擎为核心的全媒体平台，因此本案例选择谷歌、腾讯和新浪三家互联网企业作为可比公司，对百度的企业价值进行评估。这三家互联网公司均是百度公司在全球市场上互联网企业的竞争对手，其主要核心产品和服务与百度公司均有重叠，对百度公司而言具有一定可比性。计算如表10-10所示。

表10-10 **百度公司与其他企业对比** 单位：美元

对比企业	谷歌	腾讯	新浪
每股收益	28.32	0.63	3.20
每股股价 high	839.00	28.47	85.24
每股股价 low	672.66	17.03	39.58
市值	5 507.53亿元	2 323.59亿元	43.47亿元
权重	69.94%	29.51%	0.55%
市盈率 high	29.63	45.19	26.64
市盈率 low	23.75	27.04	12.37

续表

对比企业	谷歌	腾讯	新浪
平均市盈率 high	34.20		
平均市盈率 low	24.66		
百度每股收益	5.48		
百度股价 high	187.43		
百度股价 low	135.13		

其中每股收益取自2016年三家对比公司的年报数据，每股股价 high 和每股股价 low 分别为2016年的股价的最高值与最低值，市值根据2016年收盘价计算，计算出三家对比公司的市盈率后根据其市值作为权重再计算平均市盈率，将三家可比公司的平均市盈率作为行业平均市盈率，由于被评估企业价值等于可比企业平均市盈率与每股收益的乘积，2016年百度每股收益为5.48美元，由此得出百度公司2016年股票价格区间为135.13美元至187.43美元。

小　结

本章介绍了企业估值的作用，并按照企业估值方法的一般分类原则，将估值方法分为绝对估值与相对估值。重点分析了折现估值法、经济增加值分析法、市盈率比较法、市净率比较法、市销率比较法、PEG乘数法以及其他估值方法，如剩余收益模型与期权估值模型。探讨了不同企业估值方法的估值原理、模型建立和应用条件。详细阐明了不同估值方法在制造业、服务业和互联网行业的典型企业中的估值应用过程。在实现充分利用企业资产的所有重要与相关的因素中，有几个因素决定了企业的价值。其中一些是业务的历史和性质、行业的经济状况、企业的账面价值和财务状况。价值评估可基于几种方法，可以通过公司的资产负债表或损益表来进行企业价值评估，也可以通过同行业比较进行企业价值评估，还可以通过期权等方法进行企业价值评估。总体而言，所提供的方法依赖于对企业的发展状况的理解以及对企业未来盈利能力的判断。

思　考　题

1. 一公司一年后每股的股利为1.15元，在其后的4年内，股利将以每年15%的比率增长，而且从第6年开始，预计股利以每年10%的比例增长。如果要求的回报率为15%，如何估计公司股票的价值？

2. 选择一家A股上市公司（不包括房地产、银行、ST/*ST企业及次新股），根据年报数据进行EVA分析。

【参考文献】

[1] 杨峰. 公司估值问题——来自实践的挑战. 北京：中国财政经济出版社，2012.

[2] 达莫达兰. 估值：难点、解决方案及相关案例，北京：机械工业出版社，2013.

[3] 屠巧平. 公司价值评估与价值创造. 北京：中国经济出版社，2014.

[4] 科勒，戈德哈特，威赛尔斯. 价值评估：公司价值的衡量与管理. 第4版. 北京：电子工业出版社，2007.

[5] Corelli A. Inside Company Valuation. Springer，2017.

[6] Ribenboim P. Theory of Classical Valuations. Springer，1991.

第十一章　成长管理

这一章主要分析企业成长过程中一些关键的管理问题，包括新企业的成长战略、成长过程中的典型问题和风险防范、企业的退出与收获策略等。

第一节　新企业成长的决定因素

一、新企业的建立与生存

新企业是由创业者主动创建的组织，组织创建的过程是以目标为导向、维持边界的系统活动。在这个过程之中，资源获取、产品开发、员工招聘等活动在不同的时间以不同的顺序展开。那么创业者们需要做什么来保证企业的生存呢?

为了回答这个问题，Katz & Gartner（1988）提出了一个广为接受的框架，这个框架用来描述组织的形成。假设组织是个人与环境的交互作用的产物，有四种属性对组织的生存息息相关，这四种属性是：动机，即为组织的产生付出有目的性的努力；资源，即组织开展经营活动所需具备的有形和无形的条件；边界，即一个受保护的或者正式的区域的形成，界定了组织的经营范围；交换，即不同边界之间的交互以获得组织的输入（如资源）或者输出（产出）。这四个因素的构成是一个完整的组织属性。

首先，组织是由那些采取有目的性的行动的人所创建的（Scott，1987），创业者的动机驱使了那些创建新企业的活动。同时大量的研究也证明创建一个新企业的决策往往是机会驱动的。其次，资源是一个组织的组成部分。它们包括人力和财力资本以及设备。一个新组织的成立，需要对资源进行组织和管理，这些资源随后在组织的生产活动中被利用、整合以及调节。环境中资源的丰富性或者稀缺性、可获得性以及特异性能够影响企业的生存。再次，边界是一个组织与它所在的环境之间的分界面（Katz & Gartner，1988：432）。它是一个组织对其在环境中的资源能够有所控制的空间。边界能够被社会关系、事件、法律的、正式的合约以及实体和空间的构造所决定。随着边界的形成，组织惯例和竞争力便能够在企业内部形成和发展，从而使其能够与其他企业竞争与合作（Aldrich，1999）。边界可以是很正式的，诸如以法律的形式来界定，也可以是不正式的，比如说有时候创业者只是按照自己的意识来创建企业（Learned，1992）。早期的边界界定行为包括雇用何人的决定，如何将组织内的工作结构化、新员工如何与其他人互动以及他们如何与组织之外的人互动（Aldrich，1999）。最后，交换指的是在组织范围内交易的整个过程（Katz & Gartner，1988：432）。尽管交易能够在组织的边界范围之内发生，对于新创企业，大多数的交换是跨组织边界发生的。交易的模式通常要被转化为资源的输入与输出。在产品和服务在跨组织边界的生产和交换的过程中，企业获取到各种资源。

大量研究结果表明，这四个属性对企业的短期存活是必须的。在新创企业中，动机活动先于其他组织属性，但要获得持续经营，仅仅具备这四个属性还是不够的。

二、从生存到成长的转型

从生存到成长的转型，意味着企业除了具备结构的完整性之外，还需具备持续增长的能力，也意味着向小企业的转型。新企业和小企业的不同在于，大多数新企业规模很小，属于微型企业，往往并不具备完整的企业属性，包括清晰的结构、健全的制度和明确的目标等。所以，新企业和小企业属于企业成长的不同阶段，具有不同的成长决定因素。

与现有企业相比，新企业的资源特征更多地依赖于创业者的特质（人力资本）和社会资源，前者指的是创业者的创业特质、先前的与创业相关的知识和经验。后者指的是创业者拥有的社会资本。创业者的社会资本能创造机会和改进绩效。当创业者嵌入当地的社会结构中时能利用环境的特定优势（Jack，et al.，2002），具有这些资源特点的人比不具有这些资源条件的人增加了创业成功的可能。

从个人特征来讲，如果创业者具备以下知识或能力，新企业更容易成长：

（1）创业者在创业起步开始时有足够的知识和能力；

（2）在起步过程中创业者获得了知识和能力；

（3）在起步之后创业者继续显示了足够的知识和能力。

随着企业的规模扩大和竞争环境的变化，组织的资源特征会超越个人的能力的重要性，此时，公司的战略和结构会影响企业的成长。正如一位学者所言，一个好的商机对创业成功是重要的第一步，但最终决定企业成败的仍然是战略。战略决定了创业者将商机进行资本化的成本，即转换成本。比如，进入新兴产业，新事业新业务需要获得社会认同，战略以创新为特色；在快速成长的产业中要快速调动资源抓住狭窄的机会窗口，战略以追随潮流（产业中的领导者）为导向，较少创新，伴有一定程度的模仿。在成熟产业，战略目标是控制成本，提高效率，在竞争中求生存，战略趋向保守和模仿（Low，et al.，1997）。

随着企业的成长，创业者的知识需要转化为组织的知识。如何转化？首先是知识的社会化过程，在这一过程中，创业者、创业团队和一般员工会通过彼此间的知识传递、理解、吸收和整合，形成组织的共享知识。其次，需要建立组织的自我学习机制，这包括组织的记忆、经验的记录、保存与检索工作。各种档案、文件、会计账目、标准的操作流程以及规则手册等，都是组织的知识系统记录和保存工具，是未来知识创新的基础。记录经验是为了让经验知识从那些经历过的人手中传到那些未经历过的人的脑中。因为随着时间的流逝和人员的流动，这些经验教训会失传。因此，为了保持经验知识的连贯性和系统性，组织的记忆工具不仅记录了历史，也指导了将来的发展路径。

然而，仅仅具有可记录的知识还不足以形成竞争优势，竞争优势往往来自那些不可编码、难以模仿的隐性知识。大多数隐性知识是在企业里创造的，依赖于特定企业的资源和环境，很难从一个组织传递到另外一个组织，或者传递的成本很高，正因为如此，隐性知识往往是形成特定企业的能力和竞争优势的基础。所以，新企业的成长最终需要组织在知识方面的创新、在知识积累基础上的创新，即要学会开发新的知识。它要求个人和企业适应环境的变化，主动进行学习，不断加强人员培训，提高人力资源素质，建立自己的研发机构，提高研发投入，并建立相应的机构和保证机制。这一知识资源演进过程仍然遵循"知识走廊"理论（knowledge corridor），使得个人或企业拥有独特的信息储备，能够识别和发现其他人不能识别的创新性的机会（Ardichvili et al.，2003）。

因此，从创业起步期的创业者个人禀赋资源和社会资本，到成长期的创业者战略能力的提升、管理团队的出现、组织系统的学习和执行，组织增加了行为资源，这种资源的获取是因为组织的学习。

学习理论认为，创业是一个动态的学习过程，它具有三个特点：第一，组织的学习是一个经验式的学习；第二，学习是一个过程，是一个持久的行为改变；第三，组织的学习基本上是在一个组织的环境下个体的学习；第四，学习是通过组织的业务流程、惯例以及规章制度来组织的（Politis，2005）。

综合以上分析，以下几个因素决定了新企业的成长：

（1）创业者资源：个人预备知识和职业经验，社会资本以及调动社会资源的能力。

（2）产业吸引力：新兴产业、成长性产业、动态产业决定了机会窗口，也决定了相应的创业战略。

（3）创业行为：新组织的行为模式因环境而变化。在新兴产业，新企业需要创新；在成长性产业，追随主流；而在成熟产业更多的是模仿。新企业的战略能力决定了将机会资本化的成本和方式，也最终就决定了新企业的赢利水平以及创造与维持竞争优势的能力。在这一过程中，新企业创造了行为资源。

（4）组织学习：创业者个人经验转化为组织的知识，需要组织的系统学习、创业者的承诺和结构化学习机制。完成这一转化，意味着新企业建立了创新与自我成长的基础。

总之，新企业的持续成长，既依赖于企业家个人最初的自然资源，也依赖于企业家的战略能力的提升和知识的转换，更依赖于组织的系统性学习和创新。

第二节　新企业的战略选择

战略是指导企业根据其潜在的商机进行资源投资的行动计划。明智的战略选择建立在以企业实际经营情况为基础的坚实的理论原则之上，而不是建立在过去选择的基础上，也不是由产业最新的时尚或个人的偏好决定的。

一、新企业的战略定位

战略竞争可以看作获得新的位置的过程，这样一个过程将把顾客从原来的位置吸引过来，或者把新的顾客吸引到市场中来。战略定位需要创造性和远见。创业者经常会发现独特的位置而被现存竞争者所忽视。另外，新创企业可以模仿竞争者曾经由于长期地模仿他人而放弃的定位。最常见的是，新的定位会因变化而出现。新的顾客群或购买偶尔出现；新的需求会随着社会进化而出现；出现新的分销渠道；发现新技术；新创企业经常会简单地发掘一种新的竞争方式。这些变化导致了企业战略的重新定位。

德鲁克在他的 *Innovation and Entrepreneurship* 一书中提出了几种企业家战略（entrepreneurial strategy），正如他宣称的，这些战略不仅适用于大企业，也适用于新企业，因此，可以把这些战略称作“创业战略”。

这些创业战略是：孤注一掷；趁虚而入；占据生存位置；改变价值和特性。

孤注一掷战略是在没有足够的资源和条件的情况下实现一个宏伟的或重大创新目标，一般瞄准的是建立一个全新的产业或市场，因此风险也是非常高的。一旦成功，影响是巨大的。否则，一切努力将付诸东流，遭遇彻底失败。采用这种战略需要周密的思考和审慎的分析，王安博士的苹果电脑的发明可以说是孤注一掷的结果。当时，他没有任何创业经验，也没有财务背景，但一开始，他就确定了目标，即创造一个新产业，改变办公室工作。他的实验室理所当然地成了一个大公司。

趁虚而入战略是新企业利用老企业的战略疏漏而进行的战略，从两个方面体现出来：创造性模仿和企业家柔道。“创造性模仿”战略指改进别人的产品或创新。“企业家柔道”战略指新企业先进入一个行业内领导未设防或不重视的领域，然后集中企业的资源和能力占领该细分市场，凭借该细分市场领先地位提供的资源和能力再次向新的细分市场进军，步步蚕食行业内老企业的市场。

占据生存位置战略属于防守型战略，是指企业专注于特定的产品、技能或市场。

改变价值和特性的创新战略包括产品创新、工艺创新和市场创新。

这四种战略并不互相排斥，创业者或企业家在一个战略中有时甚至利用两个或三个战略。不过这四种战略各有所长和适用性，同时，每一个都有自己的局限性和风险。

二、新企业如何建立竞争优势

竞争优势的含义是，当一个企业提供顾客所重视的优质产品和服务（顾客感到优于竞争产品），并产生很好的企业业绩（利润）时，这个企业就具有了竞争优势。

竞争优势通常强调价格/价值、独特的服务、卓越的品质、顾客经验（顾客对企业的参与、感受到企业的文化）和亲和力（便利的服务、消费的方便性）。

在市场中，许多战略可产生竞争优势，这些战略都可归纳为成本优势、差异化以及目标集聚战略。成本优势战略要求企业成为既定市场中成本最低的生产者。成本优势的来源从低劳动力成本到高经营效率，多种多样。大小企业都可以在成本优势方面取得成功。差异化要求企业的产品或服务在除成本之外的其他方面与众不同。产品的差异经常被当作营销优势使用。

有些新小企业家认为他们无法实现市场中的边缘（边际）竞争优势，理由是：第一，认为大多数好的经营机会已经逝去；第二，认为小企业与大公司竞争不可能获利。现有企业都在尽力保护其专利，以阻止潜在的竞争对手。

另一种观点认为，新企业的资源有限，往往采用目标集聚模式，成熟企业经过资源积累，更多地采用成本领先和差异化模式。

以上两种观点都不能完全反映新企业的战略特点。一般来讲，新企业的建立是机会驱动的，早期的战略目标是尽快开发机会，满足市场需要，以求生存与站稳市场。这也就决定了新企业不可能采取全面的战略方式，而是采取局部的策略，其中，选择与占据细分市场、提供差异化的产品与服务、价格与毛利的合理化以及人员销售是主要的竞争手段。

（一）细分市场战略

目标集聚战略依赖于细分市场。细分市场就是将一个总市场分为若干部分的过程，每一部分可能对具体的市场战略有积极的反应。

细分市场战略有三种类型：(1) 无细分市场战略（整个市场为目标市场）；(2) 多个细分市场战略；(3) 单一细分市场战略。

新企业的市场目标之一是选择值得进入的细分市场，满足这一条件的市场必须是：(1) 市场需求可测量（消费者数量）；(2) 目标市场和目标消费者可接近（可沟通）；(3) 市场具有足够规模，具有长期成长和赢利的可能；(4) 消费者有购买能力与意愿。

选择市场空白是小企业可成功应用的特殊的细分市场战略。在这种战略下，企业家尽力集中于一个具体的目标细分市场。这个战略可通过价格、产品设计、服务、包装等任何一个市场组合执行。填补市场空白战略对那些试图避免与工业巨头直接竞争而建立竞争优势的小企业尤其具有吸引力。

填补市场空白包括：(1) 集中于一个细分市场；(2) 集中于单一产品；(3) 限制对单一地区的销售；(4) 强调产品和服务的优越性。

（二）提供差异化的产品与服务

进一步对客户进行分析与细分会产生新的产品，吸引现有的与新的客户，有利于企业增长。没有“纯”的产品或“纯”的服务，每种产品都有服务的因素（如游戏机需要服务），每一种服务都有产品的因素（咨询公司依赖于高质量的报告）。在竞争激烈的世界里，一些成熟产品与其他产品的不同之处在于它们的服务方式，这就是成功的原因。达到与众不同包含着对成本、质量与服务水平的无止境的改进。产品质量对成长中的企业至关重要，高成本、低差异应尽量避免。要做到这一点，必须控制供应商成本，寻求良好的设计与形象，确保特性与功效与消费需求相匹配。质量的重点不仅仅是你要做什么，而且还有你如何去做。所以，质量是灵魂，是态度和标准。在产品的营销计划中必须包含一些质量目标和评估绩效的措施。因此，对新企业来讲，除了要弄清楚所在行业的产品质量标准这一基本的常识之外，在产品的工艺设计、外观、包装等方面都包含了产品质量的含义。

（三）保护创业机会

对于新企业来说，创业机会是很重要的，它有利于创业成功。因此，为了能够成功地创建新企业，创业者往往会去开发机会。这就涉及哪些机会适合新企业开发的问题。

新企业更加善于利用能力破坏型变革。这里要特别指出机会的一个重要来源——技术变革。技术变革使人们可以引入新产品或服务、开拓新市场、使用新的原材料、开发新的组织方法或引入新的生产过程。研究者指出，技术变革可能是能力强化型的，也可能是能力破坏型的。能力强化型技术变革能使人们将正在做的事情做得更好；能力破坏型技术变革能使人们将他们正在做的事情做得更差。大部分技术变革是能力强化型的，这样的变革更适合现存企业，而非新企业，因为他们可以更好地利用现成的学习曲线而达到强化自己实力的作用。相反，能力破坏型变革却会使得现存企业措手不及，不知道怎样去应对。因为他们局限于以往的思维和做事方式，而且与完全没有经验的人相比，他们发现自己更难做出新事情，他们舍不得抛弃已经形成的能力。所以说，能力破坏型变革更加适合新企业，新企业应该好好开发这方面的机会。图表 11-1 对于适合现存企业和新企业的机会进行了比较。

机会可以给新企业带去成功，但要想维持这种创业成功还必须依靠战略管理。一般情况下，创业者通过两种方式保护开发机会的利润。第一，他们防止别人了解到这种机会或开发这种机会的商业创意。创业者会对发现机会的信息保密，并且使别人难于理解开发机会的方法。第二，如果别人已经了解到这种机会或开发这种机会的商业创意，那么创业者将运用四种方法阻止他们以同样的方式开发这种机会：控制资源、获取合法的垄断、建立声誉和创新。这两种战略都是非常有效的。

表 11-1　**有些机会比其他机会更适合新企业①**

机会的特点	有利于谁	理由	例子
非常依赖于信誉	现存企业	人们更愿意从他们了解和信任的企业那里购买产品	珠宝商店
具有很强的学习曲线效应	现存企业	现存企业能够沿着学习曲线移动，更善于生产和销售产品	汽车制造商
需要大量资本	现存企业	现存企业可以使用已有现金流来生产新产品或服务	喷气式飞机制造商
要求规模经济	现存企业	当规模经济存在时，随着生产数量的增加，生产产品或服务的平均成本下降	钢厂
在市场营销和分销方面需要互补性资产	现存企业	满足顾客需求的能力经常要求获得分销渠道	跑鞋生产商

① 罗伯特 A. 巴隆，斯科特 A. 谢恩．创业管理 基于过程的观点．张玉利，谭新生，陈立新，译．北京：机械工业出版社，2005.

续表

机会的特点	有利于谁	理由	例子
依赖于对产品的逐步改进	现存企业	同复制其产品或服务的新企业相比，现存企业能够更容易和更便宜地对产品进行逐步改进	DVD播放器制造商
利用能力破坏型创新	新企业	现存企业的经验、资产和流程受到威胁	以生物技术为基础的计算机生产商
不满足现存企业的主流顾客的需求	新企业	现存企业关注与服务它们的主流顾客，而不愿意引入不能满足那些顾客需求的产品或服务	计算机软驱制造商
建立在独立创新的基础上	新企业	新企业能够开发独立创新而不必复制现存企业的整个系统	药品生产商
存在于人力资本当中	新企业	拥有知识的人能够生产出满足顾客需求的产品和服务	厨师

1. 保密：阻止其他人学习或理解如何利用机会

当除了与创业者交谈外几乎没有别的方式获取创业机会信息的时候，保密是最好的防止别人获取关于创业机会的信息的策略了。

创业者防止别人理解机会的能力通常与创业者的隐性知识有关。隐性知识是关于如何做某种事情的不可记录或者不可编码的知识。人们往往知道自己做了什么，但不知道为什么这么做或怎么做，这就与隐性知识相关。比如，你也许知道如何游泳，但如果真让你对如何游泳做一番介绍，你甚至不能确切地揭示每一个步骤。为什么呢？这是因为游泳知识实际上是一种隐性知识，它存在于程序记忆中。

有许多方面的商业智慧都是隐性知识。一位优秀工程师也许知道如何操作某种制造设备，但是他不能提供关于如何操作的具体指导；一位成功的销售人员也许知道如何销售，但他不能将这些知识写成销售指南，即以文字形式记录下来的知识。

当创业者具有开发机会的隐性知识时，别人很难识别出创业过程中的生产、分销和组织等流程的前因后果。除非进入创业者的大脑，否则就不能搞清楚关键的生产、分销和组织流程到底是什么。如果搞不清楚这些具体的流程，就无法模仿，从而保护了创业利润。例如，假定成功创建一个家具店的关键在于创业者具有关于销售的隐性知识，别人即使在同一地点开店，销售同样的家具，创业者依然能够占有创业利润，这是因为别人不能够模仿创业者的销售知识。

在创办新企业的隐性知识来源于稀缺的技能或经验的情况下，运用因果模糊战略就更加有效。如果许多人都拥有开发某种机会所需要的技能和经验，即使创业者保守秘密，他们中的一些人也会知道如何开发这种机会。但是，如果很少有人具有开发某种特定机会的技能或经验，那么创业者就可以通过保守秘密防止别人的模仿了。

2. 建立模仿障碍

如果因为创业者不能保守秘密或者不能创造出机会开发方式的因果模糊性，他们一旦开始开发机会，别人就能够模仿创业者的创意。因此，如果保密不是一个可靠的防止策略，创业者就要通过建立模仿障碍以阻止别人获取开发机会的利润。创业者往往建立四种模仿障碍以便于竞争：控制资源、获取合法的垄断、建立声誉和创新。

（1）控制资源

创业者通过控制开发机会所需的关键资源，可以建立起竞争的障碍。例如，假定你发现了在学校里存在举办运动会时卖饮料的机会。大学里的比赛场地或体育馆的数量是有限的，如果你签约租用了校园里所有能够提供饮料的场所——开发机会的关键资源，你就能阻止别人开发同样的机会。

除了与资源供应商签约控制关键资源外，你甚至可以买下这些资源的供应源头，尤其是机会的开发依赖于有限的关键资源时，这种战略就会非常有价值。南非的戴比尔斯公司（De Beers）就是这样的一家企业，世界上只有几家钻石矿出产高质量的宝石，通过购买这些钻石矿，你就可以有效地阻止别人获取首饰上需要的高质量的钻石了。戴比尔斯公司巧妙地利用了这种竞争战略。

（2）获取合法的垄断

创业者可以用来限制竞争的第二种障碍是在机会开发过程中获取合法的垄断。专利权和政府许可权是两种重要的合法垄断。例如，药品行业是利用专利限制竞争的很好的例子。一个发明了心脏起搏器的创业者可以通过申请这项发明的专利而防止别人生产同样的产品。许可权是指政府授予的在特定区域内做某件事情的排他性权利。例如，许多城市都将某区域内销售酒类的店铺数量限制为一家。通过获取政府的许可权，创业者可以免受来自同一区域的竞争者的竞争。

（3）建立声誉

第三种障碍是基于顾客满意而建立的声誉。一旦顾客对新企业有了良好的信任感，创业者就可以防止顾客转向其他企业，从而保护开发机会的利润。例如，如果你开发了一种新型的防盗锁，每个人都认为这种锁的品质好而乐于购买，而你面对的最大问题是别人将模仿这种锁的技术，瓜分市场份额和利润。如果已经树立了为顾客提供优质服务的声誉，创业者就能够阻止顾客转向其他竞争者。声誉是一种竞争优势，拥有声誉的企业可以使企业免受竞争而保护利润。建立声誉的一种有效途径是进行强有力的广告推销活动，向顾客宣传新产品和服务的品质。这种宣传创造了顾客对产品或服务品质的期望。如果模仿者不能够或是没有模仿产品的所有品质，顾客就不会转向购买竞争者的产品。

（4）创新

第四种障碍是创新。创新指创业企业使其产品或服务在质量、特征、速度、成本等顾客所期望的某些方面领先竞争者的努力。例如，一个开发财务预算软件的创业者为该软件的基础模型增添了税收支付、账单支付、资产预算能力等功能。只要创业者比模仿者能更快地改进原有产品或服务，向顾客提供竞争者所不能提供的产品品质，创业者就能保留住顾客。

总之，没有永远持续的竞争优势，但可建立一个可能持续较长时间，创造较大价值的产业位置和空间。起初，企业家可通过竞争者难以模仿的方式用足企业独特的能力，将可持续性纳入创造价值的战略。当竞争者模仿产生时，考虑用一种新方式投资以使竞争优势的基础长期可更新。这就是持续的创新能力的重要性。

第三节　企业成长阶段的问题管理

成长阶段是企业发展的一个十字路口，这意味着在这个阶段，创业者或企业面临选择：最初的机会市场已经开发，企业要么增长速度太快而失去了控制，要么机会市场已经缺乏增长的潜力，面临调整或转型。下一步如何走？很多创业者开始迷失了方向，也迷失了自我。

一、新企业成长期遇到的主要问题和风险

蒂蒙斯教授曾经分析了高速成长型企业的典型问题，表现在：

1. 商机超载（不知如何选择合适的机会）；
2. 资本过多（忽视各种评估交易条件）；
3. 现金耗用与回收的速度不一致；
4. 决策制定：短期功能性决策多于长期战略性决策，而前者的决策正确率大约只有10%左右。

在这些典型问题里，有一个容易将“机会”变为“威胁”的问题是因为销售增长过快带来的问题。销售增长过快意味着“增长失控”。销售增长过快为什么会导致“增长失控”？原因在于：

1. 销售的增长，会要求雇员人数的增加和存货水平的提高；
2. 销售增长的速度超过生产能力增长的速度；
3. 生产设施规模的扩大，人员在不同生产部门间流动性增加，出现机构与机制障碍；
4. 财务系统和管理无法跟上发展速度；
5. 现金和资源耗损速度加快；
6. 现金回收滞后。

所有这些都会导致没有赢利的增长，没有赢利的增长的直接表现是销售收入在增加，而利润没有增长，或者说销售收入的增长速度小于成本的增长速度。非赢利性增长的后果短期来看是销售的显著增长带来一些财务上的问题，比如失去控制的增长。“增长失控”意味着企业经营管理失去控制，企业无法把握现金、存货、顾客和最终赢利等局面，最终会导致现金流枯竭和资金链断裂，从而导致企业失败。

德鲁克更从一般意义上归纳了影响企业成长的典型障碍，见“创业的四大陷阱”。

创业的四大陷阱

新企业开创的初期满怀雄心壮志，这些企业一般在前一两年表现极为优异，然后突然陷入严重困镜，就算今后它们能够生存下去，也会留下永久难以消除的创伤。那么，创业者有什么常犯但其实又可以避免的错误呢？

有四点是新创企业常犯的错识，我将这些错误归结为创业的四大陷阱，其实它们都是可以预见、避免的。

第一个问题是，新企业一旦发现自己的新产品或服务并没有在自己想象的地方获得成功，而是在完全不同的市场中获得成功时，就必须接受现实。很多企业之所以最后破产，是因为企业创办人固执地认为自己比市场还了解市场。

这样说来，创业来者其实已经成功了，但是自己却并不自知？

不，比这还糟糕：他根本就是排斥成功。有一个最近的例子。我知道有家公司的创办人，设计了一种能提高医院运营效率的软件，他绝对肯定每家医院都需要这种软件。但医院告诉他，医院的组织架构与他想象的不同，结果他连一套都卖不出去。之后由于一次意外的巧合，一个小城市突然发现这种软件正好是他们需要的东西，于是订单开始从全国各地的中型城市蜂拥而来，而他却拒绝了这些订单。

创业者为什么拒绝意外的成功？

因为这点不在他们的计划之内，创业者认为自己完全掌控大局。这就要讲到我们所说的第二个陷阱：创业者认为，在新企业中，利润最重要，但其实，利润是第二重要的事情，现金流量才是最重要的。

一个成长的躯体需要营养，一个正在成长的企业则需要很多现金。你必须不断投资，才能保持损益平衡，这是原先早就该预料到的，现金周转不灵的情况根本就是可以避免的。企业创办人来见我时，总是告诉我他们的业务进展得多么顺利，而我只得告诉他们，现在应该为下一次筹资做准备。你如果有半年到一年的时间来安排融资，通常一定会得到融资，而且条件甚优。

那么，假设企业从此注意现金流量，克服了现金周转危机，而且迅速成长，超出预期，紧跟其后的第三个陷阱又是什么呢？

企业开始成长后，企业的创办人会忙得不可开交，迅速成长会对企业造成巨大的压力，它会超出你的生产能力和管理能力，创业者渐渐忙不过来，要看销售报表，又要看利润预测报表。这些东西会让他觉得，再过一年，他就可以把公司卖掉，并赚到1 000万美元，但他却看不到公司的现有规模，已经大大超出了他的管理能力。

80%的企业都会这样。即使你的企业以正常的速度成长，不是每隔半年就翻三番，而是以极为稳健、可以持续发展的速度成长，这种管理危机也会在第四个年底出现。

为了避免危机的发生，你应该静下心来，建立一个管理团队。等你大概有40个手下的时候，你就得开始评估他们，看看谁有管理能力，你把其中四五个有管理能力的人叫进来（不可能再多了），对他们说：“我希望你们每个人在下周末独自坐下来，想想这里的其他人，包括我在内，不要想你自己，只想想其他人，想想他们每个人最擅长什么。”然后一起坐下来，拿出一张白纸，列出公司的关键业务，今天我们把这叫做“建立公司的核心竞争力”。

那么第四个陷阱是什么？

第四个陷阱最难避免，它通常发生在企业已经成功，创业者开始把自己看得比企业还重要的时候。好比说，这个创业者 14 年来如一日，每天工作 18 小时，如今创造了年营业额达 6 000 万美元的公司，还有一个运作顺畅的管理团队。现在他会自问：“这些都是做什么？我的角色是什么？”这些都是错误的问题，如果你开始问这种问题，你最后必然会毁掉自己，也毁掉自己的企业。

应该问什么问题呢？

首先，你应该问：“公司这个阶段需要什么？”然后，下一个问题是：“我具备这些能力吗？”

你必须开始寻找什么才是企业最需要的，这时企业外面的人可以提供很大的帮助。

多年以来，有大约 100 多位创业者处在这个阶段迷失后来找我，多数人告诉我，他们的太太说他们已经什么事情都不好，说他们正在毁掉自己、家庭和事业。或者也许，这是他们聪明的女儿跟他说的话。但如果是儿子这样说，企业创始人就会勃然大怒，并把儿子扫地出门，他会想：“我儿子是不是想夺权了？想把我赶出去？”

有时，公司外部的股东、会计师或律师会说这样的话。通常要有人让这位公司创始人明白，并去面对自己已不再乐在其中的严重事实，他得知道自己的心思没有放在应该做的事情上。

您认为今天的公司创始人会比较聪明，可以避免您刚才说的这些陷阱吗？

不会。

不会？已受过这么多教育，并且获得这么多 MBA 学位也没有用吗？

没有用，教育无法赐给你经验或智慧。

资源来源：摘自 2006 年《财经》杂志的书摘：《下一个社会的管理》。本节为德鲁克自行编辑的 Inc. 杂志对他的专访。

二、新企业问题产生的主要原因

企业困境产生的原因一般来自三个方面：对战略性问题的疏忽；一般的管理问题；不健全的财务和会计制度及措施。

（一）战略性问题

战略性失误表现在：

市场定位的错误，比如注重成长忽视赢利，从事低利业务，不断扩大规模出现现金短缺；

与供应商和顾客的关系处理不当，如付款方式不当；

进入不相关的业务领域而导致经营过于分散化；

骑驴找驴式的短视效应，指的是拥有好产品的情况下还去找其他产品，缺乏对商机的分析；

盲目追求大项目，忽视现金周转，丧失领先者优势；

缺乏应变计划；

（二）一般管理问题

一般管理问题表现在：

1. 缺乏管理经验、技巧与技术诀窍；
2. 薄弱的财务功能；
3. 关键管理人员的流失；
4. 会计学中的“大公司的影响”（过分注重应计项目而忽视现金流量）。

（三）不健全的财务会计制度

不健全的财务会计制度、薄弱的企业规划与工作控制表现在：

1. 不当的价格制定；
2. 信用的过度延长；
3. 过度的财务杠杆作用；
4. 缺乏现金预算；
5. 拙劣的管理报告；
6. 缺乏标准成本核算；
7. 拙劣的成本性态分析（不能正确理解固定成本和可变成本之间的关系）。

三、危机征兆

当企业出现困境或危机时，总会通过各种显性或隐性的企业行为表现出来。

最初的容易被忽视的信号有：

1. 利润缩减；
2. 顾客退货；
3. 存货和应收账目增加；
4. 清偿能力降低。

到后来出现一些明显征兆，表现在：

1. 企业家产生逃避情绪；
2. 回避问题和麻烦；
3. 不向员工说明困境，表面乐观；
4. 做假账；
5. 员工士气低落；

6. 互相推卸责任。

四、如何管理风险和不确定性

从一般意义上讲，管理风险和不确定性的策略有三个：降低风险的策略、转移风险的策略和降低风险认知的策略。下面就具体叙述这三种策略。

（一）降低风险的策略

创业者往往喜欢采用以下三种措施来降低风险：搜寻信息、使投资最小化、保持灵活性。

1. 搜寻信息

在创办新企业之前，创业者需要收集足够的信息来规避风险。往往一个企业的失败跟创业者没有收集到足够的信息有很大关系。典型的例子就是创业者在还没有明确哪一种特定的机器会更加适合他的新产品之前，就购入标准化的生产设备。然而，这些标准化的设备通常情况下需要进行改造才能适合新企业产品的生产。那么这个时候，创业者就不得不面对这样一种风险，即设备改造难以完成甚至是不能完成，从而将会丧失市场机会。这样的风险是完全可以在前期进行详细地搜寻信息来规避的，而由于创业者的疏忽多承担了风险。

那么，创业者应该如何收集信息来减少新投资项目风险呢？创业者应该在行动之前先做好计划而不是草率地采取行动。创业者需要先详尽地考虑和评价每个投资机会，在确信有行动的必要时再采取行动。通过计划工作，创业者才可以避免不必要的行动去追求不实际的产出，而这个计划工作包括明确的商业计划和财务预算两个部分。商业计划是用来阐明开展业务的方式、存在的风险、资金的运用、投资项目各个部分之间的关系。有关学者研究指出，有明确商业计划的投资项目更可能存续、业务开展得更快、产品销售情况更好。① 由于建立了明确的商业计划，创业者就能收集到更多更相关的信息，降低必须面对的不确定性。

另外，创业者在采取行动之前也可以通过验证其假设的准确性来减少风险。创业行为的结果都是难以确定的，因为这些行为是建立在创业者对技术可行性等一系列的假设基础上的，而关于这些假设的信息决定了假设是否成立。创业者可以通过收集信息来判断这类假设是否正确。例如，在投入生产之前，创业者可以就生产手表的微型芯片的可行性咨询半导体工程师；就治疗胰腺癌用的药品的治愈率咨询肿瘤专家来判断市场容量的正确性。

在这里需要注意的是，在搜寻信息的时候，创业者需要搜寻的是否定性的信息，而不是肯定性的信息。肯定性信息就是支持创业者的创业计划的一些信息，否定性的信息正好与之相反，是认为创业计划不可行的一些信息。换句话说，创业者需要收集“为什么新投资项目不会成功”的信息，而不是“为什么新项目会成功”的信息。由于创业者的一

① F. Delmar and Shane S. Does Business Planning Facilitate the Development of New Ventures? Strategic Management Journal, 24 (2003): 1165-1185.

腔创业热情，无意识中就会倾向于搜集支持其决策的信息来肯定他的成就。这样就产生了一种偏见，即创业者不是在评价该做何种决策的信息，而是搜寻评价其已有决策正确性的信息。那么，成功的创业者就会通过收集否定性信息来消除这种偏见，以抑制创业者普遍存在的过度的乐观。

2. 使投资最小化

创业者的投资中蕴含的风险是很大的，要想降低这类风险就应该对不可回收资产的投资最小化。风险越大，创业者失败后的损失越大，这两者之前是呈强的正相关的。因此，对不可回收资产的投资最小化可以最大程度地减少损失。如果创业者投资于具有高回收价值的资产，就算创业者的新项目失败了，也可以通过资产回收弥补损失。因此，在投资风险确定的情况下，创业者可以大量投资于具有高回收价值的资产，而少量投资于具有低回收价值的资产。

知道了应该将低回收价值的资产投资最小化，那么究竟应该怎么做呢？一种比较简单易行的方法就是投资标准化的投入品，而不是进行个性化投入品投资。普通的办公设备可以很容易就将其转手，从而就提高了资产的回收价值；而定制的办公设备只能适用于本企业，其他企业是不会要的，因此资产的回收价值就很低。不过要注意的是，并不是说所有的资产都用标准性的设备，就像前面所提到的，有些产品非得用特殊的生产设备或是生产线，如果用标准化的设备反而造成损失了。另外是否有专用性投入还要看这种投入能否为企业带来竞争优势，如果带来的竞争优势所产生的价值大于进行这类投资的成本，那么新企业还是要进行这种专用性的投入的。

还有一种最小化这类投资的方法就是通过租赁而不是购买，以获取这类无回收价值的资产。比如，创业者可以租赁卡车而不是购买卡车，因为卡车基本上就是回收价值几乎为零的资产，对于资金不是很充足的新企业来说购买就没有必要了。

另外一种方式就是增加可变成本投入，减少固定成本投入。固定成本是在生产之前就已经发生的，极有可能难以补偿；而可变成本是依赖于产品或者服务的生产过程的。两者相比，可变成本带来的风险更小。

那么怎样才能降低对固定成本的投入呢？可以通过将固定成本转化为可变成本来降低。创业者可以将生产过程外包出去，自己保留核心技术，利用合同生产进行产品生产，利用合同销售进行销售，而不是自己独立建立厂房或者雇用员工进行生产与销售。这样，固定厂房的投入就转化为可变成本。成功采用这种方式最为典型的公司就是NIKE公司。

我们只能最大化地降低对固定成本的投入，一定量的固定资本的投入是必不可少的。那么，在这种情况下，我们就应该考虑怎样将这部分固定资本投资所带来的风险最小化。很有效的一种方法就是创业者从小规模开始做起，然后再逐步扩大企业规模。例如，刚开始的时候只生产一种产品，等到这种产品占领了市场，获得成功之后再扩大规模进行多生产线的生产。按这样的方式做，就算新产品失败了，企业所受到的损失也是最小化的了，也就大大降低了这类投资的风险。

最后一种最小化投资不可回收资产的方法就是及时地放弃这个项目。许多创业者对于新项目往往舍不得放手，总觉得以后会有所好转的，就不断地投入新的资金以期挽救企业。实际上有许多情况并不是资金就能解决得了的，这时候创业者需要做的就是放手，放弃这个新计划，这样才能最小化损失。

3. 保持灵活性

保持灵活性，很好理解。新企业有了灵活性，在遇到不好的形势时才能迅速抽出来，改变经营方向，将损失降到最低。例如，新一代计算机磁盘设备生产商的案例就表明了灵活性的重要。在将新磁盘设备引入灵活机动的市场时，这些生产商面对着管理风险的困境。最初，生产商就将其目标瞄准那些不想接受这种新磁盘的消费者。在发现其他消费者接受这种新磁盘设备时，生产商迅速转变了目标市场。在将这种新磁盘设备引入市场的例子中，生产商的适应性与细分目标市场的能力，使得他们能够管理投资项目的风险。

（二）转移风险的策略

创业者还有一种管理风险与不确定性的方法就是转移风险。风险总是与收益成正比的，因此，总有一部分承受风险能力强的人愿意接受这种风险再配置，以期得到足够大的收益。市场上大概有四种人可以供创业者选择来转移风险。

1. 多元化投资者

多元化投资者的投资很分散，因此抗风险能力也比创业者更强。创业者只能投资在他的新产品项目上，因此风险很集中，抗风险能力差。对于创业者而言，这类投资者更像一个风险投资公司，他们投资多个风险项目，建立包含不相关投资风险的投资组合，这样的组合使得多元化投资者的风险比组合内的单个创业者所面临的风险要小得多。因此，这类投资者能够在特定收益水平下，承受单个创业者在相应收益水平下所不能承受的风险。

2. 强风险承受能力者或其他企业家

这类投资者指的是具有某些专业知识因而有较强的抗风险能力的人。比如说，专门负责催收应收账款的代理商或者公司因为具备收账的专业知识，所以比创业者能够承受更多的应收账目。这样，这类投资者就比创业者能够承受更多的风险而得到预定的收益。

3. 经营项目尚未达到满负荷运转的经营者

这类经营者为了不浪费经营能力，往往同时还经营着其他项目，如果同时参与创业者的项目，就可以和创业者一起承担新项目的风险。比如说，如果某个拥有发电厂的经营者，在他的发电厂设备尚未达到满负荷运转时，可以利用空余的设备生产新产品；而如果完全依赖自己，投资者就需要建立一家新发电厂生产同样的新产品。那么，这些已有经营项目、未达到满负荷运转的经营者在参与新风险的投资时，就承受了较低的风险。

4. 追求风险的经营者

最后一类就是喜欢高收益、高风险的经营者。这类经营者喜欢追求风险，敢于承担风险，即使创业者的承担风险能力比他们强，他们也还是喜欢和创业者一起分担风险。这类投资者的最好代表就是“天使投资者”。

（三）降低风险认知的策略

除了可以采取降低风险的策略以外，我们还可以对风险进行降低认知的策略。这种策略实际上并没有降低风险或者将风险转移给其他人，而是让人们认为新投资项目中的风险比实际风险要低。降低风险认知策略有以下五种方法：

1. 通过与地位高的参与者合作，创业者可以降低人们对投资项目风险的认识水平。比如，可以与现有的大企业建立战略联盟等形式的合作关系。这样的合作关系可以让新项目显得价值更高，风险更小。之所以会让投资者有这样的感觉，是因为如果投资项目没有价值，加入项目的大企业就会面临损失，因此它们是不会轻易加入没有投资价值的项目的。所以，有大企业加入的项目会降低项目的风险认知，使新项目显得风险较小。

2. 通过建立与政府官员、传媒界，或者其他官方人物的合作关系，也可以肯定风险投资项目确实存在价值。很多国家，特别是中国，人们普遍认为具有官方背景的项目风险较低，价值较高。研究表明，如果一家企业获取了某重要媒体的认可，那么这家企业就被潜在的投资者认为更具有价值、风险更低。①

3. 通过确保新投资项目符合规则、标准、管理以及目前普遍适用的程序，也可以降低人们对投资项目风险水平的认知。比如，许多开发新一代以太网技术的企业在向客户说明其技术符合原来的以太网技术标准时，花费了大量的财力、物力、人力，以增强客户对这种新技术的信心。

4. 遵守团体行为准则也可以降低人们的风险认知水平。比如，加入行业协会或者遵守行业标准。这类协会决定了在某个行业中，怎样的行为是规范标准的。新企业加入这类协会，看起来就会更合法、风险更低。

第四节　新企业的收获策略

创业者制订收获计划是整个创业过程非常重要的部分，它并不意味着放弃企业。这正如创业的定义中曾经表述过的，创业是一个过程而非结局。中国两大共享单车企业的创始人摩拜单车的胡玮炜和OFO单车的戴威相继被动退出核心管理层并不意味着个人的创业失败，而是说明企业进入新的发展时期，大型资本投资机构主导了企业未来的发展，创始人虽然失去了对企业的控制，但也收获了可观的经济回报，并还在新企业中转换和担任新的管理角色。

一、创业者为什么需要制订收获战略

这里直接引用《创业者圣经》中作者的一段话，标题是“成功之后”②。

总有一天，你可能发现你的事业终于成功了。坚持不懈，勤奋工作，专心致志和精心投入通常能获得成功。你将发现你的企业每个月都有盈利，而且新的机会继续不断地涌现。这时候你还打算做什么呢？你打算如何发展你的企业为需要你产品的顾客服务？你是

① Rao H. The Social Construction of Reputation：Certification Contests，Legitimating and the Survival of Organizations in the American Automobile Industry：1895-1912. Strategic Management Journal，13（1994）：29-44.

② 塞思·戈丁. 创业者圣经. 上海：上海译文出版社，2000.

否应该扩大你的企业？你该如何筹措所需的资金？

这里既有好消息，也有坏消息。此刻你正处于一个有利的地位，你已经实现了大多数创业者为自己设定的目标。你业已创业成功。你有工作，有事业，有企业，还有充实的生活。我应衷心向你祝贺。但是在很长一段时间内，你将不会比现在做得更好了，这便是坏消息。

创业是一种冲刺。它是一种令人振奋的冒险，推动你向前，激励你不断地追求完美。这是一种充满回报的过程。然而一旦你取得一定的成就，你可能发现所得到的回报不再令人满意，创业的兴奋也不再激动人心。如果你开始有一种倦怠之意，这并不令人奇怪。很多创业家已经发现成功是他们最糟糕的敌人。“既然我已登上山顶，何处是下一个目标呢?”

你一旦成功之后，你会有三种选择。你可以继续干下去，缓慢地发展，继续赚钱，做出新的成绩；或者你可以卖掉你的企业，并且重新开始；或者你可以向赞助人、风险资本家、银行筹措新的资金，并且大力发展你的事业。

如果你想使你的公司发展上一个台阶，你几乎总是需要别人的资金。而一旦你动用了别人的钱，公司就不再是你一个人的了。当然，你可以继续控制董事会，并且签订不可改变的合同。但是这些钱会渗透到你公司的各个角落，你就欠了别人的债。如果你选择按你自己的主张行事，而不是代表投资者的意图，你将会发现你的资金来源很快便会枯竭。

一旦你的公司接受别人的资金，他会关心资金的使用情况。这就意味着如果你计划从公司中抽出一大笔资金，你得想好如何取代这笔钱。而这最终意味着卖掉公司或者公开上市募集资金。策划和接受这种结局，宜早不宜迟。

二、实施收获战略的时机

对于公司创始人来说，一家公司从最初的成立，然后为生存而奋斗，到最后开始逐渐成长发展，直到有一天，创业者会考虑从企业或业务中退出。而对于投资者来讲，在一开始投资一家企业时就会考虑何时退出被投资企业，收回投资。因此，无论是创业者还是投资者，大多数退出的目标是为了获得投资的流动性，收获经济上的回报。所以，主动地有计划地退出也是收获战略，决不意味着企业经营停止。

收获战略有多种，最遥不可及的事就是公司的出售了，最理想的目标是IPO。在正确的时机主动地出售企业，创业者就可以在面对众多战略窗口时选择“点击”某一窗口。

创业者们往往直到危机开始萌芽时才会考虑收获的问题。一个持续发展的企业创造源源不断的收入，与从零开始发展有着天壤之别。大多数的创业者都认为，留住客户并保持持续的销售收入比他们原来想象的要困难得多，所花的时间也要长得多。此外，在电子数据表上轻而易举进行的收入预测和财务控制往往也掩盖了将计划转变为实际收入所需花费的巨大时间和精力。

在特定的时候，对于一个发展潜力较大的企业而言，是有可能实现收获的。而且，在“战略窗口”敞开时出售企业要比它关闭时进行更为明智。伯纳德·巴鲁克（Bernard Baruch）在这个问题上非常有见解，他说：“我所有赚得的钱都是因为特别早地出售企业而获得的。”例如，一家销售收入达到 1.5 亿美元的私营糖果公司当时不考虑出售，但在分析了关于尽快出售公司的建议之后，企业创始人发现了一个绝佳的收获机会，并以 19 倍于盈利的天价出售了公司。

收获战略的设计制定是一项极度复杂和困难的工作。因而，这样的战略设计不能过早进行。下列一些原则和注意事项将有助于收获战略的设计制定：

1. 耐心。正如前面所提及的，成功企业的建立和发展需要好几年的时间，所以，耐心是非常宝贵的。收获战略如果考虑了至少 3~5 年或长达 7~10 年的时间段会更为明智。耐心的另一面是在突发事件面前保持镇定，不惊慌失措。在威胁之下不得不出售往往是最糟糕的。

2. 现实的估价。如果缺乏耐心是一笔可观收获的敌人，那么贪婪就将是其葬送者。例如，蒂蒙斯教授曾讲到新英格兰一家出色的小型企业，拥有近 80 年的悠久历史，并一直由成功的家族领导人领导着。到了第三代，这家企业吸引了很多潜在收购者并获得了价值超过 2 500 万美元的善意要约。然而企业的所有者却确信这家“伟大的小公司”的价值要远远超过这个数，因而拒绝达成协议。不久就再也没有感兴趣的收购人了，而市场环境也发生了非常不利的变动。另外，利率也飞速上涨。不久之后公司财务就崩溃了，最终以破产告终。贪婪成了收获的掘墓人。

三、选择收获方式

一个公司可以通过七种主要渠道收获其所创造的价值，下面以其应用的普遍程度将这些方式简要列出。

（一）金牛

这里所说的“金牛”（capital cow）对于创业者而言，就相当于大公司的“现金牛”（cash cow），指那些在成熟市场已经取得可观市场份额、利润丰厚稳定的公司或业务。实质上，高利润的企业（牛）产生了大量供企业家个人使用的资金（牛奶），甚至要比大多数企业家有时间、有意愿去消费的还要多。其结果就是产生了一家资本和现金充裕的公司，它拥有巨大的融资和再投资能力。“金牛”企业可以使创业者能够实现对其他多家高潜力风险企业的投资、收购以其他风险投资交易。

（二）员工持股计划

通过员工持股计划（ESOP），创业者可以通过将股票出售给员工持股会或其他雇员的方式实现资产的变现。而且，由于员工持股计划通常会在雇员中产生多元化股权，因而它还有利于提高员工的积极性。

（三）管理层收购

管理层收购（MBO）是通过将企业出售给现有合伙人或关键管理人员的方式使创业者从中获得收益。如果该企业拥有足够的资产和稳健的现金流，那么就可以通过银行、保险公司以及金融机构的融资来进行杠杆收购（LBO）和管理层收购（MBO）。即使企业的资产不足，但是如果有足以偿还负债的稳健的现金流，同样也能说服借款人同意进行管理层收购。

通常，问题在于：愿意从所有者手中收购并继续经营公司的管理人员一般没有资金。除非收购者预先有资金——这种情况很少——否则这种收购将相当脆弱，而且能否完全实现收获目标也成问题。管理层收购方式特别要求出售方预先能收到一定数额的现金和一张代表剩余的收购款的票据。如果收购价与企业未来的获利能力挂钩，那么出售方将完全依赖于收购者的能力与诚信。另外，在这一方式下，管理层还可以通过尽快发展企业、在新产品和人员上加大开支的方式降低利润，从而降低收购价格。在这种情况下，往往可以看到在这些高利润的企业被廉价出售后，在以后的两三年内企业能够获得相当不错的收益。在这种交易中，企业的出售方就吃大亏了。

(四) 兼并、收购以及战略联盟

与另一家企业合并是另一种使创业者实现收获的方式。在战略联盟的情况下，企业创办人可以从一家对他们的技术感兴趣的大型公司吸收到迫切需要的大笔资金。这样的方式往往会导致接下来对创业者的完全收购。

(五) 完全出售

大多数顾问都认为完全出售是十分理想的方式，因为人们往往更青睐到手的现金而不是股票，尽管后者的交易是免税的。在股票对股票的交换过程中，存在的主要问题在于收购方股票价格的波动性和不确定性。当收购方股票价格持续下跌后，很多创业者仅能留下最初收购价的一个零头。通常情况下，收购方会继续留用被收购企业的核心管理人员，与他们签订好几年的雇用合同。这一措施是否可行，取决于每个创业者的目标及其所处的环境。

(六) 公开上市

首次公开募股（initial public offerings，简称 IPO）是指一家企业或公司（股份有限公司）第一次将它的股份向公众出售。

公开上市这种退出策略对创业者的吸引力表现在，通过公开上市可以获取巨额现金——事实上比创业者曾设想的可能还要多。创业者可以通过注入资金（至少他们实际获得的一部分）进行企业的扩张。公开上市的企业随之会获得从投资者到顾客的各种利益相关者的信赖，这对获取竞争优势很有好处。企业一旦上市，市场将对企业的价值进行持续和最新的评估，从而有助于后续的企业融资，增强了企业的流动性。另外上市公司还有一些优势：比私有企业实施雇员股票期权更容易，也更易于收购其他企业。

公开上市还有很多好处，其中很多与公司为高速发展提供资金的能力有关。公开股权市场为获得长期资本开辟了渠道，同时也满足了短期的资金需求。公司可以将 IPO 所得资金用于扩大企业在已有市场的业务，也可以投向另外一个相关市场。企业创始人和最初的投资者可以寻求变现。公开上市不但会提高公司的知名度，而且还会提高包括特许专营权在内的公司产品的销售能力。

然而，成为上市公司也有一些缺点。过于关注短期收益和业绩是对上市公司的一种负面影响。而且，由于对信息披露的要求，上市公司会失去一些经营上的机密性，更不用说还得不断支付信息披露、审计和税务检查的花费了。

实行 IPO 必须支付巨额成本。首先，上市的过程中不仅存在承包商的销售和为了达到法律和会计标准的严格要求而发生的直接成本，而且还有因企业的高层管理者参与贯穿上市过程始终、为确保发行成功而要求的路演活动而发生的成本。

另一潜在的成本是多数 IPO 者涉及锁定条款，即阻止内部人，包括创业者，从公开上市过程中获利。条款规定，创业者必须在企业公开上市后持有股票达数月甚至数年之久。由于包销商希望最初的股票购买者能够经历一次股价的迅速上涨，他最初会压低股价。这些购买者往往是包销商偏爱的客户，而他们才是上市初始受益的最大群体。

最后，创业者还应该意识到，公开上市的企业必须经过监管制度的非常细致而彻底的检查——这种检查可能限制了创业团队经营企业的自由。比如，市场倾向于反对具有风险性的商业策略，所以创业者们不得不避免这种策略。另外，创业者专注于提高当年收益的短期策略，甚至是季度策略以满足投资者的要求，而不是集中于企业的长期目标。没有上市时候，创业者不必考虑这些问题，而上市之后，创业者必须仔细考虑这问题。面对公众持股人，公司管理层还必须为避免内幕交易而谨慎处理信息。因此，就不难理解为何企业需要兼顾成为上市公司所面临的正反两方面的因素了。

一般说来，IPO 涉及四个阶段的活动。在第一阶段，努力为“上市日”（listing day）作准备以使企业在上市日表现出自身的最佳水平。在第二阶段，就开始与 IPO 工作组（包销商、投资银行、代理人）紧密合作，并准备所有的 IPO 文件（注册陈述、说明书、路演材料）。第三阶段是切实的分销演练，即两三周的高层管理面对公众对企业及其股票的兴趣。但是，在完成前三阶段落的活动之后，许多企业已经筋疲力尽并深知难以继续下去。另外，此时再要求高层管理团队进行往日的管理活动也似乎变得很残酷，因为他们已全心地投入到 IPO 的活动中去了。

通常，上市公司的股份是通过经纪商或做市商进行销售。一般来说，一旦首次公开上市完成，这家公司就可以申请到证券交易所或报价系统挂牌交易。有限责任公司在申请 IPO 之前，应先变更为股份有限公司。

小　结

这一章主要分析成长过程中的一些关键的管理问题，包括企业成长战略与控制、新企业竞争优势的培育、成长过程中的问题管理与风险防范，以及适时的收获策略。企业成长往往表现为企业规模的扩大，适合新企业成长的方式是细分市场和差异化以及保护最初的创业机会。早期成长中存在的主要问题是增长过快而管理滞后导致成本上升和现金流紧张，其他的有机会超载缺乏正确的战略选择、短期成功之后出现官僚作风、忽视问题等。导致这些问题的主要原因是战略失误、一般管理效率低以及不健全的财务制度。因此，管理这些问题和风险必须克服以上管理短板，重点是现金流管理。企业成之后采取哪种收获或退出方式取决于创始人和团队对个人和企业未来的预期，其中并购和IPO是主要方式。

思考题

1. 管理新企业成长的关键因素有哪些？
2. 新企业如何建立竞争优势？
3. 新企业的组织结构具有什么特点？
4. 新企业向成熟企业过渡阶段，创业者的管理风格应该发生哪些转变？
5. 新企业为什么需要制订退出策略？

【参考文献】

[1] 杰弗里·蒂蒙斯，小斯蒂芬·斯皮内利．创业学．周伟民，等，译．北京：人民邮电出版社，2006.
[2] 夏清华．创业管理．武汉：武汉大学出版社，2011.
[3] 夏清华．企业成长相对论——企业资源和行为的分析视角．北京：中国社会科学出版社，2014.

后　　记

本书是团队合作的成果。夏清华负责全书的结构设计、撰写、统稿和审稿。参与各章节编写的教师和研究生分工如下：第一章（夏清华、张修翔），第二章（夏清华、张修翔），第三章（夏清华、秦仪），第四章（夏清华、秦仪），第五章（夏清华、黄剑），第六章（夏清华、李轩、方琪），第七章（秦仪、夏清华），第八章（王罡），第九章（秦仪），第十章（乐毅），第十一章（夏清华）。感谢以上各位老师和研究生的支持！特别感谢武汉大学创业学院和武汉大学出版社对本书的出版资助！

夏清华

2019 年 1 月